MHK 轻松过

全项一本通

主　编　郭凤岚
副主编　邱　涛
编　者　包小金　苏　瑞
　　　　靳泽怡　郭凤岚

三级

北京语言大学出版社
BEIJING LANGUAGE AND CULTURE
UNIVERSITY PRESS

© 2023 北京语言大学出版社，社图号 22163

图书在版编目（CIP）数据

MHK 轻松过．全项一本通：三级 / 郭凤岚主编；邱涛副主编．-- 北京：北京语言大学出版社，2023.2（2023.7重印）
ISBN 978-7-5619-6217-6

Ⅰ.①M… Ⅱ.①郭… ②邱… Ⅲ.①汉语－少数民族教育－水平考试－自学参考资料 Ⅳ.① H19

中国国家版本馆 CIP 数据核字（2023）第 011076 号

MHK 轻松过 全项一本通（三级）
MHK QINGSONG GUO QUANXIANG YIBENTONG (SAN JI)

排版制作：	北京创艺涵文化发展有限公司
责任印制：	邝　天

出版发行：	北京语言大学出版社	
社　　址：	北京市海淀区学院路 15 号，100083	
网　　址：	www.blcup.com	
电子信箱：	service@blcup.com	
电　话：	编辑部	8610-82303390
	国内发行	8610-82303650/3591/3648
	海外发行	8610-82303365/3080/3668
	北语书店	8610-82303653
	网购咨询	8610-82303908
印　　刷：	北京鑫丰华彩印有限公司	

版　　次：	2023 年 2 月第 1 版		印　　次：	2023 年 7 月第 2 次印刷
开　　本：	889 毫米 × 1194 毫米 1/16		印　张：	20.75
字　　数：	363 千字			
定　　价：	62.00 元			

PRINTED IN CHINA

凡有印装质量问题，本社负责调换。QQ：1367565611，电话：010-82303590

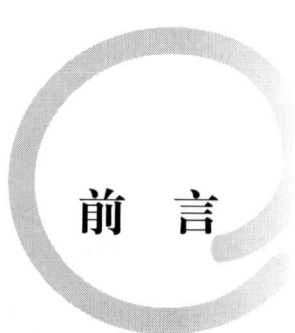

前 言

自2002年第一本MHK图书——《MHK大纲（三级）》出版以来，伴随着MHK考试推行范围的扩大，北京语言大学出版社（以下简称"北语社"）的MHK图书出版也走过了近二十年的历程。其间，北语社一系列MHK图书帮助一届届学子顺利通过了考试，提高了国家通用语言文字水平。

社会的发展日新月异，新事物、新理念层出不穷，北语社与时俱进，依据考试大纲，推出了大型MHK图书系列——"MHK轻松过"系列。本系列图书体系清晰，品类齐全：既有依据新教学理念编写的考教结合类教材，又有高质量的试卷合辑；既有对考生宏观的考试指导，又有微观的试题解析。可以说，本系列图书满足了考生各方面的需求。

"MHK轻松过"系列图书架构

级别	考试教程				分项分类练习	附答案详解的模拟试题	模拟试卷合辑※
一级	听力理解教程	阅读理解教程	书面表达教程	口语考试教程	全项一本通	模拟试题及详解	模拟题集
二级	听力理解教程	阅读理解教程	书面表达教程	口语考试教程	全项一本通	模拟试题及详解	模拟题集
三级	听力理解教程	阅读理解教程	书面表达教程	口语考试教程	全项一本通	模拟试题及详解	模拟题集
四级	听力理解教程	阅读理解教程	书面表达教程	口语考试教程	全项一本通	模拟试题及详解	模拟题集

※ 每个级别的模拟试卷合辑均有多册，按1、2、3、4排序。

"MHK轻松过"系列特色

❶ 试题命制科学，语料来源广泛

本系列图书以考试大纲为编写的基本依据。试题严谨科学，涵盖了大纲中的考点，全面覆盖大纲中的词汇。语料来源广泛，取材于各类图书、网络资料等；语料题材多样，既保证选材的广泛性，又注意贴近考生的日常学习生活及社会交往活动。

❷ **灵活搭配，自由组合，全方位提升**

本系列每个级别都包含四类图书，一类一功能，互为补充。考生可以按照图书功能依次使用各册图书，也可以根据自己的语言水平灵活选用。可先使用考试教程，夯实基础；然后进行分项分类练习，逐项巩固；最后使用模拟题集熟悉考试流程，为正式考试做准备。也可以直接使用附答案详解的模拟试题或模拟试卷合辑，先进行考前演练，从中找差距，再针对自己的弱项使用考试教程进行提升。总之，灵活选用本系列图书，可全方位提升考生的应考能力和语言水平。

❸ **好教，好用，配套齐全**

本系列图书作者在深入研究考试大纲的基础上，逐个分析考点，逐条讲练应试策略，力求有用、适用、好用。其中配有录音的分册，考生扫描二维码可随时听配套录音。考试教程配有课件，供教师教学时参考。

在本系列图书的编写过程中，我们从国内出版的各种报纸、杂志以及网络上选用了一些语料，并对语料做了适当改写，在此，我们向原作者表示诚挚的感谢。由于种种客观原因，目前我们无法与所有语料的原作者一一取得联系，希望原作者看到本系列图书后尽快与我们联系，我们将按照有关规定支付稿酬。

最后，希望本系列图书给广大考生带来新颖的理念、便捷的体验、立竿见影的实效。祝愿广大考生使用本系列图书后，在MHK考试中都取得理想的成绩，切实提高国家通用语言文字水平。

编写说明

本册是针对MHK（三级）考生专门设计编写的，为更好地提高备考效率，请考生及辅导教师仔细阅读、了解以下两部分内容。

一、关于MHK（三级）考试

（一）MHK（三级）考什么

MHK课题组编制的《MHK（三级）样题详解》中明确规定"MHK主要考查考生的语言能力"，强调考查考生的语言交际能力。因此，语言能力及交际能力是MHK（三级）的考试内容。

可以说，MHK（三级）的考试内容既符合学习者的学习特点与目标，也是国内外语言学习理论的具体实践，"'教语言、考语言'是语言教学改革的正确方向"。

从语言能力的考查来看，MHK（三级）主要考查考生的听、说、读、写能力，对四方面能力的考查体现在对词、句、段、篇章和常识性文化内容的考查之中。

从交际能力的考查来看，MHK（三级）主要考查考生在一定语境中的语言运用能力。语言是人类最重要的交际工具，言语交际活动内容丰富，顺利完成言语交际任务是培养交际能力的主要目的。

（二）MHK（三级）试卷的构成及内容

MHK（三级）主要考查考生的语言能力和交际能力，交际能力的考查寓于语言能力的考查中，其考试内容包括笔试和口试两部分。笔试时间约120分钟，满分为300分；口试时间约7.5分钟，满分为100分。

❶ 笔试

笔试包括三部分内容：听力理解、阅读理解和书面表达。下面从题量、测试内容、考查目标这三个方面进行说明。

（1）听力理解

1）题量

听力理解共40题，答题时间约为30分钟。

2）测试内容

听力理解由两部分构成：第一部分共15道题，是两个人的简短对话，第三个人根据对话提出一个问题，考生听完问题后从试卷上的4个备选答案中选出唯一恰当的答案；第二部分共25题，包括几段简要的对话或讲话，每段话之后提出若干问题，考生听完问题后从试卷上的 4 个备选答案中选出唯一恰当的答案。

3）考查目标

听力理解主要考查考生在交际中对言语信息的掌握能力。主要涉及：①判断情景；②判断话题内容；③判断说话人的语气、态度；④判断人物身份或人物关系；⑤理解特定词语、成语、惯用语等。

（2）阅读理解

1）题量

阅读理解共 40 题，答题时间为 45 分钟。

2）测试内容

阅读理解由若干不同内容、不同长度的阅读材料组成，阅读材料后会提出若干问题由考生回答，问题主要涉及语言运用和内容理解两方面，题型包括拼音题、词语题和短文阅读题。

3）考查目标

阅读理解主要考查考生对阅读材料的理解能力和阅读速度，对所学词语的语音、语义和用法的掌握情况。

（3）书面表达

1）题量

书面表达共 16 题，答题时间为 45 分钟。

2）测试内容

书面表达由两部分构成：第一部分是客观性试题，共 15 道题，答题时间为 10 分钟。客观性试题分两种题型：第一种题型通过单选题的形式考查关联词语、介词和语序；第二种题型提供 5 个句子，每个句子都有 4 个画线的词语，去掉其中某一个词语会使句子变成病句，要求考生找出不能删去的词语。书面表达的第二部分是主观性试题，即给条件作文，只有 1 道题，要求考生根据作文提示写一篇不少于 350 字的文章，答题时间为 35 分钟。

给条件作文有以下三类：

①句首语写作

每篇作文除给出题目外，还会给出相关段落的开头语，要求考生根据题目与开头语的内容续写下去。

②提示性写作

包括开头给出一段话让考生续写下去，给出一个主题内容让考生进行扩写，给出写作提纲让考生按照提纲线索写作，以及写读后感、书信等不同文体的文章。

③看图写作

给出一幅画或一组图，要求考生根据图示内容进行写作，一般要求考生自己加上题目。

3）考查目标

书面表达的客观性试题主要考查考生的语言运用能力，主要涉及常用词组、句型和关联词语的使用，词语间的搭配与衔接等。书面表达的主观性试题主要考查考生能否正确使用国家通用语言文字进行书面表达，包括书写是否正确，标点符号使用是否正确，语言运用是否正确、合适，是否掌握了记叙文、议论文、说明文等不同体裁文章的写作方式，写作内容是否连贯、完整。

❷ 口试

口试部分在笔试之外单独进行。

（1）考试方式

口试为机试，考生需要登录考试系统，按照考试流程逐一答题。

（2）测试内容与考查目标

口试由两部分构成：第一部分是朗读短文，短文字数在 250 字左右，准备时间为 60 秒，朗读时间为 90 秒。第二部分是回答问题，共 2 道题。问题一是根据朗读短文回答问题，主要考查考生捕捉关键信息的能力，属于封闭性问题。准备时间为 30 秒，回答时间为 30 秒。问题二是根据所提供的材料或语境回答问题，主要考查考生描述事实或阐述观点的能力，属于开放性问题。准备时间为 2 分钟，回答时间为 2 分钟。

二、本册的编写与使用

本册是严格按照《MHK 大纲（三级）》精心编写而成的考前辅导用书，编写时参考了大量文献，总结了此前出版的相关考试用书的编写经验，突出了思想性、时代性和交际性等原则，以帮助考生提高备考效率、取得理想成绩和提升实际交际能力。

（一）编写特点

❶ 自学自测和课堂教学双向适用

本册采用讲练结合的方式，既适用于教师进行针对性辅导，帮助学生全面掌握《MHK 大纲（三级）》的有关要求，熟悉考试题型，掌握答题方法；也适用于考生自我测评，考生可通过专项训练、提速训练和四套模拟试卷的测试，熟悉 MHK（三级）的考试题型，更好地提高自己的应试水平。

❷ 试题命制突出思想性、科学性和实用性

本册在试题命制过程中特别突出命题语料的思想性，以铸牢中华民族共同体意识为目标，以立德树人的教育任务为指导，并突出以下原则：

（1）坚持科学性与实用性的统一

本册严格以《MHK 大纲（三级）》为编写的基本依据，题量、题型、考试时间和难度做到与真题完全一样，使考生在模拟实战的环境中有所收获。试题重点考查考生语言知识点的掌握情况和言语交际能力。涉及考点的句子，其语言知识的难度适中。

（2）坚持广泛性与针对性的统一

广泛性是指语料的来源包括各类报纸、杂志、书籍等，涉及的内容包括社会、经济、文化、历史、科技、教育、自然等方面。同时，我们也十分注意语料内容的针对性，即语料内容贴近考生的实际学习情况、生活经验和阅读水平。

（3）坚持真实性与规范性的统一

本册的语料全部来源于真实的语言环境，我们尽量保持了语料的原始性与完整性。同时，我们坚持选取规范的语料，保证语料真实性与规范性的统一。

❸ 试题解析细致、深入

许多考生对自己做错的题目印象深刻，常常希望知道自己错在了哪里。为此，我们特对专项训练的三组练习做了较为详细的解析，力求使考生既知其然，又知其所以然。

（二）结构安排

本册分为笔试部分、口试部分、听力理解录音文本、参考答案及解析四个部分。笔试部分和口试部分又分为摸底检测、专项训练、提速训练和实战演练四个单元。其中，摸底检测和实战演练是完整的模拟试卷，专项训练和提速训练分项设置了若干组练习题，并提供了答题指导。此外，专项训练部分包含了较为详细的试题解析，供考生参考。

（三）使用建议

本册作为MHK（三级）考试的考前辅导用书，具有两大功能，即考前测试教学与考生自主学习功能。为提高本册的使用效率，我们特提出以下建议：

❶ 给考生的话

本册虽是一本考试辅导用书，但不仅仅适用于准备参加MHK（三级）考试的考生，也适用于正在学习国家通用语言文字的所有少数民族学生。

考生可以用本册中的模拟试卷进行自测，以此来检测自己当前的水平。自测完成后再根据自身情况进行有针对性的复习，这样可以达到事半功倍的效果。下面我们从听力理解、阅读理解和书面表达三方面给考生提供一些建议。

（1）听力理解

听力成绩不太好的考生大多是因为听得过少，对语言的反应不够快。提高听力水平最好的方法就是多听、多理解。考生可以尝试反复精听本册所配的录音，直至完全听懂。听的时候要注意理解说话人的语气、态度以及说话人之间的关系，学会抓住说话人表达的主要内容，学会抓住关键词语进行合理的推断。虽然反复练习比较枯燥，但这是最为有效的方式，希望考生能够坚持。在时间安排上，每天精听的时间不宜过长，半个小时至一个小时为好。这样，人的精神比较容易集中，效率也高，听力水平提高得也会比较快。

（2）阅读理解

阅读理解是MHK（三级）考试中比重最大的部分。考生阅读理解成绩不太好，有的是因为阅读量不够，有的是因为不理解题目的意思，缺少做题经验。我们建议考生利用本册从两方面来提高阅读成绩。

本册严格按照《MHK大纲（三级）》编写，阅读文章的长度、命题的角度和真题保持一致。考生可以通过精读和泛读相结合的方式反复练习阅读理解部分的试题，以此来提高自己的阅读能力。时间安排上保证每天至少精读一篇，泛读三篇。精读的时候不仅要弄清楚文章的结构，更要体会每句话的意思及其在文章中的作用。泛读就是快速浏览，通过快速浏览，要能领会作者的语气、态度，掌握阅读材料的主要内容。精读可以提高考生的理解能力，泛读可以提高考生的阅读速度。

此外，考生做完题后可以结合答案对问题进行研究，观察不同类型问题的答案最可能出现在什么地方。只有主动地研究命题的模式，才能有效提高做题效率。

（3）书面表达

书面表达分为两部分，第一部分的回答需要考生进行长时期的积累以及有针对性的练习。考生可以利用本册的相关试题进行自测，也可以在自测后将正确答案填入句子中，从而熟悉各种句式及其用法。如果发现哪一种句式比较容易出错，就要特别注意此类句式或结构的用法。此外，考生可以利用阅读部分的文章体会句子的结构及相关句式的特点，做到一文多用。

书面表达的第二部分是作文。提高作文水平最好的方法就是多写多练。如果考生一开始觉得自己写不出东西来，可以先看范文，了解范文的结构和词汇，多读多记，如果能背下来最好。在对范文逐渐熟悉之后，尝试自己写，写完之后再与范文对照，修改自己写的文章中条理不清和用词不当的部分。多次的修改可以使考生的写作能力得到快速提升。建议考生参考以下方法使用本册的写作试题：

专项训练部分的作文题可以三天精写一篇，尽量做到多遍修改；提速训练部分则可以先只写提纲，培养写作思路，之后再根据范文扩展内容；模拟试卷部分最好严格按照考试规定的时间完成，以此来自测每一阶段的写作水平。

总之，考生在学习过程中尽量不要死记硬背，要尝试将语言知识寓于交际情景中，在语言的使用中培养自己的语感。平时多读、多背一些好文章。只有熟悉了国家通用语言文字本身的特点，培养了良好的语感，才能做到知己知彼、百战不殆。

❷ 给教师的话

本册基本涵盖了MHK（三级）的考查内容。教师可以结合考试大纲梳理本册内容，以便有计划地进行备课。

　　本册的笔试部分和口试部分都分为四个单元：第一单元是"摸底检测"，教师可通过本单元了解学生的实际水平，并据此调整下一阶段的教学内容和重点；第二单元是"专项训练"，教师可通过本单元对学生的弱项进行有针对性的训练，本部分以解决问题、掌握知识、提高能力为目标，训练可不计时间；第三单元是"提速训练"，本单元以提升速度为目标，让学生在规定时间内进一步提高答题效率；第四单元是"实战演练"，本单元是课程的收尾，教师可通过本单元检验学生的学习效果，并进行最后的查漏补缺。

　　在具体辅导的时候，我们建议教师重点讲解专项训练。教师可先讲解专项的基本做题方法和注意事项，然后让学生完成相关练习，之后由教师进行重点讲解与归纳。讲解时，为提高效率，可以重点讲解学生容易出错和反复出错的考点。

　　提速训练可以让学生在课后独立完成，建议教师在课上组织学生核对答案，根据实际情况，归纳出学生容易出错和反复出错的考点，并进行重点讲解。

　　下面我们从听力理解、阅读理解和书面表达三方面给教师提供一些建议。

　　（1）听力理解

　　教师可以引导学生养成先看题，再听录音，听录音时关注重点信息的习惯。例如，如果选项是四个不同的时间词，那么试题所考的就是时间细节，教师可以引导学生在听录音的时候重点关注时间信息。如果学生选择错误，教师可以带着学生分析错误的原因，根据不同的原因来进行专项训练。

　　（2）阅读理解

　　教师同样可以引导学生先看题，了解了出题意图之后再看文章。教师可以事先归纳好各种题型的选择模式，在讲解做题方法的时候告诉学生。例如，主旨题答案一般在文章开头或结尾，细节题可以关注关键词，判断题要找出文中每个相关的细节，等等。这样可以提高学生的做题效率。

　　（3）书面表达

　　本部分重在培养学生的语感和逻辑性。教师可以结合考试大纲和本册出现的重点语法给学生进行讲解，尽量做到讲练结合，让学生在听讲和做题中慢慢了解国家通用语言文字的语法特点与规律。此外，本部分练习提供了参考范文，教师可以引导学生多读、多背诵，这对提高语感很有帮助。

　　本册还可作为教师平时授课过程中的参考手册。我们希望且相信本册能够成为广大教师教授国家通用语言文字课程的好材料。

　　祝广大考生考试顺利！

编　者

2022 年 11 月

目 录

MHK（三级）主监考用语　　　　　　　　　　　　　　　**001**
MHK（三级）口语考试流程　　　　　　　　　　　　　　**003**

笔 试 部 分

第一单元　摸底检测　　　　　　　　　　　　　　　　**006**
　　　　　模拟试卷（一）　　　　　　　　　　　　　　　006
　　　　　模拟试卷（二）　　　　　　　　　　　　　　　025

第二单元　专项训练　　　　　　　　　　　　　　　　**043**
　　　　　一、听力理解　　　　　　　　　　　　　　　　043
　　　　　二、阅读理解　　　　　　　　　　　　　　　　054
　　　　　三、书面表达　　　　　　　　　　　　　　　　079

第三单元　提速训练　　　　　　　　　　　　　　　　**090**
　　　　　一、听力理解　　　　　　　　　　　　　　　　090
　　　　　二、阅读理解　　　　　　　　　　　　　　　　103
　　　　　三、书面表达　　　　　　　　　　　　　　　　136

第四单元　实战演练　　　　　　　　　　　　　　　　**149**
　　　　　模拟试卷（三）　　　　　　　　　　　　　　　149
　　　　　模拟试卷（四）　　　　　　　　　　　　　　　168

口 试 部 分

第一单元　摸底检测　　　　　　　　　　　　　　　　**188**
　　　　　口试模拟试卷（一）　　　　　　　　　　　　　188
　　　　　口试模拟试卷（二）　　　　　　　　　　　　　189

第二单元	专项训练	190
第三单元	提速训练	193
第四单元	实战演练	196
	口试模拟试卷（三）	196
	口试模拟试卷（四）	197

听力理解录音文本

第一单元	摸底检测	200
第二单元	专项训练	211
第三单元	提速训练	227
第四单元	实战演练	248

参考答案及解析

笔试部分   260

第一单元	摸底检测	260
第二单元	专项训练	263
第三单元	提速训练	297
第四单元	实战演练	302

口试部分   305

第一单元	摸底检测	305
第二单元	专项训练	307
第三单元	提速训练	316
第四单元	实战演练	319

MHK（三级）主监考用语

1. 待考生入场、清点考生人数完毕后，主监考向考生宣读：

> 朋友们，你们好！欢迎大家参加今天的 MHK（三级）考试。
> 现在我宣布考场纪律：
> 1. 请关闭手机。除了准考证、身份证、手表、铅笔、钢笔或圆珠笔、尺子和橡皮以外，不要把别的东西放在桌子上。请大家把准考证、身份证放在桌子的右上角。
> 2. 考试过程中请不要说话，不要看别人的答卷或举起答卷让别人看。
> 3. 请不要随便离开座位，如果有特殊情况，请举手，得到主监考允许后再离开。
> 4. 请不要把试卷和答题卡带出考场，不要抄录试卷内容，考试结束时，试卷和答题卡都要完好地交还，不能有任何缺损。
>
> （主监考环视考场，副监考巡视考场，停顿 5 秒钟；当确认无违规者后，主监考宣读：）
>
> 现在请副监考老师分发试卷 I 和答题卡。拿到试卷后，请不要打开。听到打开的指令后，再打开。
>
> （主监考按事先划分的区域，根据实到考生数将试卷 I 和答题卡交给副监考，副监考核对无误后按顺序将试卷 I 和答题卡直接发放到考生的手中，不要传递，发完后，主监考宣布：）
>
> 朋友们，我们马上就要开始播放考试说明了。如果哪位听不清楚，请举手。
>
> （主监考环视考场，待考生全部准备好后，根据规定开考时间按下录音设备的放音键。）

2. 音乐（中国民乐，30 秒，渐弱。）

3. 播音员

> 朋友们，你们好！
> 欢迎大家参加今天的 MHK 考试。

4. 播音员

> 现在请大家填写答题卡，请大家逐项填写姓名、准考证号等内容。填写时，横道一定要画得粗一些，重一些，把括号画满。最后请填写试卷号码，试卷号码在试卷的右上方。（停顿 50 秒。）

5. 播音员

> 现在请大家看试卷封面上的注意事项。考试包括三项内容，分别是听力理解、阅读理解和书面表达。每项内容都有规定的答题时间。全部考试时间约 120 分钟。

6. 播音员

> MHK 考试材料有两种：一种是试卷，一种是答题卡。答案一定要写在答题卡上，不能写在试卷上。作文请使用黑色钢笔或签字笔书写。

7. 播音员

> 现在请打开试卷，翻到第一页第一部分。（停顿 10 秒。）请注意：听力理解只放一遍录音。听力理解考试现在开始。

8. 听力理解考试结束时，即从录音中听到"听力理解考试到此结束"后，主监考大声宣布：

> 现在"阅读理解"和"书面表达"第一部分的考试开始，从 41 题到 95 题，共 55 题，时间为 55 分钟。（主监考将起讫时间写在黑板上。）

9. 试卷Ⅰ的考试时间还剩 5 分钟时，主监考大声宣布：

> 试卷Ⅰ的考试时间还剩 5 分钟。

10. 试卷Ⅰ考试结束时，主监考大声宣布：

> 试卷Ⅰ的考试现在结束，请大家马上放下笔，停止答题，合上试卷。现在请副监考收试卷Ⅰ。（收完清点无误后，主监考接着说：）请副监考分发试卷Ⅱ。

11. 试卷Ⅱ分发结束后，主监考大声宣布：

> 请大家进入"书面表达"第二部分作文考试。作文考试的时间为 35 分钟。（主监考将起讫时间写在黑板上。）

12. 作文考试的时间还剩 5 分钟时，主监考大声宣布：

> "书面表达"第二部分作文考试的时间还剩 5 分钟。

13. 作文考试结束时，主监考大声宣布：

> "书面表达"第二部分作文考试现在结束。请大家马上放下笔，停止答题。
>
> 现在请副监考收试卷Ⅱ和答题卡。（直接从考生手中收，不要传递。）请大家坐在原位，保持安静。在清点完试卷之前，请大家坐好，不要说话，不要离开考场。

14. 主监考清点完毕，确保试卷和答题卡准确无误后，最后宣布：

> 现在可以离场，谢谢各位的合作。

MHK（三级）口语考试流程

步骤 1：考试登录

请输入你的考生代号，按"登录"按钮登录。

步骤 2：登录确认

请核对屏幕上你的照片、姓名、性别和考生代号是否正确，如果有问题请举手。没有问题请用鼠标单击"下一步"按钮。

步骤 3：调整耳麦

请戴好耳麦，按屏幕例图中的提示调整好耳麦，准备录音。

步骤 4：试录—准备试录

请用鼠标单击"测试"按钮，进行试录。

步骤 4：试录—录音

开始试录，请读屏幕上的句子，时间 20 秒。

我现在正在参加 MHK 三级口试。

步骤 4：试录—播放试录内容

试录完毕，单击"播放"按钮，可以试听录音效果。

步骤 4：试录—确认试录内容

请注意：正在播放你试录的内容，如果音量太大或太小可重新测试，确认没有问题后可点击"录音"按钮开始考试。

步骤 4：试录—准备开始

试听完毕，单击"录音"按钮，进行正式考试。

步骤 4：试录—确认开始考试

MHK 考试系统会提示：现在正式开始录音！准备好了吗？

鼠标点击"是（Y）"按钮，开始考试。

步骤 5：录入考生信息—说明

请看屏幕，在"嘀"声后回答问题。

步骤 5：录入考生信息—姓名

请在"嘀"声后开始录音。

你叫什么名字？

步骤 5：录入考生信息—民族

请在"嘀"声后开始录音。

你是什么民族？

步骤 5：录入考生信息—考生代号

请在"嘀"声后开始录音。

你的考生代号是多少？

步骤 6：朗读短文—题目说明

现在开始口试第一部分，朗读短文。

请看屏幕，注意：短文只朗读一遍，准备 60 秒，朗读 90 秒。

步骤 6：朗读短文—准备

口试第一部分，朗读短文。

请看屏幕，准备 60 秒，朗读 90 秒。

步骤 6：朗读短文—录音

口试第一部分，朗读短文。

请在"嘀"声后开始朗读短文。

步骤 7：回答问题 1—说明

现在开始口试第二部分，回答问题。

第一个问题。请看题目以后准备 30 秒，回答 30 秒。

步骤 7：回答问题 1—准备

口试第二部分，回答问题。

第一个问题。请看题目以后准备 30 秒，回答 30 秒。

步骤 7：回答问题 1—录音

口试第二部分，回答问题。

请在"嘀"声后开始回答第一个问题。

步骤 8：回答问题 2—准备

口试第二部分，回答问题。

第二个问题。请看题目以后准备 2 分钟，回答 2 分钟。

步骤 8：回答问题 2—录音

口试第二部分，回答问题。

请在"嘀"声后开始回答第二个问题。

步骤 9：考试完毕

正在打包本次考试的录音文件并上传到服务器，请等待……

步骤 10：考生离场

口试到此结束，考生可以离开。谢谢。

笔试部分

第一单元　摸底检测

MHK

模拟试卷（一）

（三级）

卷 I

注 意 事 项

一、MHK（三级）试卷分为卷 I 和卷 II 两部分：

1. 卷 I 为客观选择题，每题都有四个供选择的答案，要求在答题卡上画出代表正确答案的字母，每题只能画一横道，如：[A] ■ [C] [D]。多画作废。

   请考生注意，卷 I 使用阅读机阅卷，答案必须用铅笔画在答题卡上，不能写在试卷 I 上。

   卷 I 包括三项内容，共 95 题。

   （1）听力理解（40 题，约 30 分钟）

   （2）阅读理解（40 题，45 分钟）

   （3）书面表达（15 题，10 分钟）

2. 卷 II 为书面表达主观题（作文），35 分钟。内容用黑色钢笔或签字笔写在答题卡的方格内。

   全部考试时间约 120 分钟。

二、注意每部分试题的答题说明，严格按照说明的要求，在规定的时间内回答问题。

三、严格遵守考场规则，听从主考人员的指挥。考试结束后，必须把试卷和答题卡放在桌子上，等监考人员收回、清点后，才能离场。

一、听力理解

（40题，约30分钟）

第 一 部 分

说明：1～15题，这部分试题都是两个人的简短对话，第三个人根据对话提出一个问题，请你在四个备选答案中选出唯一恰当的答案。

例如：第8题，你听到：

第一个人说：……

第二个人说：……

第三个人问：……

你在试卷上看到四个答案：

A 衬衫　　**B** 毛衣　　**C** 裤子　　**D** 鞋子

根据对话，第8题唯一恰当的答案是 **C**，你应该在答题卡上找到号码8，在字母 **C** 上画一横道。横道一定要画得粗一些，重一些。

[A]　　　[B]　　　■　　　[D]

1. A 酒店
   B 邮局
   C 超市
   D 商场

2. A 骄傲
   B 悲痛
   C 遗憾
   D 气愤

3. A 现在
   B 寒假
   C 暑假
   D 周末

4. A 师生
   B 同事
   C 朋友
   D 同学

5. A 晕倒了
   B 睡过了
   C 去医院了
   D 吃饭耽误了

6. A 操场
   B 球场
   C 游泳馆
   D 健身房

7. A 不想去
   B 错过了
   C 名额少
   D 去过了

8. A 篮球
   B 网球
   C 排球
   D 羽毛球

9. A 买菜
   B 学习
   C 照顾老人
   D 邻居老王

10. A 雨天
    B 晴天
    C 阴天
    D 雾天

11. A 她更喜欢看电视
    B 她更喜欢在家睡觉
    C 她不喜欢出去玩儿
    D 假期旅游的人太多

12. A 不要去外面吃饭
    B 外面的东西不好吃
    C 希望女的注意身体
    D 吃外面的东西对身体好

13. A 女的没理会小李
    B 女的批评小李了
    C 女的冤枉小李了
    D 小李的心情不好

14. A 愤怒
    B 埋怨
    C 吃惊
    D 无奈

15. A 出差
    B 打电话
    C 去北京开会
    D 给女的过生日

笔试部分 第一单元 摸底检测

第 二 部 分

说明：16～40题，在这部分试题中，你将听到几段简要的对话或讲话。每段话之后，你将听到几个问题，请你在四个备选答案中选出唯一恰当的答案。

例如：第25～27题，你听到：

第一个人说：……

第二个人说：……

……

第三个人根据这段对话提出三个问题：

25．问：……

你在试卷上看到四个答案：

A 饭馆　　**B** 邮局　　**C** 商店　　**D** 路口

根据对话，第25题唯一恰当的答案是 **A**，你应该在答题卡上找到号码25，在字母 **A** 上画一横道。横道一定要画得粗一些，重一些。

25　■　　［B］　　［C］　　［D］

你又听到：

……

27．问：……

你在试卷上看到四个答案：

A 寄信　　**B** 打电话　　**C** 取包裹　　**D** 买报纸

根据对话，第27题唯一恰当的答案是 **D**，你应该在答题卡上找到号码27，在字母 **D** 上画一横道。横道一定要画得粗一些，重一些。

27　［A］　　［B］　　［C］　　■

如果是一段讲话，在播放完讲话后，提出几个问题。

16. A 父母
    B 家人
    C 朋友
    D 自己

17. A 国际学校
    B 私立学校
    C 公立学校
    D 寄宿制学校

18. A 自由
    B 舒适
    C 痛苦
    D 矛盾

19. A 学校
    B 医院
    C 公司
    D 书店

20. A 感冒了
    B 发烧了
    C 中暑了
    D 晕倒了

21. A 跑步
    B 看病
    C 休息
    D 加班

22. A 篮球赛
    B 足球赛
    C 排球赛
    D 羽毛球赛

23. A 打球
    B 比赛
    C 休息
    D 看电视

24. A 没时间
    B 没兴趣
    C 没团队
    D 力气小

25. A 力气
    B 技巧
    C 身高
    D 兴趣

26. A 呕吐
    B 舔毛
    C 肠胃炎
    D 消化不良

27. A 置之不理
    B 送到医院
    C 禁食半天
    D 增加营养

28. A 得了胃肠炎
    B 发烧引起的
    C 经常舔毛引起的
    D 吃了变质的东西

29. A 喂猫草
    B 喂吐力克
    C 喂消食片
    D 剃光毛发

30. A 家具
    B 家电
    C 电子产品
    D 桌面商品

31. A 15～25 岁
    B 26～35 岁
    C 36～45 岁
    D 46～55 岁

32. A 桌面摆件
    B 桌面音箱
    C 桌面收纳品
    D 桌面饮水机

33. A 汽车
    B 香菇
    C 木耳
    D 食用菌棒

34. A 炎热
    B 干旱
    C 偏凉
    D 温暖

35. A 18万棒
    B 100万棒
    C 1500万棒
    D 2000万棒

36. A 国内和国外
    B 省内和省外
    C 岚县和企业
    D 企业和菇农

37. A 农具
    B 武器
    C 装饰品
    D 日用品

38. A 打仗
    B 狩猎
    C 游戏
    D 比赛

39. A 真正的弓
    B 真正的箭
    C 骨质的弓
    D 疑似骨质箭头

40. A 越来越精美
    B 越来越简约
    C 弓力越来越大
    D 使用越来越广

二、阅读理解

（40题，45分钟）

说明：41～80题，每段文字后都有几个问题，每个问题都有 **ABCD** 四个答案，请阅读后根据每道题的要求选出唯一恰当的答案，并在答题卡的相应字母上画一横道。

41

我国地大物博，有不少名胜古迹。天安门是世界上最大的<u>城市</u>中心广场，颐和园是世界上<u>保存</u>最完整的皇家<u>园林</u>，永乐大钟是世界上铭刻<u>文字</u>最多的大钟。

【41】句中画线词语拼音正确的一个是：

A 城市（céngshì）　　　　　　C 园林（yuánlín）

B 保存（bǎochún）　　　　　　D 文字（wénzhì）

42～45

2020 年 7 月 1 日，我国__42__法律确定每年 3 月 12 日为植树节。植树节是 1915 年设立的，一开始将时间__43__在每年的清明节，后来慢慢改为每年的 3 月 12 日。在这一天，人们会积极参加植树造林的活动。树木对__44__生态环境起着至关重要的作用，可以防止水土流失，调节气候。

据统计，自 1982 年开展全民义务植树活动以来，全国适龄公民累计 175 亿人次参加义务植树，累计植树 781 亿株。全民义务植树__45__了水土流失的状况，使我们拥有了良好的生态环境。

【42】文中__42__处应该填写的词语是：

A 散布

B 颁布

C 公布

D 宣布

【44】文中__44__处应该填写的词语是：

A 美化

B 整顿

C 防护

D 改善

【43】文中__43__处应该填写的词语是：

A 确定

B 提倡

C 建立

D 制定

【45】文中__45__处应该填写的词语是：

A 降低

B 消除

C 缓解

D 减慢

46～49

提到眼镜，我们并不陌生。我们熟悉的眼镜有近视镜、远视镜、老花镜、太阳镜。除此之外，还有一些__46__的眼镜。比如为色盲患者准备的眼镜，__47__你完全无法分清颜色，只要戴上它，就可以清楚地__48__；还有为了防止司机开车时睡觉而发明的电子眼镜，正在开车的司机如果长时间闭眼就会触发传感器，电子眼镜会发出警报，__49__司机；还有为了方便盲人而制造的盲人眼镜、为了使人在夜间看清物体的夜视眼镜……各种各样的眼镜方便了我们的生活。

【46】文中__46__处应该填写的词语是：

A 具体

B 独特

C 出色

D 奇怪

【47】文中__47__处应该填写的词语是：

A 即便

B 只有

C 由于

D 不管

【48】文中__48__处应该填写的词语是：

A 看到

B 划分

C 认识

D 辨别

【49】文中__49__处应该填写的词语是：

A 醒悟

B 惊醒

C 提醒

D 清醒

50～52

2020年，太极拳被列入联合国教科文组织人类非物质文化遗产代表作名录。作为我国传统武术之一的太极拳深受人们喜爱，男女老少都容易__50__。太极拳__51__了我国古代哲学中对立统一的思想。太极拳流派众多，很多流派有__52__关系，它们互相借鉴、不断发展，群众基础稳定，生命力旺盛。

学习太极拳可以强身健体、防身养性。打太极拳时，最重要的是大脑和身心要呈放松状态，动作要轻柔。

【50】文中__50__处应该填写的词语是：

A 着手

B 展开

C 掌握

D 锻炼

【51】文中__51__处应该填写的词语是：

A 表达

B 描述

C 象征

D 反映

【52】文中__52__处应该填写的词语是：

A 传播

B 传承

C 传递

D 传达

53～55

提到我国的千年古都，我们不得不说说西安。西安是一座集历史、文化、美景与美食于一体的城市。每个去过西安的人都对这座城市赞不绝口，都会被它的韵味深深地___53___。作为世界四大古都之一，西安有很多古迹。与《西游记》中玄奘有关的大雁塔、展现古代雕塑艺术的兵马俑、重现大唐盛世的古城墙等都在西安。提到美食，那更是数不胜数。羊肉泡馍是当地特色美食，有三种吃法：无汤、有汤、浓汤。此外，西安的手艺人还___54___了很多古代民间艺术，如皮影戏。

如今，丰富多彩的网络宣传大大___55___了西安旅游业的进一步发展。随着时代的发展，西安这座城市将焕发出更大的魅力。

【53】文中___53___处应该填写的词语是：

A 诱惑

B 吸引

C 依恋

D 影响

【55】文中___55___处应该填写的词语是：

A 推动

B 规范

C 优化

D 鼓励

【54】文中___54___处应该填写的词语是：

A 收藏

B 推出

C 创造

D 尊重

56～58

福建省的永定土楼不仅是我国古建筑的神奇一笔，也是风格独特的山区民居。土楼有着悠久的历史、宏大的规模，体现了客家人的___56___。土楼以圆形为主，分为外圈、中间和里圈，如此高大雄伟的建筑，不用钢筋、水泥、砖石，全以一担担黄土___57___而成，自明朝至今，始终完好如新。土楼不仅防火抗震，还可以___58___外敌入侵。其冬暖夏凉的舒适环境也非常适宜居住。

世代居住在土楼里的客家人热情好客，每当有人来土楼参观，客家人总是热情地招呼客人，他们也为自己祖先的聪明才智感到自豪。

【56】文中__56__处应该填写的词语是：

A 素质

B 智慧

C 价值

D 情感

【57】文中__57__处应该填写的词语是：

A 集合

B 搭建

C 结合

D 堆积

【58】文中__58__处应该填写的词语是：

A 抵御

B 抵制

C 反抗

D 反对

59～62

拖延症是指在能够预料拖延后果有害的情况下，仍然把计划要做的事情往后推迟的行为。很多人以为自己有拖延症是个例，其实拖延症普遍存在于人们身上。超过75%的人认为自己有拖延症，50%的人认为拖延症影响到了自己的生活。拖延症患者一边拖延一边焦虑，这对个体的身心健康会产生不利影响，严重时会导致个体产生强烈的负面情绪，并伴随有焦虑症、抑郁症等心理问题产生。

拖延症的产生与环境、任务难度和个体差异有关。研究表明，拖延症不会遗传，父母不会把拖延症遗传给孩子。完美主义者与拖延症存在正相关，因为过于追求完美，他们索性就不开始了。完美主义者可分为积极完美主义者和消极完美主义者。积极完美主义者会积极寻找方法解决困难，完成任务；消极完美主义者则更喜欢拖延，从而逃避责任。

专家建议拖延症患者应改变认识，学会时间管理，增加正向反馈。当然，拖延也是有好处的，在最紧要的关头反而能激发人的灵感和创造力，达到意想不到的效果。

【59】关于拖延症，下列说法正确的是：

A 不用重视

B 所有人都有

C 对个体影响不大

D 有时会使患者出现心理问题

【60】影响拖延症的因素不包括：

A 遗传

B 环境

C 任务难度

D 个体差异

【61】根据本文，下列说法正确的是：

A 拖延症患者都追求完美

B 消极完美主义者能完成任务

C 积极完美主义者常逃避责任

D 拖延症在完美主义者身上很常见

【62】专家建议拖延症患者：

A 明确目标

B 迎难而上

C 激发创造力

D 增加正向反馈

63～66

鸭子和天鹅一起生活在一片湖里，它们的关系很好，它们从小一起戏水，一起觅食，一起仰望天空。它们都向往外面的世界，但天鹅听说，要学会飞行才能到更广阔的世界去。于是，它们约定一起练习飞行，一起去看外面的世界。

天鹅每天不知疲倦地练习飞行，有时候都顾不上休息。可是鸭子每天待在湖中，一会儿看看天，一会儿看看岸上的人，幻想着自己飞起来的样子。鸭子对天鹅说："时间那么多，咱们可以先玩儿一会儿，以后再练习。"天鹅却说："咱们不是约好了一起去探索外面的世界吗？"鸭子看着天鹅练习时笨拙的样子，笑了起来："没用的，别浪费精力了，还不如来玩儿一会儿。"天鹅不说话，它继续努力练习着。

随着时间的推移，天鹅的翅膀长出了茧子，上面还有一些血迹。但它没有放弃，依旧忍痛用翅膀拍打着湖面。终于，天鹅长出了雪白的羽毛，翅膀变得丰满，它飞到了空中。天鹅飞走了，留下鸭子在湖里叹气，它后悔没有和天鹅一起练习。

【63】鸭子和天鹅一起做的事情不包括：

A 戏水

B 觅食

C 学习飞行

D 仰望天空

【64】鸭子为什么不愿意练习？

A 过于笨拙

B 已经会飞了

C 认为没有用

D 翅膀还不丰满

【65】本文的结局是什么？

A 鸭子飞走了

B 天鹅飞走了

C 鸭子和天鹅一起飞走了

D 鸭子和天鹅都没能飞走

【66】本文主要想告诉我们：

A 世上没有后悔药

B 向榜样学习很重要

C 成功属于勤奋努力的人

D 安逸的生活让人变得懒惰

67～69

　　李白是唐代伟大的浪漫主义诗人，被后人誉为"诗仙"。李白从小就很聪明，读书比同龄人快，写诗也有极高的天赋。正因为天赋过人，李白开始骄傲了，他很贪玩儿，缺乏毅力，不肯刻苦读书。有一天，李白偷偷跑出去玩耍，在河边扔石子儿，有人在旁边洗衣服、游泳，很是热闹。突然，李白看到一位老奶奶正在磨一根铁棍，感到很奇怪，于是问道："奶奶，您为什么要磨这个棍子呢？"奶奶说："我要把它磨成针。"李白惊讶地问："这怎么可能？这根棍子这么粗，针是多么细啊！"老奶奶说："只要肯下功夫，铁棍也能磨成针。"李白听后感到很羞愧，老奶奶如此大的年纪还有这样的耐心和毅力，他却只知道玩儿。

　　从此，李白每天都刻苦学习，最终成了一位伟大的诗人。这个故事告诉我们，成功需要有毅力，哪怕再有天赋的人，他们也是需要毅力的。只要下定决心，再难的事也能解决。

【67】根据第一段，李白小时候是怎样的？

A 有毅力

B 有爱心

C 天赋过人

D 刻苦读书

【68】老奶奶在河边干什么？

A 磨铁棍

B 洗衣服

C 找孙子

D 看风景

【69】本文主要讲的是：

A 成功需要自信

B 成功需要天赋

C 成功需要毅力

D 成功需要挫折

70～72

　　一位毕业于中文系的青年作家、企业家刘先生回忆起大学生活时表示，自己大学时非常忙碌，不是在学习就是在实习，就算放假，也是在实习或者去实习的路上。

　　大学一年级的寒假，刘先生为了去电视台实习，查了很多资料，做了很多准备。他给电视台台长写信，很快就接到了台长的电话，台长表示欢迎他和他的同学们去实习。实习期间，刘先生每天6点多起床去挤公交。不同于想拿到实习证明的同学，刘先生是真的想采访，于是他厚着脸皮，问身边的记者愿不愿意带他去采访。功夫不负有心人，他终于得到了机会。采访回来后他又主动提出写稿子。有一次，他写了一篇2000多字的文章，被要求多次修改，最后只剩了40字，但他却很高兴，因为只要被要求修改，文章就有机会发表。他乐观、积极的性格为他日后的成功打下了基础，只要有困难，他就努力想办法，从不放弃。

毕业找工作时，刘先生态度极其认真，光是简历就手工制作了五本，给招聘者留下了极深的印象。凭借天赋和坚持，刘先生顺利进入电视台工作。

【70】关于刘先生的大学生活，下列说法正确的是：

A 时常放假
B 喜欢写信
C 常常实习
D 常不上课

【71】刘先生去电视台实习是：

A 一时冲动
B 想做采访
C 想发表文章
D 想拿实习证明

【72】刘先生能顺利找到工作，是因为他：

A 实习经历丰富
B 擅长制作简历
C 不拖延的性格
D 有天赋且努力

73～76

常常会有一些学生到心理诊所就诊，因为他们不敢在公众面前演讲。针对这类缺乏自信的学生，专家给出了一些建议。

首先，不要放大自我关注。其实大家根本不会过度关注你，即使你说错话，大家也只是一笑而过。很多学生以为只有自己在公众面前演讲时会紧张，殊不知大部分人都会紧张，只不过紧张的程度不同而已。所以，用平常心对待很重要。

其次，多练习，形成肌肉记忆。你需要提前准备好演讲稿，并进行充分的练习。慢慢地，你会觉得其实在公众面前演讲也没什么可怕的。在这个基础上，你可以利用好身势语，多用眼神与听众交流，用恰当的手势辅助。

最后，演讲后不要过度反思。反思固然是很重要的能力，但过度反思反而会阻碍你在公众面前演讲的能力。专家也表示，如果问题实在严重，影响到了正常的学习和生活，一定要及时就医，寻求专业人士的帮助。

【73】演讲时如果说错话怎么办？

　　A 一笑而过

　　B 立即纠正

　　C 不要在意

　　D 停止演讲

【74】第三段画线部分的意思是：

　　A 背诵演讲稿

　　B 锻炼脸部肌肉

　　C 恰当地运用手势语

　　D 使肌肉记住这种状态

【75】专家认为如何克服不敢演讲的障碍？

　　A 自我关注

　　B 多加练习

　　C 勤于反思

　　D 及时就医

【76】本文主要讲的是：

　　A 全身发抖怎么办

　　B 缺乏自信怎么办

　　C 害怕演讲怎么办

　　D 害怕就医怎么办

77～80

　　陶行知是我国著名的教育家、思想家。他毕生致力于我国的教育事业，不仅创立了完整的教育理论体系，还进行了大量的教育实践，为我国教育的现代化发展做出了开创性的贡献。

　　业余时间，陶行知常做社会调查。他在一次调查中认识了一位30多岁的大哥，大哥和家里人都不识字。陶行知很着急，免费送给他课本，并告诉他只要学习写字就可以写信、看报。大哥邀请陶行知到家里做客，陶行知看到大哥家里的状况，难受得说不出话，由此更加坚定了改革教育的想法。陶行知不是一个空有理想的人，他是一个实干家，他创立了乡村教育研究部。

　　陶行知也是一个有方法的教育家，他爱学生就像爱孩子。有一次，他发现班上有个男生和其他班的同学争吵，他马上制止了这种行为，并让这个男生到办公室等他。陶行知先去了解了事情的经过，回到办公室后，他奖励了这个男生一颗糖，因为他提早到了老师的办公室；接着，陶行知奖励给他第二颗糖，因为他听了老师的话，立刻停止了不当行为；最后，陶行知又奖励给他第三颗糖，因为陶行知了解了事情的经过后发现确实是其他班同学的错误。这个男生听完陶行知的阐述后，后悔地哭了，他误会了陶行知偏向其他班同学。

　　陶行知又以同样的方法教育了那个其他班的同学。在陶行知的教育下，那个同学主动向男生道了歉，两人握手言和。陶行知这种独特的教育方式使学生易于接受，受益终生。

【77】关于陶行知认识的大哥，下列说法正确的是：

A 只会写字

B 刚满30岁

C 家里状况不好

D 家里人都识字

【78】关于陶行知，下列说法正确的是：

A 空有理想

B 不懂实干

C 坚持进行教育改革

D 以社会调查为工作

【79】陶行知为什么奖励给男生第二颗糖？

A 自己错怪了男生

B 男生后悔地哭了

C 男生提早来到了办公室

D 男生立刻停止了不当行为

【80】陶行知采取这种独特的教育方式是为了：

A 让学生改正错误

B 让学生容易接受

C 让那两名学生和好

D 让其他班学生道歉

三、书面表达

（16题，45分钟）

第 一 部 分

（15题，10分钟）

说明：81～90题，在每题的语句中有一个或两个空白处，题后有 **ABCD** 四个备选答案，其中只有一个可以放入空白处使语句表达通顺。请选出唯一恰当的答案，并在答题卡的相应字母上画一横道。

81. 现在正是樱花盛开时节，_____早上还是夜晚，_____可观赏樱花。

A 哪怕……也……

B 只要……就……

C 不仅……还……

D 无论……都……

82. 我们要学会观察生活中的美，生活中_____缺少美，_____缺少发现美的眼睛。

A 不是……而是……

B 虽然……但是……

C 要么……要么……

D 因为……所以……

83. 王丽干活儿的速度特别快,每次大扫除,她用不了半天就能_____家里收拾干净。
    A 使
    B 为
    C 把
    D 对

84. 博物馆虽然免费开放,但观众需要_____有效身份证件才能进去参观。
    A 向
    B 从
    C 凭
    D 跟

85. 他有20年没和家里联系了,_____。
    A 他家人以为早已经不在人世了
    B 家人以为他早已经不在人世了
    C 他早已经不在人世了以为家人
    D 家人早已经以为他不在了人世

86. _____,我们马上责成有关部门解决。
    A 关于你们反映的雨天道路积水严重的问题
    B 你们关于反映的雨天道路积水严重的问题
    C 关于反映的你们雨天道路积水严重的问题
    D 你们反映的道路雨天积水严重的关于问题

87. 他们夫妻二人特别喜欢旅游,_____。
    A 游览遍了已经祖国几年来的山山水水
    B 已经游览遍了几年来山山水水祖国的
    C 游览遍了几年来祖国的山山水水已经
    D 几年来已经游览遍了祖国的山山水水

88. _____,真是太不值得了。
    A 就使这点儿小事破裂了咱们的友谊
    B 这点儿小事就使咱们的友谊破裂了
    C 这点儿小事就破裂了使咱们的友谊
    D 咱们的友谊就使这点儿小事破裂了

89. _____,走到尽头就是观测站。
    A 你沿着一条小路的两边长满灌木一直走
    B 两边长满灌木的一条小路你沿着一直走
    C 你沿着一条两边长满灌木的小路一直走
    D 沿着两边长满灌木的一条小路你一直走

90. _____,大声地读了起来。
    A 她从手里抢过兴奋地哥哥那封信后
    B 她抢过那封信从哥哥兴奋地手里后
    C 她从哥哥手里兴奋地抢过那封信后
    D 她兴奋地从哥哥手里抢过那封信后

说明:91~95题,在这一部分里,每题的语句中有 **ABCD** 四个画线的词语,去掉其中某一个词语会使句子变成病句。请找出这个不能删去的词语,并在答题卡的相应字母上画一横道。

91. 虽然他只比我大一岁，可是思想却比我成熟很多。
    　　A　　　　　　B　　　C　　　D

92. 我坚持不让自己发出哪怕一丁点儿声音，免得惊醒正在睡觉的老人。
    　　A　　　　B　　　　C　　　D

93. 当地群众发现了山上有象群出现，立即报告了当地政府。
    　　A　　　B　C　　　　　　D

94. 为了让老师们能没有后顾之忧，政府不仅给他们提高了工资，而且还努力改善他们的居住条件。
    　　A　　B　　　　　　　　　　　　　C　　　　　　　　　D

95. 他们密切联系群众，初步把这个大难题解决了。
    　　A　　　　B　　　C　　D

请接下去进入作文考试

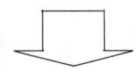

卷 II

书面表达第二部分

（作文，35分钟）

作文要求

1. 写作前认真阅读作文提示，按提示要求在规定的时间内写完。
2. 每个空格写一个字，书写要清楚工整；每个标点符号占一个或两个空格，标点符号使用要规范。
3. 作文中不得出现跟考生有关的校名、地名和真实姓名。
4. 保持卷面整洁，不得涂画损坏答卷。

作文提示：

谁是你最亲的人？每个人都有自己的答案。最亲的人在我们迷茫时给我们以人生启迪，在我们遇到困难时给我们以援手。最亲的人帮助我们成长，帮助我们进步，是我们人生的指路明灯。

作文要求：

请以"我最亲的人"为题，写一篇作文。全文不得少于350字。

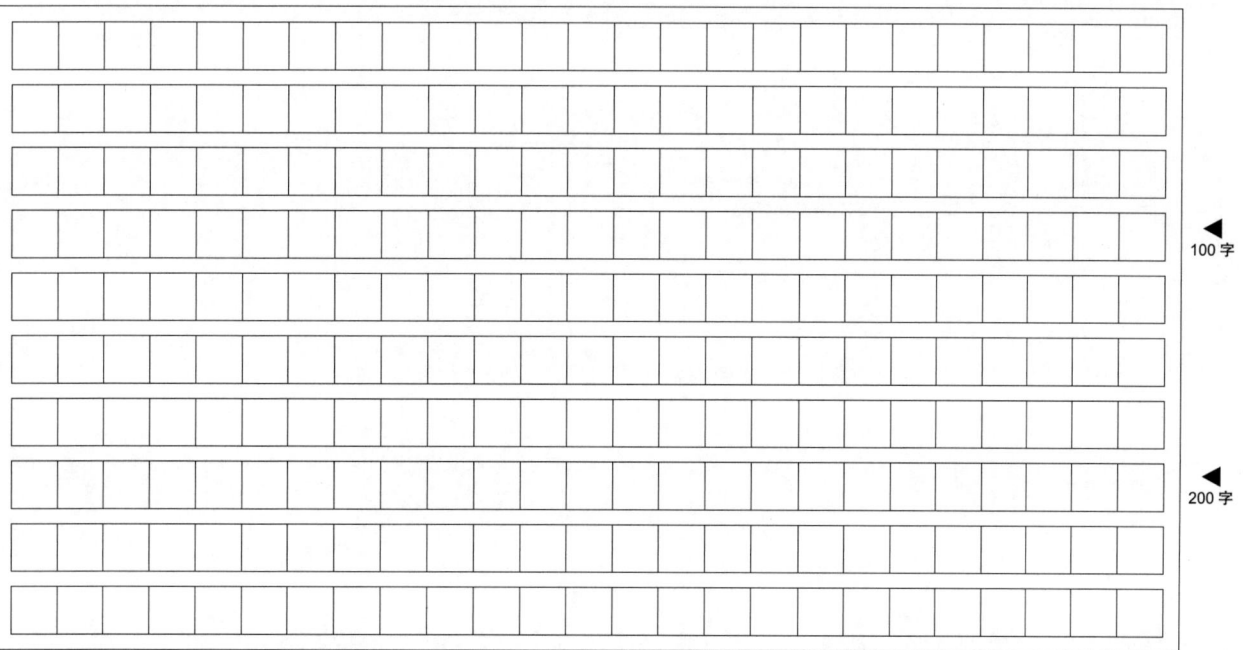

◀ 300字

◀ 400字

◀ 500字

◀ 600字

MHK
模拟试卷（二）
（三级）
卷 I

注 意 事 项

一、MHK（三级）试卷分为卷 I 和卷 II 两部分：

1. 卷 I 为客观选择题，每题都有四个供选择的答案，要求在答题卡上画出代表正确答案的字母，每题只能画一横道，如：[A] ■ [C][D]。多画作废。

   请考生注意，卷 I 使用阅读机阅卷，答案必须用铅笔画在答题卡上，不能写在试卷 I 上。

   卷 I 包括三项内容，共95题。

   （1）听力理解（40题，约30分钟）

   （2）阅读理解（40题，45分钟）

   （3）书面表达（15题，10分钟）

2. 卷 II 为书面表达主观题（作文），35分钟。内容用黑色钢笔或签字笔写在答题卡的方格内。

   全部考试时间约120分钟。

二、注意每部分试题的答题说明，严格按照说明的要求，在规定的时间内回答问题。

三、严格遵守考场规则，听从主考人员的指挥。考试结束后，必须把试卷和答题卡放在桌子上，等监考人员收回、清点后，才能离场。

一、听力理解

（40题，约30分钟）

扫一扫，听录音

第 一 部 分

说明：1～15题，这部分试题都是两个人的简短对话，第三个人根据对话提出一个问题，请你在四个备选答案中选出唯一恰当的答案。

例如：第8题，你听到：

第一个人说：……

第二个人说：……

第三个人问：……

你在试卷上看到四个答案：

A 衬衫　　**B** 毛衣　　**C** 裤子　　**D** 鞋子

根据对话，第8题唯一恰当的答案是 **C**，你应该在答题卡上找到号码8，在字母 **C** 上画一横道。横道一定要画得粗一些，重一些。

[A]　　[B]　　■　　[D]

1. A 家里
   B 教室里
   C 出租车上
   D 公交车上

2. A 不喜欢吃川菜
   B 不想在外面吃
   C 她擅长做川菜
   D 不想去那家川菜馆

3. A 生病了
   B 被批评了
   C 工作不顺利
   D 遇到困难了

4. A 火车上
   B 轮船上
   C 出租车上
   D 公交车上

5. A 高兴
   B 埋怨
   C 羡慕
   D 难过

6. A 洗碗
   B 看书
   C 聊天儿
   D 收拾厨房

7. **A** 6月
   B 10月
   C 11月
   D 12月

8. **A** 春节
   B 商场
   C 超市
   D 购物

9. **A** 顾客
   B 保安
   C 售货员
   D 快递员

10. **A** 担忧
    B 反对
    C 怀疑
    D 鼓励

11. **A** 不能打折
    B 服务不好
    C 眼镜款式多
    D 眼镜有些贵

12. **A** 父女
    B 母子
    C 同学
    D 师生

13. **A** 陪她逛街
    B 给她买礼物
    C 陪她过生日
    D 早点儿下班

14. **A** 做事非常认真
    B 很受经理信任
    C 工作经验丰富
    D 有信心完成任务

15. **A** 车突然坏了
    B 没有定闹钟
    C 早上起晚了
    D 遇上堵车了

第 二 部 分

说明：16～40题，在这部分试题中，你将听到几段简要的对话或讲话。每段话之后，你将听到几个问题，请你在四个备选答案中选出唯一恰当的答案。

例如：第25～27题，你听到：

第一个人说：……

第二个人说：……

……

第三个人根据这段对话提出三个问题：

25．问：……

你在试卷上看到四个答案：

A 饭馆　　**B** 邮局　　**C** 商店　　**D** 路口

根据对话，第25题唯一恰当的答案是 **A**，你应该在答题卡上找到号码25，在字母 **A** 上画一横道。横道一定要画得粗一些，重一些。

25 ■　　［**B**］　　［**C**］　　［**D**］

你又听到：

……

27．问：……

你在试卷上看到四个答案：

A 寄信　　**B** 打电话　　**C** 取包裹　　**D** 买报纸

根据对话，第27题唯一恰当的答案是 **D**，你应该在答题卡上找到号码27，在字母 **D** 上画一横道。横道一定要画得粗一些，重一些。

27 ［**A**］　　［**B**］　　［**C**］　　■

如果是一段讲话，在播放完讲话后，提出几个问题。

16. **A** 很排斥

　　B 不喜欢

　　C 很喜欢

　　D 没感觉

17. **A** 没有时间

　　B 听不太懂

　　C 没机会看

　　D 觉得无聊

18. A 多看小说
    B 多唱京剧
    C 从小学习京剧
    D 从小学习优秀传统文化

19. A 尊老爱幼
    B 如何学习
    C 社会进步
    D 年龄差异

20. A 排队
    B 付款
    C 买票
    D 看电影

21. A 年轻
    B 乐观
    C 大方
    D 消极

22. A 晴天
    B 多云
    C 小雨
    D 雷阵雨

23. A 雷声很大
    B 连下三天
    C 上午下雨
    D 晚上下雨

24. A 看手机
    B 看电视
    C 看新闻
    D 看天气预报

25. A 说到做到
    B 不会说谎
    C 夸奖的语气
    D 讽刺的语气

26. A 干旱
    B 虫害
    C 低温
    D 病害

27. A 竹叶
    B 竹笋
    C 竹竿
    D 竹鞭

28. A 雨季
    B 旱季
    C 开春
    D 秋季

29. A 浅红
    B 鲜红
    C 暗红
    D 黑红

30. A 浙江
    B 云南
    C 湖南
    D 内蒙古

31. A 购买人数增多
    B 品质越来越好
    C 产量比较有限
    D 原料越来越少

32. A 凤

    B 凰

    C 鸟狮

    D 珍珠鸟

33. A 送书

    B 搬家

    C 做家务

    D 教育孩子

34. A 孩子的物品丢失

    B 孩子的物品损坏

    C 孩子的物品杂乱

    D 孩子的物品过剩

35. A 继续使用

    B 送给朋友

    C 全部扔掉

    D 部分出售

36. A 朋友不喜欢

    B 朋友不在家

    C 朋友家也有

    D 孩子不让送

37. A 武器落后

    B 不会打仗

    C 胆小如鼠

    D 总打败仗

38. A 不管不顾

    B 理解管仲

    C 怀疑管仲

    D 认同别人的话

39. A 管仲具有特殊才干

    B 管仲家里不太富有

    C 管仲需要一份公职

    D 管仲是鲍叔牙的朋友

40. A 统一六国

    B 扩大疆土

    C 储备资源

    D 发展农业

二、阅读理解

（40题，45分钟）

说明：41～80题，每段文字后都有几个问题，每个问题都有 **ABCD** 四个答案，请阅读后根据每道题的要求选出唯一恰当的答案，并在答题卡的相应字母上画一横道。

41

张家界森林公园是我国最早<u>创建</u>的国家森林公园，园内<u>风光</u>优美，无论<u>严寒</u>还是酷暑，都适合<u>观光</u>。

【41】句中画线词语拼音正确的一个是：

A 创建（cuàngjiàn）　　　　　　　C 严寒（yánhán）

B 风光（fēngguān）　　　　　　　D 观光（guāngguān）

42～44

卢沟桥是我国第一批国家重点文物保护单位，全长266.5米，宽7.5米。桥身有11个半圆形石拱，与河面__42__。卢沟桥异常__43__，每当永定河发大水时，桥身丝毫不受影响，这体现了我国建筑师的巧思。桥面两旁有石柱，柱上雕刻着各种各样的狮子，狮子形态各异，十分__44__，有母狮子抱着小狮子的，有两只狮子在交头接耳的，有一只狮子静静地躺着的，还有几只狮子在打闹玩耍的，千姿百态，活灵活现。

【42】文中__42__处应该填写的词语是：

A 平衡

B 平行

C 平等

D 平均

【43】文中__43__处应该填写的词语是：

A 美观

B 顽固

C 坚固

D 宽阔

【44】文中__44__处应该填写的词语是：

A 清晰

B 感人

C 鲜明

D 逼真

45～47

青海湖位于我国青海省，距离西宁市100公里左右，湖面海拔比两个泰山还高，是我国最大的内陆湖和咸水湖。青海湖__45__高原大陆性气候，日照强烈，冬寒夏凉，春季多风沙。青海湖23个水鸟栖息地约有44种水鸟，这是青海湖__46__的自然风光。

青海湖地势平坦，呈椭圆形，好像一片光亮的白杨树叶，环湖周长约360公里。从2002年开始，每年都__47__环青海湖自行车赛，吸引了大批骑行爱好者和游客，发展了当地的旅游业。

【45】文中 __45__ 处应该填写的词语是：

A 等于

B 属于

C 在于

D 关于

【46】文中 __46__ 处应该填写的词语是：

A 干燥

B 复杂

C 真实

D 独特

【47】文中 __47__ 处应该填写的词语是：

A 参加

B 举办

C 开创

D 设立

48～51

琦君是我国当代女作家、散文家。她的作品涉及散文、小说、诗歌等众多领域，很受年轻人欢迎。她怀念故土、思念亲人的作品尤为 __48__，她认为人就像花草树木一样，也是有根的。故乡、母亲等主题在她 __49__ 文字的描述下，震撼着读者。她始终 __50__ 着悲悯的视角，用一颗单纯的心创作，她的作品中 __51__ 着爱与尊重，她笔下的一个个故事感人至深，引人共鸣。

【48】文中 __48__ 处应该填写的词语是：

A 主要

B 出色

C 深刻

D 频繁

【49】文中 __49__ 处应该填写的词语是：

A 细微

B 细腻

C 细心

D 细节

【50】文中 __50__ 处应该填写的词语是：

A 回忆

B 坚持

C 保持

D 叙述

【51】文中 __51__ 处应该填写的词语是：

A 充满

B 充足

C 充实

D 充分

52～54

除夕是我国的传统节日，又叫大年夜、除夜。除夕是农历十二月的最后一天，春节的前一天。

这一天为什么叫除夕呢？"除"是去掉的意思，"夕"指晚上，在这里指一年中的最后一夜，"除夕"就是__52__新的一年的意思。在除夕这一天，家家户户都要打扫房间，除故纳新；长辈要给小孩儿压岁钱，压岁钱__53__着长辈的祝福；除夕晚上有熬夜的习俗，熬夜又叫"守岁"，意为终岁不眠，期待天明；这一天还有一些__54__，比如不能扔垃圾、不能欠钱、不能说不吉利的话等。

【52】文中__52__处应该填写的词语是：

A 迎接

B 庆祝

C 度过

D 拥有

【54】文中__54__处应该填写的词语是：

A 禁忌

B 禁止

C 规律

D 规则

【53】文中__53__处应该填写的词语是：

A 代替

B 顶替

C 包含

D 包括

55～58

我国古代小说__55__于远古神话，在魏晋南北朝时期得以成型，以"志人志怪"为主，包括真人真事和民间传说。

唐代是小说的成熟期，这时的小说以爱情、历史题材为主。宋代出现了很多话本小说，以爱情和市民故事为主。从宋代开始，写小说的语言也从文言文逐渐转为白话文。明清时期是小说的繁荣期，我国四大名著就产生于这一时期。

四大名著包括《红楼梦》《西游记》《水浒传》《三国演义》。《红楼梦》深刻地反映了社会现实；《西游记》是一部以神怪为主的幻想小说，反映了人们的__56__精神；《水浒传》__57__了被压迫人民的反抗精神；《三国演义》是我国古代第一部长篇章回体小说，是历史演义小说的__58__之作。

【55】文中__55__处应该填写的词语是：

A 起源

B 传说

C 来历

D 开头

【56】文中__56__处应该填写的词语是：

A 争气

B 斗争

C 战争

D 力争

【57】文中___57___处应该填写的词语是：

A 赞成

B 称赞

C 歌唱

D 歌颂

【58】文中___58___处应该填写的词语是：

A 经典

B 最新

C 拿手

D 完美

59～62

孟子是儒家学派的代表人物，与孔子并称"孔孟"。这个伟大的哲学家有一个更伟大的母亲。孟子三岁时父亲去世，他和母亲一起生活。母亲为了教育好孟子，曾经三次搬家，只为了给孟子一个好的环境。

刚开始孟子和母亲住在墓地旁，家门外总是很吵闹，孟子受此影响无心读书，总想去外边玩儿，当孟子看到举行葬礼的场景时，他也学了起来。孟母很是着急，她担心儿子不好好学习，希望儿子成为对社会有用的人。于是，孟母决定搬家，把家搬到了市场附近。本以为这样孟子就能有一个好的学习环境，结果市场的环境乱于墓地。久而久之，孟子学会了卖东西。在这种环境下，孟子的学习效率更低了。于是孟母又把家搬到了学校附近。慢慢地，孟子也变得知书达理了。孟母终于放下心来，不再搬家，专心教育孟子。

孟子读书时常常不复习，虽然上课时状态很好，但是时间久了就忘记了以前的知识。孟母很生气，于是当着孟子的面把织好的布剪断了。孟子不理解，孟母趁机教育他："学习就像织布，不复习就像剪断的布，知识再也接不上了。"孟子恍然大悟，牢记母亲的教诲，除了上课还认真复习。

【59】孟母为了教育好孟子做了什么？

A 住在墓地旁

B 自己学习哲学

C 曾经三次搬家

D 离开孟子的父亲

【61】孟母为什么把织好的布剪断了？

A 为了教育孟子

B 扫墓需要剪布

C 孟子想去卖布

D 孟子需要剪布

【60】孟母把家搬到市场附近后怎么样？

A 孟子学会了送葬

B 孟子学会了叫卖

C 孟子学会了搬家

D 孟子常常不复习

【62】本文主要想说明：

A 孟子和母亲的故事

B 墓地不适合人居住

C 家庭教育的重要性

D 孟子哲学上的成就

63～65

暑期是铁路客流高峰期，不仅人员流动量大，而且高温和暴雨也会给暑期铁路运输带来一定困难。一些人默默无闻地在自己的岗位上努力工作，给暑期铁路运输提供了坚实的保障。

翟勇是一名桥隧工，常常要步行检查铁轨上有没有杂物或者被洪水冲倒的石块和树木。这份工作很辛苦，每到汛期，他就要住在一间不到20平米的简易房内，和他的同事们24小时轮流值班。翟勇和同事们对这种艰苦的工作环境没有一点儿不满，他们不敢懈怠，虽然想家，却也从不向家人抱怨。为了列车安全运行，他们觉得自己所做的一切都是值得的。看着一趟趟列车平稳运行，翟勇和同事们都感到很欣慰。

保洁员石金玉负责站台的垃圾清理工作，她每天奔波在站台和垃圾站之间。每当列车靠站时，她都要把车上的垃圾运到站台，每次清理都要跑四五趟。暑期每天有33列火车经过她的站台。她的工作很辛苦，但是看着乘客们的笑容，她也感到很满足。

正是这些默默付出的铁路员工，为我们暑期的顺利出行提供了保障。

【63】暑期铁路会面临什么问题？

A 车次少

B 客流量大

C 列车票价高

D 中途停靠时间短

【64】翟勇和他的同事们对待工作是什么态度？

A 不满

B 懈怠

C 努力

D 抱怨

【65】本文主要讲的是：

A 翟勇的工作态度

B 保洁员如何工作

C 铁路运输遇到的困难

D 铁路员工的辛勤付出

66～69

我国古代哲学家、思想家、散文家韩非子是法家学派的代表人物。他受到秦王的重用，后被人陷害，他想向秦王解释他是被冤枉的，但是秦王没有听，后来秦王感到很后悔。韩非子死后，人们将他的思想和作品整理成书，他的思想影响了当时和后代的统治者。

韩非子认为社会是向前发展的，后者必然胜过前者，现在必然胜过过去，人们不必遵循旧的传统。韩非子的这种思想在当时是难得的，也是进步的。此外，韩非子注意到了人口增长的问题，将人口数量和社会财富联系起来。他反对守旧，主张改革，主张以法为本，以法治国。韩非子第一次提出"法不阿贵"的思想，主张法律对贵族和有权有势的人同样有效，法律面前人人平等。

【66】韩非子是哪个学派的？

A 儒家

B 道家

C 墨家

D 法家

【67】根据本文，秦王后悔：

A 没重用韩非子

B 没杀死韩非子

C 相信了韩非子

D 冤枉了韩非子

【68】韩非子的思想受到谁的推崇？

A 统治者

B 哲学家

C 散文家

D 思想家

【69】韩非子提出了什么主张？

A 提倡守旧

B 只谈仁义

C 以法治国

D 贵族特权

70～73

校园招聘随处可见，专家提醒毕业生，在寻找工作时不要把自己当作弱势群体。相反，就业是双向选择。企业要选择合适的人才，同样也在被求职者选择。毕业生不需要讨好企业，双方的实际情况及需求决定着就业的走向。

调查显示，在一次校园招聘中，平均每个岗位会收到超过500份简历。

如今，"00后"毕业生也加入了找工作的大军。"00后"生活在短视频异军突起的时代，接收的信息更加多元，更加富有创新精神。因此在校园招聘中，企业也会利用新媒体来吸引毕业生的眼球。有的企业则根据"00后"的特点，实行弹性工作制，员工可以自主选择一周内需要工作的时间，不需要为了迎合企业而改变。

【70】根据本文，毕业生找工作应该怎么做？

A 参加所有招聘会

B 和企业双向选择

C 完全迎合企业需求

D 把自己当作弱势群体

【71】为了吸引"00后"员工，企业做了什么？

A 提高薪资待遇

B 禁止员工加班

C 实行弹性工作制

D 通过新媒体面试员工

【72】根据本文，下列说法正确的是：

A 新媒体岗位很受欢迎

B "00后"更受企业青睐

C "00后"富有创新精神

D 校园招聘多在线上进行

【73】本文主要讲的是：

A 就业政策

B 校园招聘现状

C 找工作的方法

D "00后"的就业观

74～76

亲子关系一直是社会学家关注的重点。孩子的成长离不开家长的教育，研究表明，家长科学的教育方式有助于孩子的成长。

首先，家长应尊重孩子的喜好，培养孩子的兴趣，而不是给孩子报很多兴趣班。家长作为成人喜欢替孩子做规划，但应注意考虑孩子的意见和天赋，培养孩子自主选择的能力。据调查，90%的孩子不喜欢家长替自己做决定，在专制家庭环境下长大的孩子会更叛逆。家长应多让孩子自主选择。所谓自主选择，不是放任不管，而是指导孩子，为孩子提供资料，帮助孩子分析，引导其做出正确的选择。孩子对家长也应有足够的尊重，如有不同意见，应主动提出，不可以撒泼打滚，无理取闹。

其次，无论是家长还是孩子，都应学会控制情绪。当发生冲突时，应就事论事，共同商讨解决办法，切不可被情绪控制，借题发挥。

最后，家长既不能溺爱孩子，也不能过度专制。研究证明，民主的氛围更有利于家庭的和谐。

【74】社会学家关注的重点是：

A 亲子关系

B 儿童成长

C 家庭教育

D 控制情绪

【76】根据本文，孩子应该：

A 关心家长

B 尊重家长

C 保护家长

D 听家长的话

【75】根据本文，家长应该如何对待孩子？

A 放任不管

B 过度专制

C 溺爱孩子

D 指导孩子

77～80

刘翔 1983 年出生于上海，是我国田径队 110 米跨栏的运动员，是我国田径史上第一个奥运会冠军。

刘翔小时候自己学骑自行车时，他的祖父告诉他要坚持，不能轻言放弃。在这种教育理念下，刘翔练就了坚韧不拔的性格，即使遇到再大的困难，他也不轻易放弃，而是会坚持到底。

刘翔虽然常年在外训练，但和家人的感情很好。2011 年，刘翔的祖母身患重病，她最大的心愿就是看到孙子拿金牌。那场比赛刘翔没有足够的信心战胜对手，但为了让祖母开心，他超常发挥，赢得了比赛。虽然刘翔没能陪在祖母身边，但老人家知道刘翔得了金牌后十分欣慰。

刘翔不仅是先天条件出色的选手，而且悟性极高，只要教他一个动作，他马上就能学会。刘翔的成功说明，只要用心领悟，就可以得到提高。刘翔的努力让人感动，他的努力使我们明白，面对困难，不应该低头，而是应该勇敢地跨过去。

【77】刘翔的祖父教导他：
A 骑自行车
B 不要放弃
C 如何省钱
D 练习跨栏

【78】刘翔为了祖母做了什么？
A 放弃比赛
B 用心陪伴
C 努力训练
D 赢得比赛

【79】关于刘翔，下列说法正确的是：
A 悟性极高
B 心理素质好
C 经常陪伴家人
D 是我国第一个奥运会冠军

【80】本文主要讲的是：
A 刘翔的训练方法
B 刘翔的比赛经历
C 刘翔成功的秘诀
D 祖父对刘翔的影响

三、书面表达

（16 题，45 分钟）

第 一 部 分

（15 题，10 分钟）

说明：81～90 题，在每题的语句中有一个或两个空白处，题后有 **ABCD** 四个备选答案，其中只有一个可以放入空白处使语句表达通顺。请选出唯一恰当的答案，并在答题卡的相应字母上画一横道。

81. 谁都有犯错的时候，_____他已经承认错误了，大家_____原谅他吧。
    A 只要……就……
    B 既然……就……
    C 如果……就……
    D 即使……也……

82. _____到外边扫雪，_____在屋里擦玻璃，反正你不能闲着。
    A 与其……不如……
    B 一边……一边……
    C 要么……要么……
    D 不但……而且……

83. 和表姐告别后，我们_____一条弯弯曲曲的山路慢慢走了下来。
    B 自从
    A 跟着
    C 沿着
    D 趁着

84. 别总是愁眉苦脸的，打起精神_____自己开心点儿吧，一切都会好起来的。
    A 为
    B 跟
    C 把
    D 让

85. 故事情节将我深深吸引，_____。
    A 使我忘了几乎此时此刻自己是在哪里
    B 使我几乎忘了自己是在哪里此时此刻
    C 几乎此时此刻使我忘了自己是在哪里
    D 几乎使我忘了此时此刻自己是在哪里

86. 奶奶最近很伤心，因为_____，到现在还没找到。
    A 她养的那只可爱的小狗突然丢了
    B 她养的可爱的那只小狗突然丢了
    C 她那只可爱的养的小狗突然丢了
    D 她养的可爱的那只小狗突然丢了

87. 骑自行车虽然慢了些，_____，再说还环保呢。
    A 再慢但比步行快也
    B 但再慢也比步行快
    C 但再慢比步行快也
    D 也再慢但比步行快

88. 今天天气特别好，_____。
    A 我看咱们还是见面在公园里吧
    B 咱们我看见面还是在公园里吧
    C 我看还是咱们在公园里见面吧
    D 我看咱们还是在公园里见面吧

89. 他终于鼓起勇气，_____。
    A 第一次说出了自己的家庭情况毫无保留地对老师
    B 对老师毫无保留地第一次说出了自己的家庭情况
    C 第一次对老师毫无保留地说出了自己的家庭情况
    D 毫无保留地第一次说出了自己的家庭情况对老师

90. _____，而且下药十分谨慎。

    A 比我那位老中医有经验得多

    B 那位老中医比我有经验得多

    C 那位老中医经验比我有得多

    D 那位有经验老中医比我得多

说明：91～95题，在这一部分里，每题的语句中有 **ABCD** 四个画线的词语，去掉其中某一个词语会使句子变成病句。请找出这个不能删去的词语，并在答题卡的相应字母上画一横道。

---

91. 肥胖是说一个人的体重已经超出了正常的范围，这些人是需要减肥的。
    A   B   C   D

92. 他的态度那么诚恳，以至于本来不想买东西的人，都纷纷掏出钱来。
        A   B   C D

93. 这件事的发生不是偶然的，而是我们平时不太重视思想政治教育的结果。
    A B   C D

94. 我们的报纸要靠大家来办，而不能只靠少数人关起门来办。
    A B   C   D

95. 他从中医院请来了大夫，并且自己 亲自开车把大夫接了回来。
    A   B   C   D

请接下去进入作文考试

卷 II
书面表达第二部分

（作文，35分钟）

作文要求

1. 写作前认真阅读作文提示，按提示要求在规定的时间内写完。
2. 每个空格写一个字，书写要清楚工整；每个标点符号占一个或两个空格，标点符号使用要规范。
3. 作文中不得出现跟考生有关的校名、地名和真实姓名。
4. 保持卷面整洁，不得涂画损坏答卷。

作文提示：

　　春节、元宵节、清明节、端午节、中秋节等都是我国的传统佳节，每个节日都有着悠久的历史和丰富的文化内涵。每当节日来临，全国上下都会举行各种活动。

作文要求：

　　请选一个你最熟悉的我国的传统佳节，介绍一下这个节日的由来、习俗等。全文不得少于350字。

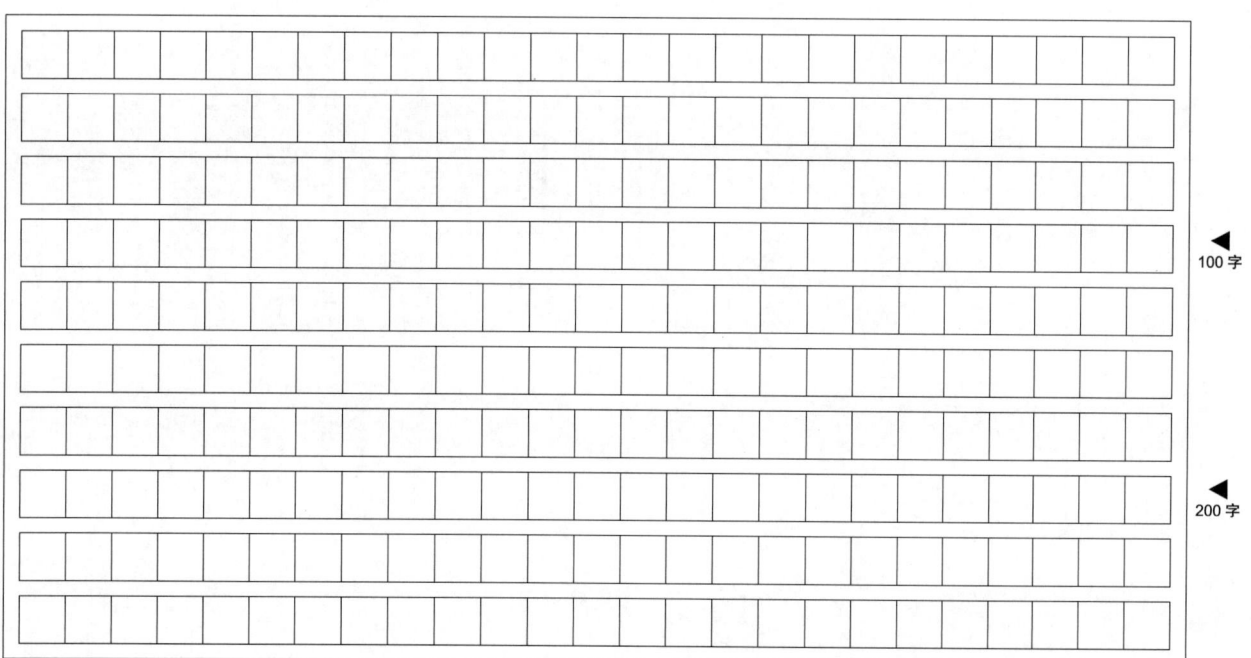

◀ 300字

◀ 400字

◀ 500字

◀ 600字

第二单元　专项训练

一、听力理解

第 一 部 分

答题指导

本部分共编制了三组练习，每组练习都有 15 道题。

本部分的练习方法：先"考"再"练"，即先按照考试的流程听录音答题，然后再不限时间与速度反复去听录音直至完全听懂。这样，考生既可以逐渐适应真实考试的速度，又可以有针对性地反复练习，学习并理解试题的内容。在训练的过程中要注意新词汇的掌握和积累。

听录音的时候要学会跳跃式听录音的方法。录音里不是每个词语都非常关键或重要，不要期望能听懂每个词语。要学会分辨说话人之间的关系，并能够理解说话人的语气、态度，抓住主要内容或关键词语进行合理推断。

第一组练习

扫一扫，听录音

1. A 邮局
   B 国外
   C 书店
   D 船上

2. A 水果新鲜
   B 水果好吃
   C 想吃水果了
   D 想参与店内活动

3. A 出差时间
   B 出差地点
   C 航班信息
   D 机票价格

4. A 结账
   B 排队
   C 问路
   D 买东西

5. A 温泉馆
   B 游泳馆
   C 运动场
   D 篮球场

6. A 愤怒
   B 遗憾
   C 埋怨
   D 同情

7. A 师生
   B 同学
   C 同事
   D 父女

8. A 邮局
   B 网上
   C 杂志社
   D 报刊亭

9. A 复读
   B 实习
   C 就业
   D 考研究生

10. A 回家
    B 在公司
    C 去旅行
    D 去朋友家

11. A 自己
    B 爱人
    C 爸爸
    D 妈妈

12. A 自己喜欢
    B 学校要求的
    C 大家都在练
    D 受妈妈的影响

13. A 小区
    B 家里
    C 学校
    D 公园

14. A 骄傲
    B 兴奋
    C 同情
    D 谦虚

15. A 做西点
    B 吃甜点
    C 买面包
    D 吃蛋糕

第二组练习

扫一扫，听录音

1. **A** 上网
   B 复习
   C 考试
   D 看电影

2. **A** 餐厅
   B 网吧
   C 教室
   D 车站

3. **A** 修眼镜
   B 选墨镜
   C 检查视力
   D 配近视眼镜

4. **A** 惊讶
   B 嫉妒
   C 疑惑
   D 夸赞

5. **A** 没座位
   B 人太多
   C 距离短
   D 身体好

6. **A** 同意
   B 拒绝
   C 生气
   D 无奈

7. **A** 服装
   B 书籍
   C 文具
   D 餐具

8. **A** 市场
   B 广场
   C 超市
   D 厨房

9. **A** 师生
   B 同学
   C 同事
   D 朋友

10. **A** 冷饮
    B 凉菜
    C 水果
    D 剩饭

11. **A** 不会游泳
    B 换气不好
    C 擅长蛙泳
    D 经常游泳

12. **A** 同意
    B 反对
    C 无所谓
    D 不理解

13. A 追剧
    B 熬夜
    C 睡眠
    D 大脑

14. A 爬山
    B 看话剧
    C 在家休息
    D 听音乐会

15. A 想念父母
    B 事情很多
    C 担心父母
    D 让父母放心

第三组练习

扫一扫，听录音

1. A 做家教
   B 还没想好
   C 去餐厅打工
   D 去培训机构授课

2. A 怀疑
   B 批评
   C 吃惊
   D 气愤

3. A 去上课
   B 去跑步
   C 坐飞机
   D 待在家里

4. A 家里
   B 饭店
   C 食堂
   D 学校

5. A 师生
   B 同事
   C 父女
   D 同学

6. A 不喜欢
   B 款式老
   C 质量差
   D 价格高

7. A 不要戴耳机
   B 去检查耳朵
   C 多注意休息
   D 适当用耳机

8. A 经常喝水
   B 喝瓶装水
   C 自带水杯
   D 不喝白水

9. A 不需要送礼物
   B 送礼物很费钱
   C 选礼物很容易
   D 根据朋友的喜好选礼物

10. A 只学了一项才艺
    B 没能坚持学跳舞
    C 联欢会没报节目
    D 没有从小学钢琴

11. A 按摩
    B 旅游
    C 健身
    D 散步

12. A 学校的变化
    B 学校的新路
    C 学校图书馆
    D 回学校看看

13. A 不会包饺子
    B 没有饺子粉了
    C 速冻饺子方便
    D 速冻饺子好吃

14. A 满不在乎
    B 有些担心
    C 满怀信心
    D 想要尝试

15. A 医院
    B 学校
    C 游乐园
    D 朋友家

第 二 部 分

答题指导

本部分共编制了三组练习，每组练习都有 25 道题。

本部分的练习方法：先按照考试的流程听录音答题，然后再不限时间与速度反复去听录音直至完全听懂。

听力对话主要考查考生在日常交际中对言语信息的掌握能力，听录音时要注意三点：第一，边听边了解对话的大致内容；第二，尽量忽略无用信息而捕捉关键信息；第三，注意说话人的语气、态度以及说话人之间的关系。

听力讲话主要考查考生对语篇的理解能力，听录音时要注意理解文段主题以及语句间的逻辑关系，同时要结合选项筛选重点信息，并进行合理推断。

● 第一组练习

16. A 早上
    B 中午
    C 下午
    D 晚上

17. A 没时间喝
    B 不想喝了
    C 来不及做了
    D 已经吃饱了

18. A 逛街
    B 做饭
    C 见客户
    D 去公司

19. A 牛奶
    B 豆腐汤
    C 鸡蛋汤
    D 小米粥

20. A 晴天
    B 雨天
    C 阴天
    D 雾天

21. A 三月
    B 四月
    C 五月
    D 六月

22. A 逛街
    B 带雨伞
    C 买新衣服
    D 穿合适的衣服

23. A 兄妹
    B 父女
    C 夫妻
    D 同事

24. A 医院
    B 电脑上
    C 手机上
    D 托朋友挂的

25. A 工作需要
    B 娱乐需要
    C 手机上有隐私
    D 手机有很多功能

26. A 用手机挂号
    B 用手机叫车
    C 用手机买票
    D 用手机结账

27. A 罐装
    B 袋装
    C 原味
    D 辣味

28. A 土豆
    B 淀粉
    C 谷粉
    D 面粉

29. A 价格高
    B 口味少
    C 占地方
    D 口感差

30. A 空闲较多
    B 购物需求
    C 放松身心
    D 促进消费

31. A 品类齐全
    B 质量上乘
    C 价格优惠
    D 环境舒适

32. A 凑邮费
    B 多买有优惠
    C 拿错商品了
    D 满足生活需求

33. A 孩子讨厌父母
    B 孩子不爱学习
    C 孩子出现叛逆
    D 孩子不求上进

34. A 不干涉孩子
    B 严格管理孩子
    C 做好本职工作
    D 跟孩子共同成长

35. A 喜欢和人交流
    B 自我意识增强
    C 常有反感情绪
    D 内心渴望自由

36. A 向孩子学习
    B 向老师请教
    C 多和孩子交流
    D 调整教育理念

37. A 体脂增多
    B 灵活性下降
    C 新陈代谢减慢
    D 身材比例不和谐

38. A 街舞
    B 爵士舞
    C 芭蕾舞
    D 拉丁舞

39. A 动作简单
    B 高效燃脂
    C 节拍强劲
    D 舒展肢体

40. A 外放型
    B 古典型
    C 内敛型
    D 动感型

第二组练习

16. A 感冒
    B 发烧
    C 咳嗽
    D 头痛

17. A 扇扇子
    B 开空调
    C 开风扇
    D 去吃饭

18. A 很冷
    B 很热
    C 很饿
    D 很累

19. A 购物
    B 学习
    C 吃饭
    D 取快递

20. A 蔬菜
    B 海鲜
    C 饮料
    D 水果

21. A 使用网络
    B 收发快递
    C 买菜软件
    D 如何网购

22. A 饭店
    B 商场
    C 朋友家
    D 办公室

23. A 喜欢
    B 拒绝
    C 有压力
    D 无所谓

24. A 饮料
    B 热汤
    C 白水
    D 糖水

25. A 很麻烦
    B 不习惯
    C 味道差
    D 不卫生

26. A 人都走了
    B 人多酒少
    C 没有吃的
    D 没有酒杯

27. A 比赛猜谜
    B 比赛捕蛇
    C 比赛画蛇
    D 比赛喝酒

28. A 画得不好
    B 画得太丑
    C 画得太慢
    D 画得不对

29. A 缺米少油
    B 营养不良
    C 热量过剩
    D 营养过剩

30. A 盐和糖
    B 油和糖
    C 盐和钾
    D 钾和糖

31. A 一罐可乐
    B 一个苹果
    C 一大勺果酱
    D 一个蛋卷冰激凌

32. A 少吃辣
    B 少加盐
    C 少加糖
    D 要清淡

33. A 第一个
    B 第二个
    C 第三个
    D 第四个

34. A 降水量的变化
    B 小麦的生长周期
    C 天气温度的变化
    D 人们对庄稼的观察

35. A 高温干燥
    B 温度适宜
    C 闷热潮湿
    D 暴雨较多

36. A 感冒
    B 中暑
    C 皮肤病
    D 胃肠炎

37. A 比去年少
    B 比去年多
    C 和去年一样
    D 比去年翻了三倍

38. A 依旧火爆
    B 无法预测
    C 游客将会减少
    D 游客创历史新高

39. A 长途出行
    B 出境旅游
    C 短途出行
    D 省内出游

40. A 公交
    B 铁路
    C 飞机
    D 水运

第三组练习

16. A 爬山
    B 骑行
    C 野餐
    D 郊游

17. A 风景美
    B 空气好
    C 路况好
    D 人车少

18. A 写申请
    B 学骑车
    C 买装备
    D 锻炼体能

19. A 买装备
    B 去郊区
    C 练骑行技术
    D 向男的请教

20. A 新书
    B 手机
    C 电视剧
    D 新电影

21. A 工作太忙
    B 事情太多
    C 总看手机
    D 经常读书

22. A 比较反感
    B 比较反对
    C 无法理解
    D 非常认同

23. A 看家具
    B 装修房屋
    C 整理衣柜
    D 打扫房间

24. A 书柜太大了
    B 书房太小了
    C 房间不够用
    D 很少看电视

25. A 男的衣服多
    B 增加收纳空间
    C 家里没有衣柜
    D 女的要买新衣服

26. A 要搬家
    B 孩子长大了
    C 玩具太多了
    D 帮助孩子断舍离

27. A 很着急
    B 很从容
    C 很害怕
    D 很失望

28. A 立即跳下水去找
    B 待船靠岸才去找
    C 做了记号请人找
    D 拿出钱来请人找

29. A 遇到问题应该马上解决
    B 遇到问题应该向别人求助
    C 遇到问题应该灵活地解决
    D 遇到问题要想出更多的办法

30. A 盲目购买的物品
    B 随意定价的物品
    C 盲人使用的物品
    D 看不到里面东西的盒子

31. A 种类丰富
    B 人有好奇心
    C 拆盲盒很快乐
    D 符合时尚潮流

32. A 影响心理健康
    B 影响正常学习
    C 造成浪费的情况
    D 引发非理性消费

33. A 森林
    B 湖泊
    C 湿地
    D 公园

34. A 能过滤雨水
    B 能够涵养水源
    C 能够改良土壤
    D 能净化珠江水质

35. A 净化城市空气
    B 消除城市异味
    C 改善城市环境
    D 缓解城市热岛效应

36. A 一
    B 二
    C 三
    D 四

37. A 煤炭
    B 石油
    C 二氧化碳
    D 不良生活方式

38. A 二氧化碳排放量不断上升
    B 空气中二氧化碳浓度饱和
    C 二氧化碳排放量由增转降
    D 二氧化碳排放量逐渐稳定

39. A 投资开发低碳清洁技术
    B 不向空气中排放二氧化碳
    C 实现空气含氧量较高的目标
    D 通过一些措施抵消二氧化碳排放量

40. A 填海造田
    B 发展工业
    C 植树造林
    D 发展养殖业

二、阅读理解

答题指导

本部分共编制了三组练习，每组练习都有40道题。

本部分的练习方法：拼音题可将选项中的拼音代入文章，查看朗读是否顺口，特别要注意拼音中"f""zh""ch""sh"等声母。词语题可通过代入法，把选项中的词语代入文章，看看上下文是否通顺，词语搭配是否恰当。需要提醒考生注意的是，代入文章的词语不仅要在语法上符合规范，还要在逻辑上符合语义。短文阅读题的做法可以参考以下三个步骤：

（1）学会快速浏览式阅读。通过快速浏览文章，领会作者的语气、态度，掌握文章的主要内容。

（2）在掌握文章主要内容的基础上，看问题及选项。画出问题中的关键词语，通过关键词语在文章中锁定答案。尤其要注意文章或段落的开头和结尾。

（3）学会合理推断。在文章中寻找答案时，能够推断出文章中所隐含的信息。

做阅读题时，遇到不认识的词语，不要马上查字典，可以先通过上下文来猜测词义，并做好标记。做完题后，再通过字典等工具书弄懂生词的词义，通过答案解析弄懂答错的题目。

第一组练习

41

无论古代还是现代，我国<u>众多</u>科学家都<u>研发</u>出领先世界的科学技术：徐光启为我国的<u>天文</u>学发展做出了卓越贡献，邓云鹤是世界上第一个用草类植物纤维制人造丝的科学家，袁隆平的杂交水稻技术<u>闻名</u>于世。

【41】句中画线词语拼音正确的一个是：

A 众多（zòngduō）　　　　　C 天文（tiānwén）

B 研发（yánhuā）　　　　　　D 闻名（wénmín）

42～45

冬至俗称冬节、长至节、亚岁等，是二十四节气中最早被__42__的一个节气。冬至是北半球一年中白天最短、夜晚最长的一天，通常是每年的12月22日或者23日。古代人非常__43__这个节气，有"冬至大如年"的说法。

冬至这天，北方的一些地区有吃饺子的__44__，相传冬至吃饺子，冬天不会冻耳朵。杭州人会在冬至这一天吃年糕来庆祝，寓意是年年长高。在上海，汤圆则是冬至的必备食品。此外，还有很多地区的人会在这一天__45__祭祀祖先的仪式，把祖先的像与牌位等供于家中祭拜。

【42】文中__42__处应该填写的词语是：

A 标记

B 选择

C 确定

D 固定

【43】文中__43__处应该填写的词语是：

A 重要

B 重视

C 庆祝

D 羡慕

【44】文中__44__处应该填写的词语是：

A 习俗

B 时候

C 问题

D 机会

【45】文中__45__处应该填写的词语是：

A 开始

B 开发

C 开展

D 举行

46～48

如今，微波炉出现在越来越多的家庭里，极大地__46__了人们的生活。那么微波炉是如何工作的？

原来，微波炉是利用微波的能量特征来__47__食物的。当微波穿透食物并被食物吸收时，食物内的极性分子也被吸引，并快速振荡，分子间互相碰撞会产生大量的摩擦热，从而使食物快速变热。

微波炉不仅节能环保，而且__48__简单，老人小孩儿都可以使用。

【46】文中__46__处应该填写的词语是：

A 规范

B 改革

C 方便

D 提高

【47】文中__47__处应该填写的词语是：

A 发热

B 加热

C 受热

D 导热

【48】文中 48 处应该填写的词语是：

A 操作

B 控制

C 制作

D 用处

49～51

哈尔滨冬季寒冷且漫长，夏季炎热却短暂，可以说是冷热 49 。冬季的哈尔滨虽然寒冷，却独具魅力。勤劳智慧的哈尔滨人民 50 超凡的创造意识和创新精神，化寒冷为神奇，赋予冰雪以生命，成功地创造出闻名遐迩的冰雪艺术和匠心独具的冰雪文化，把气候寒冷这一劣势转化为冰雪旅游优势，创办了我国历史上第一个以冰雪活动为内容的区域性节日。经过不断发展与完善，冰雪节已由过去单一的冰雪艺术活动发展成为融文化、体育、经贸、旅游、科技等于一体的综合性、国际性活动，成为具有国际知名度和影响力的冰雪盛会。目前，哈尔滨国际冰雪节不仅是当地市民不可或缺的节日，也是哈尔滨与世界各个国家和地区开展经贸合作、进行友好交往的重要 51 。

【49】文中 49 处应该填写的词语是：

A 分明

B 鲜明

C 明确

D 显著

【51】文中 51 处应该填写的词语是：

A 前提

B 桥梁

C 联系

D 证明

【50】文中 50 处应该填写的词语是：

A 发扬

B 发挥

C 培养

D 凭借

52～54

屠呦呦出生于浙江海宁，她的父亲在银行工作，母亲是家庭主妇，虽然家庭条件一般，但她的父母很重视对她的 52 ，对她的培养很用心。

从医科大学毕业后，屠呦呦学习了两年半的 53 。从此，她一直从事中药和中西药结合研究，并取得了显著的研究成果。她收集了2000多种中草药，选取其中200余种进行中药实验，经过上百次实验，终于发现了青蒿素，这种药品可以有效__54__疟疾患者的死亡率，她也因此被授予诺贝尔生理学或医学奖，成为我国首位获得科学类诺贝尔奖的科学家。

【52】文中__52__处应该填写的词语是：

A 锻炼

B 教育

C 改造

D 教学

【54】文中__54__处应该填写的词语是：

A 减轻

B 降低

C 下降

D 缓和

【53】文中__53__处应该填写的词语是：

A 医院

B 医生

C 中医

D 西医

55～58

春秋战国时期，人们发现铁矿石中的天然磁石可以用来吸铁，于是把用磁石做的勺子放在盘子上，勺把儿__55__指向南方，这就是司南，也是指南针的雏形，代表着当时我国的__56__水平。西汉时，蔡伦改进了造纸术，用树皮、破布等材料，经历多道__57__，做出了纸张，后来慢慢传到海外。在唐朝，火药已经开始用于军事上，人们把硝石、硫黄和木炭融合，制成火药。隋唐时期，人们发明了雕版印刷术，促进了文化的传播。

指南针、造纸术、火药和印刷术这四大发明不仅是我国成为世界文明古国的重要__58__，也是我国古代劳动人民智慧的象征，同时还对世界历史的进程产生了巨大影响。

【55】文中__55__处应该填写的词语是：

A 不断

B 开始

C 始终

D 从来

【56】文中__56__处应该填写的词语是：

A 科普

B 科技

C 科幻

D 科研

【57】文中__57__处应该填写的词语是：

A 工作

B 顺序

C 秩序

D 工序

【58】文中__58__处应该填写的词语是：

A 标志

B 记录

C 证明

D 基础

59～61

玫瑰是花园里最美丽的花，所有路过玫瑰的人都要远远地看它一眼，可是却没有人敢上前，这让玫瑰很生气。一天，玫瑰发现自己脚下有一只又大又丑的青蛙，青蛙身上不仅有丑陋的斑点，而且眼睛也很凸出。玫瑰厌恶地看了青蛙一眼，恍然大悟：就是因为丑陋的青蛙在自己身边，所以人们才不敢靠近自己。

玫瑰立刻让青蛙离开自己，青蛙不愿意，因为它以为它和玫瑰已经是朋友了。但是青蛙不希望玫瑰不开心，只好离开了玫瑰。青蛙离开后，玫瑰很开心，但是好景不长，玫瑰开始每天被蚂蚁啃食，异常难受。几天后，玫瑰的叶子开始腐烂，又过了几天，玫瑰的叶子开始一片一片地掉落，它变得不再美丽。

玫瑰终于明白，原来是青蛙帮自己吃掉了蚂蚁，才使自己变得美丽。这个故事告诉我们：要珍惜身边的人，无论他们的外在条件如何，只要他们真心对我们好，就应该被尊重。

【59】玫瑰认为人们不敢靠近自己的原因是：

A 自己身上带刺

B 自己周围有蚂蚁

C 自己的叶子开始腐烂

D 自己脚下有只丑青蛙

【60】根据本文，下列说法正确的是：

A 青蛙又大又丑

B 玫瑰喜欢青蛙

C 青蛙愿意离开

D 青蛙不敢上前

【61】本文主要想告诉我们：

A 要珍惜身边人

B 心灵美很重要

C 包容是一种美德

D 尊重是高素质的体现

62～64

浙江杭州的一位退休老教师最近被发现长年资助贫困学生，尤其令人感动的是，最近几年来，老人坚持晚上去拾荒，所得收入都用来资助了学生。邻居家的孩子们因此亲切地喊他"蝙蝠侠"。

这位老人名叫王绅森，年轻时是一名军人，作为军人他保家卫国，21年勤勤恳恳，因为表现优秀曾荣立三等功。退役后，他成为一名大学老师，专门进行国防教育。他喜欢帮助学生，特别是家庭困难的学生，他靠拾荒先后资助了4名学生上大学。

在被问及为什么要晚上去拾荒的时候，老人说，白天有人以此为生，而他不需要靠此养家，所以他不能抢别人的饭碗。

老人会把自己的积蓄和拾荒的收入一起用来资助孩子，这些劳动成果代表了老人满满的真心。老人的行为感动了周围的人，很多邻居都主动把废品交给老人。

【62】关于王绅森，下列说法正确的是：

A 是退休教师
B 是现役军人
C 靠拾荒为生
D 在中学教书

【63】王绅森为什么晚上去捡废品？

A 晚上无事可做
B 和邻居约好了
C 晚上的收获更多
D 避免抢走别人的饭碗

【64】根据本文，我们知道王绅森：

A 不被家人理解
B 常常早出晚归
C 感动了周围的人
D 资助了很多初中生

65～68

中医治病主要依靠中药，中药以中国传统医药理论为指导采集制作而成。中药以植物药为主，又称中草药，此外还包括动物药、矿物药及部分化学和生物制品类药物。

中药利用药物不同的特性和作用治病，包括四气五味、归经等。中药具有寒、热、温、凉四气，这是中药医治人体寒热失调的内在依据，具体的原则是热症凉之，寒症温之，热病寒之，寒病热之。

五味包括酸、苦、甘、辛、咸，这恰巧与人体五脏喜欢的五味对应，古人称之为"归经"。"归"是归属，"经"是指人体的经络和它所属的脏腑。"归经"是指不同的药物能对某一经络及其所属的脏腑起到特殊的治疗作用，是中药能起到治疗疾病作用的关键之一。

此外，中药的命名也大有学问，有的以功能效果、药材来源、产地、形态、气味、味道、颜色命名，还有的以人名命名。

【65】关于中药，下列说法正确的是：

A 又称植物药

B 主要依靠中医

C 以植物药为主

D 以现代医药理论为指导

【66】关于归经，下列说法正确的是：

A 是人体所具有的属性

B 是指四气与人体的关系

C 是中药治疗疾病的关键之一

D 是中药医治人体寒热失调的依据

【67】关于中药的命名，本文没有提到：

A 以产地命名

B 以用法命名

C 以药材来源命名

D 以功能效果命名

【68】最适合做本文标题的一项是：

A 中医的学问

B 中药的学问

C 中药的命名

D 养生的学问

69～72

季羡林是国际著名东方学大师、语言学家、文学家、教育家和社会活动家。季老先生通英文、德文、梵文、巴利文，能阅读俄文、法文，尤其精于吐火罗文，是世界上仅有的精于这种语言的几位学者之一。

季老先生被誉为"知识分子的精神高地"，社会上从未有过关于季老先生的负面传闻。季老先生80多岁时，仍然每天去图书馆查资料，写新书。他平生最艰巨的两部书都是在这个时候完成的。

季老先生被人尊重，不仅是因为他治学严谨，还因为他有高尚的品格。大家从未听闻季老先生乱发过脾气、不尊重人或者不认真教课。季老先生不喜欢浪费，常穿一身中山装，带着一个旧书包。他为人很亲和，谁都可以去拜访他，和他聊聊学术，聊聊人生。当听说别人喜欢看他的书时，他就马上买回来送人，他觉得书是给人看的，有人喜欢读他的书，他就很开心。

【69】根据本文，季羡林精于：

A 俄文

B 英文

C 巴利文

D 吐火罗文

【70】季羡林为什么被誉为"知识分子的精神高地"？

A 精通多国语言

B 没有负面传闻

C 经常去图书馆

D 治学非常严谨

【71】关于季羡林，下列说法正确的是：

A 品格高尚

B 爱发脾气

C 不尊重人

D 常送人书

【72】季羡林喜欢的事不包括：

A 送书

B 浪费

C 聊人生

D 聊学术

73～76

逛完超市结账时，人们常常发现自己买了一堆计划外的商品，多花了很多钱。为什么会出现这种情况呢？

商家肯定不会强迫消费者，但他们可以用一些手段来吸引消费者。首先，展柜会利用各种灯光来吸引消费者，特别是暖色系灯光，比如红色的灯光会使肉类更加诱人，面包柜使用黄色灯光，海鲜柜使用蓝色灯光。其次，商家会把想卖的商品放在与消费者视线平行的地方，容易拿到手的商品都是商家想卖的商品。特别值得一提的是，儿童是最容易冲动消费的。因此，精心布置儿童展柜，在展柜旁搭配各种儿童产品……这些都是商家的方法。

著名的"啤酒和尿布"的故事也为我们揭示了超市的布局理念。将啤酒展柜和尿布展柜靠近摆放，会使二者的销量双双增加。因为很多父亲下班后去买尿布时都会顺便买瓶啤酒。因此商家通过精心计算后，将展柜进行精心布局，啤酒和尿布销路都很好。

因此，无论是货柜的摆放还是灯光的效果，都经过了商家的设计，这既是对消费者的尊重，也是商家提高销量的举措。作为消费者，做好计划很重要，要注意理性消费。

【73】人们逛超市时常常：

A 多花很多钱

B 按计划购买

C 想买很多东西

D 找不到自己想要的商品

【74】商家吸引消费者的方法不包括：

A 强迫消费者购买

B 面包柜用黄色灯光

C 海鲜柜用蓝色灯光

D 把商品放在与视线平行处

【75】"啤酒和尿布"的故事说明了什么？

A 父亲喜欢喝啤酒

B 父亲喜欢买尿布

C 超市的布局理念

D 尿布的销量不好

【76】面对商家的精心布局，消费者应该：

A 表示感谢

B 用心感受

C 理性消费

D 勇敢举报

77～80

工业文明之后出现了新的文明形态——生态文明。生态文明是人类为保护和建设美好生态环境而取得的物质成果、精神成果和制度成果的总和，是贯穿于经济建设、政治建设、文化建设、社会建设全过程和各方面的系统工程，反映了一个社会的文明进步状态。可以说，生态文明的本质是人与自然、人与社会、人与人之间和谐共生、全面发展。

当前社会，科技和工业迅猛发展，全球面临着生态危机的难题与挑战，这是工业化和城镇化带来的结果。我国作为人口大国，十分重视生态文明的建设，采取了一系列措施。节能减排计划，风沙源治理，告别黑色发展、开始绿色发展等一系列措施的实施，使得生态文明建设取得了巨大成效。此外，我国还在大力开发并利用新能源。

生态文明建设与每个人息息相关。作为地球村的一员，我们也要增强环保意识，争做环保志愿者，宣传生态文明。从小事做起，不浪费纸张、水电，不乱扔废旧电池，做好垃圾分类，乘坐公共交通。这样，我们的生态环境才会越来越美好。

【77】根据本文，生态文明不包括：

A 物质成果

B 精神成果

C 制度成果

D 工业成果

【78】根据本文，全球面临着什么难题？

A 科技危机

B 工业危机

C 生态危机

D 城镇危机

【79】为了建设生态文明，我国采取了什么措施？

A 开发新能源

B 开始黑色发展

C 控制人口数量

D 大力发展经济

【80】作为地球村的一员，我们应该：

A 减少出行

B 增强法律意识

C 做好垃圾分类

D 多向身边人科普

第二组练习

41

龙虾外形凶猛，是体重最大、体长最长的虾。最著名的是澳洲龙虾，属于淡水龙虾，堪称当地特产。

【41】句中画线词语拼音正确的一个是：

A 凶猛（xiōngměng）　　　　C 淡水（dànsǔi）

B 著名（zhùmín）　　　　　　D 特产（tècǎn）

42～45

5D影院由放映系统、震动座椅和特殊设备__42__，观众可以感受到喷水、震动、香气等效果。5D影院让观众从视觉、听觉、触觉、嗅觉等方面__43__电影，如身临其境。就拿气味来说，制作方拍摄电影时，会在需要释放气味的地方做标记，并把相关气味存放在影院放映室的专业装置中。这些气味受到电气系统的控制，会__44__电影在观众的座位旁放出，使观众的嗅觉器官与其他感觉器官一样随着情节的发展而__45__感知功能，从而进一步强化影片所营造的视听幻觉，使观影体验更加真实、立体、全面。

【42】文中__42__处应该填写的词语是：

A 构成
B 提供
C 组合
D 组织

【43】文中__43__处应该填写的词语是：

A 检验
B 体验
C 实验
D 试验

【44】文中__44__处应该填写的词语是：

A 指挥
B 指示
C 配合
D 支配

【45】文中__45__处应该填写的词语是：

A 发扬
B 发动
C 发展
D 发挥

46～49

每年农历的十二月初八是腊八节。古时候，每逢腊八节，家家户户都要做腊八粥。

关于腊八粥的__46__，众说纷纭，有一种说法是老百姓为了纪念岳飞而吃腊八粥。岳飞是宋朝的忠臣，当年岳飞__47__军队打仗没有饭吃。于是，老百姓纷纷给他们送粥。岳家军吃了老百姓送的"千家粥"后，大胜而归。这天正是农历的十二月初八。岳飞死后，人们为了纪念他，每到农历的十二月初八，便以杂粮豆果煮粥。

在我国北方，还有"小孩儿小孩儿你别馋，过了腊八就是年"的说法，一过腊八节就__48__新年就要来了。

【46】文中__46__处应该填写的词语是：

A 由来
B 原因
C 出生
D 传统

【47】文中__47__处应该填写的词语是：

A 带头
B 率领
C 领头
D 领袖

【48】文中__48__处应该填写的词语是：

A 知道
B 标明
C 表明
D 明说

49～52

　　西医注重治病，中医则注重防未病。中医对全球医学的发展做出了不可磨灭的__49__，我们需要对传统的医学有充分的认识和了解，而传统医学当中最重要的是中医理论。春秋战国时期，中医理论基本形成。中医讲究阴阳__50__，人体像一个天平，阴阳就像天平上的两个砝码，一左一右，只有它们的重量相当，天平才稳定，人也就能保持健康。一旦阴阳失调，天平失衡，人就会生病。

　　中医主要通过"望闻问切"看病，即看病人的状态，听病人的声音，问病人的病情，诊病人的脉搏。中医把综合得出的有关病人的总体状况称为"证"，通过仔细辨别病人的"证"，从正反两方面确定如何治疗，即__51__治疗方法。

　　我国古代有很多__52__的中医。孙思邈收集了5000多个药方，被称为"药王"；华佗发明了麻沸散，首创用麻沸散麻醉患者全身实施外科手术的方法，被称为"外科鼻祖"。

【49】文中__49__处应该填写的词语是：

A 成绩
B 贡献
C 牺牲
D 捐献

【50】文中__50__处应该填写的词语是：

A 平衡
B 平静
C 运动
D 运行

【51】文中 __51__ 处应该填写的词语是：

A 证据

B 辨证

C 证明

D 证实

【52】文中 __52__ 处应该填写的词语是：

A 神奇

B 优秀

C 实用

D 古老

53～55

成都是四川的省会城市，地处由剑门蜀道、九寨沟、峨眉山、长江三峡等地组成的四川旅游环和全国旅游环的联络点上，旅游地理位置十分 __53__ 。

秦汉以来，成都就以农业、手工业 __54__ 著称，历代都是我国西南地区的政治、经济、文化中心和长江流域的重要城市。汉代，成都为五大都会之一。唐代，成都商贸繁荣，与扬州齐名。宋代，成都印刷的"交子"是世界上最早使用的纸币。杜甫的著名诗句"窗含西岭千秋雪，门泊东吴万里船"，生动地描绘了成都当时作为长江上游重镇和西南经济文化中心商贾如云、车水马龙的 __55__ 景象。

【53】文中 __53__ 处应该填写的词语是：

A 恰当

B 合理

C 优越

D 优美

【55】文中 __55__ 处应该填写的词语是：

A 繁荣

B 雄伟

C 奇怪

D 迷人

【54】文中 __54__ 处应该填写的词语是：

A 富裕

B 丰富

C 发达

D 发展

56～58

"80后"作家主要指20世纪80年代出生的中国当代作家群体。在网络不算发达的年代，"80后"作家积极创作，出版了一部部文学作品。"80后"作家文学创作的 __56__ 多样，有的擅长写校园故事，有的则擅长 __57__ 现实。"80后"作家的作品伴随了"90后"和"00后"的成长，影响了一代又一代人。

关于当代年轻人应该如何写作的问题,"80后"作家各有各的观点。有的认为,文章开头应紧扣题目并且引出下文,中间详写重点内容,结尾照应开头,用这种结构写出来的文章浅显易懂;还有的认为,写文章固然要引经据典,但不宜引用过多,必须要有自己鲜明的__58__。

【56】文中__56__处应该填写的词语是:

A 作风
B 风格
C 分类
D 种类

【58】文中__58__处应该填写的词语是:

A 立场
B 特色
C 个性
D 标志

【57】文中__57__处应该填写的词语是:

A 判断
B 批判
C 批改
D 裁判

59~61

古时候,人的寿命大约为40~50岁,活到60岁已经是长寿了。如今,医疗技术和经济的发展使人们的寿命得以延长,人们活到70~80岁是非常容易的事情。尽管如此,长寿仍然是一个难以解决的问题,科学家们对人的寿命的研究也从未止步。

科学家们曾在北极发现过一只上万年前已被冰冻的大象,大象体内竟然有一个细胞还活着。于是科学家们给一些动物注射了这个细胞,被注射的动物的寿命都延长了,身体也非常健康。经过研究,科学家们发现这个细胞对人体是无害的,于是科学家们把这个细胞注射入了人体,并观察被注射者有无不良反应。还有的科学家为刚去世的人冷冻身体,保证其细胞不死,期待未来科学发展到一定程度,可以让他苏醒过来。

当然,科学家们表示,他们不赞成永生或者随心所欲决定自己寿命。人类永生可能会对地球造成极大的压力,因此,适当延长人类的寿命,保证人类健康、幸福的生活才是最重要的事情。

【59】关于人的寿命,下列说法正确的是:

A 长寿仍然是难题
B 古人的寿命很长
C 现代人的寿命很短
D 医疗技术能使人长寿

【60】根据本文,下列说法正确的是:

A 人应该追求永生
B 适当延长寿命即可
C 人应该自己决定寿命
D 长寿的人不一定健康

【61】本文主要介绍了：

A 科学家们对寿命的研究

B 科学家们对北极的研究

C 科学家们对细胞的研究

D 科学家们对大象的研究

62～65

老子是道家学说的创始人，是我国古代思想家、哲学家、文学家和史学家。曾被列为世界文化名人，世界百位历史名人之一。在政治上，老子主张"无为"，希望人们可以返回古代社会，返回质朴的状态。老子认为，人们越追求物质，精神就越匮乏。

老子的很多观点对人生都有指导意义。他认为万事万物都是既对立又统一的。有的人看到好事就得意忘形，看到坏事就悲愤交加。其实万事万物不是固定不变的，而是可以互相转化的。老子认为，最高的善德不像火、电、光或其他物质，而是像水一样。水是万物之源，它滋养万物却与世无争，始终保持着一种平常的心态。做人也应如此，能够保持刚柔并济是人生的智慧。

老子认为大树都是从细小的萌芽长起来的，高台是由泥土建成的，千里的远行是从脚下第一步开始走出来的，所以一口吃不成胖子，踏踏实实、点点滴滴的积累很重要，这也是成就一番伟业的前提。

【62】关于老子，下列说法正确的是：

A 主张"无为"

B 主张追求物质

C 提倡勤俭节约

D 羡慕古人的生活

【63】老子认为最高的善德像什么？

A 火

B 水

C 电

D 光

【64】根据第二段，老子主张：

A 固定不变

B 得意忘形

C 对立统一

D 世界和平

【65】下列例子不符合老子主张的是：

A 大树是由萌芽长成的

B 高台是由泥土建成的

C 远行是从第一步开始的

D 吃一口饭就能变成胖子

66～69

有一棵老树，它不同于院子里那些不高、不粗、枝叶稀疏的树，它是一棵粗壮的参天大树，已经在院子里长了几百年了，任谁见了都忍不住赞叹，想要抱一抱。老树也觉得自己是世界上最棒的树。

有一天，一只啄木鸟飞到树上休息，它意外地发现树上有一个洞，于是马上跟老树说："你身上有个洞，我来帮你看看吧。"老树听后虽然很害怕，但又担心啄木鸟是想占自己的便宜，便不满地回答道："我没有问题，不劳你费心了，你赶快走吧。"过了一年，啄木鸟又经过老树，发现老树身上的洞更大了，于是语重心长地对老树说："你身上的洞已经很大了，你生病了，让我帮你看看吧。"老树看着正在欣赏它的人群，生气地赶跑了啄木鸟。又过了一年，老树身上的洞更大了，它自己也感到了疼痛，可是它不敢说，啄木鸟也没来。慢慢地，老树的叶子落光了，它被虫子吃空了，最终病死了。

生了病就应该找医生，但是老树为了面子不肯承认自己病了，最终枯死了。我们应该吸取教训，正视自己的问题，千万不可死要面子活受罪。

【66】关于老树，下列说法正确的是：

A 长得不高

B 长得不粗

C 枝叶稀疏

D 是参天大树

【67】老树第一次为什么拒绝啄木鸟？

A 害怕看医生

B 觉得自己没问题

C 不想麻烦啄木鸟

D 担心啄木鸟要占便宜

【68】啄木鸟有几次想帮助老树？

A 一次

B 两次

C 三次

D 四次

【69】本文主要想告诉我们：

A 凡事都要提前准备

B 生老病死是自然规律

C 不要死要面子活受罪

D 要善于听取别人的意见

70～72

珠穆朗玛峰是世界第一高峰，随着科技的进步，越来越多的人开始攀登珠峰，但随之而来的环境污染问题令人担忧。废弃的帐篷和登山设备、用完的氧气瓶……珠峰上的垃圾越来越多。我们虽然不能禁止攀登，但可以禁止乱丢垃圾。随着各种政策的出台，珠峰上垃圾的数量得到了控制，但之前产生的垃圾仍然需要清理。因为珠峰特殊的地理环境，即便是身体强健的登山员，清理垃圾时也只能从珠峰上一次背下6个空氧气瓶。不仅如此，清理还需要高昂的费用。一位艺术家想出了一个办法：她组织艺术家们，将从珠峰上清理的成吨垃圾变成了艺术品，成立了"珠峰艺术展览馆"。

剩下的艺术品便放到网站上拍卖，赚的钱用于清理垃圾的开销。

此外，我国最新颁布的法令要求游客下山时必须携带 8 公斤的垃圾。一系列有效措施的实施，让珠峰的环境得到了改善。即便如此，保护珠峰环境的行动仍在继续进行，每年都有大量的登山者、民众、志愿者参与清理珠峰垃圾的活动，他们默默地为珠峰的环境改善做出了贡献。

【70】关于珠穆朗玛峰，下列说法正确的是：

A 没有环境问题
B 目前没有垃圾
C 是世界第一高峰
D 攀登的人越来越少

【71】大家想出了什么清理珠峰垃圾的好办法？

A 禁止攀登珠峰
B 拍卖登山资格
C 拍卖珠峰上的垃圾
D 把垃圾变成艺术品

【72】关于清理珠峰垃圾，下列说法正确的是：

A 没有人管
B 只是个人行为
C 只是国家行为
D 须多方一起努力

73～76

如今，逛博物馆成为一种新潮流，越来越多的人走进博物馆既是为了感受一种文化氛围，也是想要从文物中探索一段历史。比如一到周末，越来越多的家长不再把孩子送去各种兴趣班，或让孩子在家闷头儿读书，而是会带孩子参观各种博物馆。

博物馆作为历史文化的重要载体，是连接过去、当下与未来的重要公共文化场所。要想更好地发挥作用，博物馆一方面要与时俱进，用好用足技术优势，提升展出的互动性和体验感，更好地满足公众的需求，另一方面要做好传播，不能再像以前一样把文物"困"在博物馆里，要利用互联网让文物被更多人关注。现在很多新式的传播都能帮助文物"出圈"，比如纪录片、综艺节目、短视频、有意思的表情包等。跨界营销也不失为可以借鉴的方式，如"博物馆+盲盒""博物馆+美妆"等，与新生事物、流行事物做好结合，使文物资源火起来。

【73】关于逛博物馆的原因，下列说法正确的是：

A 放松身心
B 追赶新潮流
C 享受亲子时光
D 感受文化氛围

【74】周末家长会让孩子做什么？

A 在家休息
B 在家写作业
C 参加兴趣班
D 参观博物馆

【75】关于博物馆，下列说法错误的是：

A 要创新传播方式

B 是重要公共文化场所

C 要充分利用技术优势

D 能满足公众各方面的需求

【76】新式的传播不包括：

A 短视频

B 纪录片

C 电视广告

D 有意思的表情包

77～80

陈大娘自从丈夫去世后，一个人吃饭就很不方便，做的饭经常剩下，因此她常常吃方便面。后来，她发现社区建立了"长者食堂"，专门解决老年人的吃饭问题，陈大娘感觉很温暖，自己担心的问题终于得到了解决。每周食堂的工作人员会通过微信把菜单发给有需要的老人，老人提前一天订好餐，第二天就能吃到可口的饭菜了。对于行动不便的老人，食堂还提供送餐服务。即便有时去食堂晚了，只要提前打个电话，食堂工作人员也会为老人留饭。陈大娘觉得长者食堂的饭不仅味道好，还经济实惠，所以她经常去。

据调查，老年人的就餐需求仅次于就医，已经成为社会关注的重点问题。因此，全国很多社区都建立了这样的长者食堂，尽可能为老年人提供方便。有老夫妻中午一起来食堂就餐的，吃不完就打包带走，晚餐也得到了解决；也有老人在看护人员的陪同下，坐着轮椅来就餐的；还有老人独自前来的。有的长者食堂还专门提供"一人食"的饭菜，避免了食物浪费。

如今，陈大娘所在社区的长者食堂还是老人们的活动中心，老人们一边吃饭一边交流，有时候还在这里唱歌、跳舞。陈大娘认为，长者食堂既充实了老人们的生活，也让他们不再感到孤独。

【77】关于陈大娘，下列说法正确的是：

A 不会做饭

B 女儿去世了

C 喜欢吃方便面

D 常去长者食堂

【78】长者食堂提供的服务不包括：

A 预留饭菜

B 送餐服务

C 上门做饭

D 提前预订饭菜

【79】陈大娘所在社区的长者食堂：

A 教老人唱歌

B 教老人跳舞

C 帮助老人就医

D 充实了老人的生活

【80】本文主要讲的是：

A 社会养老服务

B 陈大娘的晚年生活

C 老年人的就餐问题

D 避免浪费食物的方法

第三组练习

41

手语是通过手指字母和<u>手势</u>来<u>传达</u>说话人<u>意图</u>的交际方式，多用于听力<u>障碍</u>者或无法言语的人。

【41】句中画线词语拼音正确的一个是：

A 手势（shǒusì）

B 传达（cuándá）

C 意图（yītú）

D 障碍（zhàng'ài）

42～45

阴阳五行学说是我国古代哲学思想的__42__，是古代人民解释世界万物的起源和多样性的哲学依据。古代哲学家认为，世间万物都源于阴阳之间的相互作用。所谓五行，是指木、火、土、金、水。我国古代人民在长期的生活和生产实践中认识到木、火、土、金、水是必不可少的物质，这五种物质在相生相克的运动中__43__着平衡。

此外，我国古代医学家在长期医疗实践的基础上，将阴阳五行学说广泛地__44__于医学领域，用于说明人类的生命起源、病理变化等，并用于__45__临床辨证与治疗。

【42】文中__42__处应该填写的词语是：

A 核心

B 主要

C 重要

D 中间

【44】文中__44__处应该填写的词语是：

A 使用

B 运用

C 采用

D 利用

【43】文中__43__处应该填写的词语是：

A 维持

B 构成

C 达成

D 成立

【45】文中__45__处应该填写的词语是：

A 领导

B 引导

C 指导

D 向导

46～48

瓷都景德镇位于江西省，在世界上具有一定知名度。作为国家历史文化名镇，景德镇不仅有小桥流水，还有森林飞鸟，自然风光优美，是避暑胜地。当地政府__46__于创造文化旅游品牌，让旅游在充满活力的同时展现人文情怀。

景德镇为了发展旅游业，做了很多准备，把非物质文化遗产和旅游业__47__在一起，建立了国家一级博物馆。博物馆建成后，对景德镇文化旅游的发展起到了极其重要的作用。相比于大城市，景德镇生活节奏__48__，吸引了不少年轻人前去度假。

【46】文中__46__处应该填写的词语是：

A 致力
B 满足
C 投资
D 局限

【48】文中__48__处应该填写的词语是：

A 悠闲
B 缓慢
C 糟糕
D 紧张

【47】文中__47__处应该填写的词语是：

A 结合
B 组合
C 集中
D 聚集

49～52

袁隆平是我国著名的农学家，是我国杂交水稻研究和开发的先驱者，被誉为"杂交水稻之父"。

1986年，袁隆平提出了杂交水稻育种的战略__49__，将杂交水稻的育种从选育方法上分为三系法、两系法和一系法三个战略发展阶段，即育种程序朝着由繁至简的方向发展。杂交水稻每进入一个新阶段都是一次新__50__，都将把水稻产量推向一个更高的水平。1998年，他在取得了一系列成果的基础上，又夜以继日地__51__新难题，最终使我国的杂交水稻实现了自我超越，领先世界。

袁隆平向多个国家传授了杂交水稻技术，解决了全世界几十亿人口的吃饭问题。他不在乎名利，一心扑在事业上的精神值得我们学习，他是当代青年人的__52__。

【49】文中__49__处应该填写的词语是：

A 设计
B 设想
C 思考
D 考虑

【50】文中__50__处应该填写的词语是：

A 挫折
B 突破
C 挑战
D 尝试

【51】文中__51__处应该填写的词语是：
　　A 工作
　　B 强占
　　C 夺取
　　D 攻克

【52】文中__52__处应该填写的词语是：
　　A 成就
　　B 榜样
　　C 代表
　　D 模仿

53～55

　　说到柿子，就免不了会谈到它的涩味。柿子果实中含有大量鞣酸，也就是单宁，它们会和唾液中的蛋白质结合，__53__口腔，使舌头感觉到涩。

　　柿子有后熟的现象，采收下来要__54__一段时间才能完全成熟。这时柿子的涩味消失，柿子就可以吃了。不过，不是所有的柿子都需要经过后熟__55__，有一些品种的果实能挂在枝头自动脱涩，这类叫作甜柿，那些需要人工脱涩的，就叫涩柿。

【53】文中__53__处应该填写的词语是：
　　A 刺激
　　B 到达
　　C 湿润
　　D 作用

【55】文中__55__处应该填写的词语是：
　　A 处理
　　B 管理
　　C 整理
　　D 办理

【54】文中__54__处应该填写的词语是：
　　A 工作
　　B 存放
　　C 禁止
　　D 静止

56～58

　　为了肯定教师为教育事业所做的贡献，很多国家都有教师节，我国也不__56__。1985年，我国第六届全国人大常委会第九次会议做出决议，将每年的9月10日定为教师节。因为9月10日是新学期的开始，学生入学的第一课便是尊敬老师。

　　各地通过不同的方式庆祝教师节，有为优秀老师发__57__的，有组织文艺表演的，有开展慰问教师活动的。在这一天，学生也通过各种形式向他们尊敬的教师表示感谢。

教师节是教师地位得到提升的标志之一。教师像园丁，辛勤地培育着祖国的花朵，应该得到全社会的尊重。同时，一定的激励措施也更能激发教师爱岗敬业的意识，__58__教师的职业幸福感。

【56】文中__56__处应该填写的词语是：

A 意外

B 格外

C 例外

D 另外

【58】文中__58__处应该填写的词语是：

A 提高

B 提升

C 增长

D 增进

【57】文中__57__处应该填写的词语是：

A 奖励

B 激励

C 表彰

D 表扬

59～62

什么样的城市规划是理想的？既有使用规划又有文化规划，既有高楼大厦又有特色民居……各种规划融合才是最理想的，比如上海市既有摩天大楼又有传统建筑石库门。

石库门是上海最有代表性的民居建筑，通常被认为是上海近代都市文明的象征之一。石库门起源于江南民居，一般为三开间或五开间，符合我国传统建筑中对称的特点。石库门的大门在建筑的中轴线上，用特殊的石头砌成门框，配上两扇黑漆厚木大门，故名"石库门"。有钱人家会在大门上方安上牌匾，刻着诸如"紫气东来""人杰地灵"等字样，这样的装饰彰显了主人的地位。

对于石库门的保护，很多专家提出了颇有建设性的意见，也有很多开发成功的案例，比如商业模式的新天地、商住结合的田子坊，既保护了传统建筑，又创造了商业价值。

【59】理想的城市规划是怎样的？

A 侧重使用规划

B 侧重文化规划

C 没有高楼大厦

D 各种规划融合

【61】关于石库门的保护，下列说法正确的是：

A 有很多成功案例

B 必须走商业模式

C 商住结合最合适

D 商业价值最重要

【60】关于石库门,下列说法正确的是:

A 只在上海可见

B 属于商业建筑

C 源于北京胡同

D 三开间最常见

【62】本文主要讲的是:

A 石库门的特色

B 合理的城市规划

C 上海的城市规划

D 石库门的传承与保护

63～65

大象喜欢吃香蕉。一天,大象想去看看香蕉长好了没有,结果发现由于天气干旱,香蕉树快要渴死了。香蕉树向大象求助,希望大象可以用它长长的鼻子从河里引一些水给它。大象不满地想:我是吃香蕉的,又不是种香蕉的,为什么要管这些事呢?我还是好好休息一下,等着吃香蕉吧。

又过了几天,大象又去看香蕉长好了没有,这次发现香蕉树上长了一些虫子。香蕉树无奈,又向大象求助,希望大象可以用它长长的鼻子帮助驱赶虫子。大象生气地拒绝了,它纳闷儿,自己明明是来吃香蕉的,为什么要劳动呢?香蕉树无奈地摇了摇头。最后,香蕉树既没开花也没结果,大象也没有吃到香蕉。此时的大象后悔不已,它想:如果当时自己帮助了香蕉树,那么现在就可以吃上美味的香蕉了。

【63】大象第一次拒绝帮香蕉树是因为:

A 心情不好

B 鼻子受伤了

C 不喜欢香蕉树

D 觉得与自己无关

【65】本文主要想告诉我们:

A 团结就是力量

B 香蕉树需要驱虫

C 帮别人就是帮自己

D 懒惰就会没有收获

【64】香蕉树第二次请求大象帮它:

A 松土

B 摘果子

C 引一些水

D 驱赶虫子

66～68

有些人总是忽视第一印象,这种做法不可取。第一印象很重要。同样是第一次见面,有的人让人感觉很有缘分,有的人却让人觉得聊不到一起,我们常说这是因为气场不合。气场不仅包括一个人的外在形象，还包括一个人的内在品质，人们通常喜欢和跟自己气场相近的人交往。

那么，究竟如何才能给别人留下良好的第一印象？尤其对销售人员来说，这是一个值得深思的问题。作为一名销售人员，首先要做好功课，了解客户的背景和需求。其次，要提升外在气质，打造良好的外在形象。在与客户交谈时，不要随意说话，平易近人的说话方式和恰当的肢体语言都能拉近和客户的距离。当然，真诚是最重要的，不能用欺骗的手段骗取客户的信任。同时，过硬的业务素质才是王道，有些人忽视业务素质，这是本末倒置，毕竟客户是要谈生意而不是交朋友，如果销售员对自己的产品都不够了解，是很难让客户感兴趣的。

【66】根据本文，下列说法正确的是：
A 第一印象可以忽视
B 气场指人的外在表现
C 气场不合的人聊不到一起
D 第一印象决定着人们的交往

【67】下列哪种做法不能给别人留下良好的第一印象？
A 熟悉客户背景
B 了解客户需要
C 提升外在气质
D 说话非常随意

【68】作为一名销售员，不应该：
A 提升业务素质
B 使用欺诈手段
C 熟悉自己的产品
D 用真情实感打动客户

69～72

苏轼作为唐宋八大家之一，其文章和为人都被人称赞。

苏轼10岁时已经能出口成章，21岁便考取功名。他为官清廉，在官场不受待见，但他却不在意，依旧勤勤恳恳，甚至发动百姓一起治理西湖。对于子女的教育，苏轼也非常重视，不仅指导他们读书，还注重培养他们的品格。

苏轼为人正直，从不迎合别人，总能保持自己的见解。虽然他曾被害入狱，出狱后被贬，生活清苦，每天都要自己种地，但他仍然很乐观。苏轼有很高的文学造诣，在他的作品里也随处可见其豁达的性格，比如中秋喝醉了，他写了首词思念弟弟。他写道："明月转过朱红色的楼阁，低低地挂在雕花的窗户上，照着没有睡意的我。明月不该对人们有什么怨恨吧，为何偏在人们离别时才圆呢？人有悲欢离合，月有阴晴圆缺，这些事自古以来就难以周全。但愿亲人能平安健康，哪怕相隔千里，也能共赏这美好的明月。"诗歌如此感人，从中可以看出苏轼面对职场的失意，以及与弟弟的别离，不无抑郁惆怅之感，但他没有陷在消极悲观的情绪中，而是以豁达的心态排除忧患，表现出对人间生活的热爱。

【69】关于苏轼，下列说法正确的是：

A 赚钱很多

B 容易伤感

C 在官场很得意

D 重视对子女的教育

【70】关于苏轼的为人，下列说法正确的是：

A 喜欢抱怨

B 为人正直

C 非常计较

D 不懂变通

【71】文章提到苏轼写的一首词是要说明：

A 他性格豁达

B 他喜欢中秋节

C 他文章写得好

D 他和弟弟的感情很好

【72】最适合做本文标题的一项是：

A 豁达的苏轼

B 悲伤的苏轼

C 苏轼和弟弟

D 苏轼和月亮

73～76

四川有一对夫妻，他们很穷，原本在家开了一家店铺，因为经营不善倒闭了。夫妻俩听说广东人喜欢喝粥，于是他们决定坐飞机去广东做生意。可是他们到了机场才发现，他们剩下的钱根本买不起机票，于是他们决定留在机场所在的县城卖粥。

他们租了一个小门店，卖了三个多月，生意惨淡，没有多少顾客，也没有赚到钱。当地政府的工作人员了解了他们的情况后，建议他们要有创新意识，可以结合现在人们追求养生的现状，把粥和中药结合起来，试着做一些养生粥。夫妻俩听取了这个建议，和工作人员介绍的技术员一起研发了几款养生粥。

粥店重新开业后，果然生意好了很多，甚至有不少人慕名而来。夫妻俩没有随潮流做外卖，而是专注搞好店铺的生意。他们一边认真经营，一边努力研发，开发了减肥类、美容类、败火类等各种粥。同时，夫妻俩还物色了农家院等有当地特色的店铺。不到两年，夫妻俩已经换了一次店面，生意很火爆，也为当地经济发展做出了贡献。

【73】夫妻俩为什么决定去广东？

A 喜欢喝粥

B 想坐飞机

C 去做生意

D 投奔亲戚

【74】谁帮助了夫妻俩？

A 房东

B 技术员

C 当地顾客

D 政府的工作人员

【75】关于卖粥，夫妻俩做了什么改进？

A 不只早上卖粥

B 增加外卖业务

C 换了新的店面

D 把粥和中药结合起来

【76】夫妻俩为什么能取得成功？

A 有创新意识

B 当地人爱喝粥

C 专注于搞好店铺生意

D 总结了前期失败的经验

77～80

消费主义是一种毫无顾忌、毫无节制的消耗物质财富和自然资源，并把消费看作是人生最高目的的消费观和价值观。消费只是一种购买活动，但消费主义把消费活动当作寻求身份认同的主要方式，把消费等同于事业成功、人生幸福。专家指出，这种观点不可取。

扩大消费和消费主义有本质区别。首先，两者的消费需求不同，扩大消费源于人们真实的生活需求，体现了消费升级；其次，两者的消费理念不同，扩大消费帮助人们实现自我价值，而消费主义是非理性消费，体现了无节制的物质欲望。

如何引导人们进行适度消费而不是过度消费是一个难题。有网友表示，自己是"购物狂"，经常买一些不需要的东西。对此专家给出了一些建议：可以想象自己已经买了这个产品，但是家里没空间存储，暂时把它放在了商店里；逛街买东西时应以适合为主，拿起一件衣服，不能只看自己是否喜欢，更重要的是要考虑是否合适，包括款式、材质、穿衣场合等方面都要仔细考虑。

【77】关于消费，下列说法正确的是：

A 是一种购买活动

B 等同于人生幸福

C 是人生的最高目的

D 是寻求身份认同的方式

【78】关于扩大消费和消费主义，下列说法正确的是：

A 消费需求相同

B 消费理念不同

C 均为非理性消费

D 均可以实现自我价值

【79】专家认为，人们购物时：

A 尽量多看不买

B 带朋友帮忙参谋

C 要考虑是否适合

D 主要考虑是否喜欢

【80】本文主要想告诉我们：

A 要树立正确的消费观

B 引导人们适度消费很难

C 消费主义的观点不可取

D 扩大消费不同于消费主义

三、书面表达

第 一 部 分

答题指导

本部分共编制了三组练习，每组练习都有 15 道题。

本部分的练习方法：对于本部分的两种题型，考生要看看哪部分是自己的弱项，可以针对弱项进行专门练习。

对于关联词和介词选择题的准备，建议考生多搜集常用的关联词和介词，了解其用法。

对于语序选择题和找出句中不能删去的词语题的准备，建议考生先了解国家通用语的语法成分及各成分在句子中的正确位置，掌握各种词语之间的修饰和搭配关系，通过做题多总结，找出规律，这样会起到事半功倍的效果。

做题时，考生可以按照考试要求的时间先做后检查，也可以不限时间而以做正确为标准，通过反复练习总结出一些做题技巧。

● 第一组练习

81. 听说这家餐厅非常有名，_____提供一日三餐，_____提供下午茶。

A 一旦……就……

B 除了……还……

C 只要……就……

D 凡是……都……

82. 这不值一提，_____谁遇到这种事，_____会出手相救的。

A 只要……就……

B 无论……都……

C 不但……而且……

D 尽管……可是……

83. 我想_____父母说，我已经长大了，请相信我能做好自己的事情。

    A 让

    B 用

    C 对

    D 对于

84. _____我们家来说，家规还是很严厉的。

    A 就

    B 自

    C 在

    D 把

85. _____，你记得提前准备好。

    A 我明天就去找你吃完早饭

    B 我明天吃完早饭就去找你

    C 我吃完早饭明天就去找你

    D 我就去找你明天吃完早饭

86. 我今天的收获很大，_____。

    A 有二十多年教龄的特级教师一位给我们上了示范课一节

    B 有二十多年教龄的一位特级教师给我们上了一节示范课

    C 一位有二十多年教龄的特级教师给我们上了一节示范课

    D 一位特级教师有二十多年的教龄给我们上了一节示范课

87. 一家人春节好不容易团聚了，_____。

    A 奶奶希望吃年夜饭在家里

    B 奶奶希望在家里吃年夜饭

    C 奶奶希望吃在家里年夜饭

    D 奶奶在家里希望吃年夜饭

88. 听说小伙子遇到了困难，_____。

    A 附近的居民们都向他热情地伸出了援助之手

    B 附近的居民们热情地都向他伸出了援助之手

    C 附近的居民们向他都热情地伸出了援助之手

    D 附近的居民们都热情地向他伸出了援助之手

89. 刘明既聪明又好学，_____。

    A 他什么样的难题都难不倒

    B 难题什么样的都难不倒他

    C 什么样的难题都难不倒他

    D 什么样的难题他都难不倒

90. _____，注意均衡饮食。

    A 这项研究人们强调尤其是大学生应加强体育锻炼

    B 这项研究强调人们体育锻炼应加强尤其是大学生

    C 这项研究强调人们尤其是大学生应加强体育锻炼

    D 人们强调这项研究应加强体育锻炼尤其是大学生

91. 只有努力学习，勤于思考和观察，才会发现大自然的奥秘，从而造福人类。
　　　　　　　　　　　　　　A　　B　　C　　　　　D

92. 经过数小时努力，民警终于查到了确切住址，最终把孩子送回了家。
　　　A　　　　　B　　　C　　　　D

93. 春节来临之际，交通部门采取多种措施，为旅客创造安全畅通的交通环境。
　　　A　　　　　　　　　　　B　　　C　　　　　D

94. 对年轻干部要进一步从严教育管理监督，以帮助他们把好成长的"方向盘"，系好廉洁的"安全带"。
　A　　B　　　　　　　　C　　　　　　　D

95. 为满足人民群众日益增长的精神文化需求，越来越多的公共文化服务机构迅速地建立了起来。
　　　A　　　　　B　　　　C　　　　　D

● 第二组练习

81. 妈妈反复嘱咐我，＿＿＿＿现在事业上取得了成功，＿＿＿＿不要骄傲。

　　A 非但……还……
　　B 除非……才……
　　C 只要……就……
　　D 即便……也……

82. 这次运动会，＿＿＿＿我们团结合作，奋力拼搏，＿＿＿＿取得了团体第一名的好成绩。

　　A 不但……而且……
　　B 因为……所以……
　　C 要是……那么……
　　D 与其……不如……

83. 多亏你们的帮助，我才顺利返程，我＿＿＿＿大家表示由衷的感谢。

　　A 朝
　　B 把
　　C 让
　　D 向

84. 树下蚊子多，穿短袖的我很快就＿＿＿＿蚊子叮得胳膊上到处是包。

　　A 为
　　B 从
　　C 让
　　D 因

85. 去年的一场车祸让他失去了父母，_____。
   A 他从痛苦中至今还没走出来
   B 他至今还没从痛苦中走出来
   C 他至今从痛苦中还没走出来
   D 从痛苦中他至今还没走出来

86. 你看，_____，那时的做工特别好。
   A 这是一条我十年前买的黑白相间的连衣裙
   B 十年前这是我买的一条黑白相间的连衣裙
   C 我这是十年前买的一条黑白相间的连衣裙
   D 这是我十年前买的黑白相间的一条连衣裙

87. 今天外边太冷，_____，只想在家里看看书。
   A 我不想去哪儿都
   B 我都不想哪儿去
   C 我哪儿都不想去
   D 我都哪儿不想去

88. 老张，_____，我要去银行取钱。
   A 你把我的身份证上楼去拿下来吧
   B 你上楼去把我的身份证拿下来吧
   C 你上楼去拿下来把我的身份证吧
   D 你把我的身份证拿下来上楼去吧

89. 滑雪运动越来越普及，_____。
   A 都喜欢上了滑雪连三岁的小孩儿
   B 三岁的小孩儿连滑雪都喜欢上了
   C 都三岁的小孩儿连滑雪喜欢上了
   D 连三岁的小孩儿都喜欢上了滑雪

90. 一个星期前，_____。
   A 他将超市储值卡里的钱打算先退给顾客
   B 他打算先将超市储值卡里的钱退给顾客
   C 将超市储值卡里的钱他打算先退给顾客
   D 他打算先将超市储值卡里的钱顾客退给

91. 践行新发展理念，让饮用水更加安全健康，符合国民新消费的期待。
           A   B   C   D

92. 教师可以通过趣味问答、游戏等互动教学方式，让学生在实践中有所收获。
            A   B   C   D

93. 孩子们非常珍惜这来之不易的机会，无论刮风下雨，他们都绝不迟到。
         A   B   C   D

94. 春节快要到了，从目前生活必需品的供应来看，货源充足，特别是肉蛋菜供应稳定。
        A   B   C   D

95. 他们动员全县9个农民艺术团，以文明乡风、法律宣传等为主题，编排了一组农村现实题材剧。
              A   B   C   D

第三组练习

81. 果园里_____桃树、杏树，_____种了不少苹果树，远远望去，硕果累累。
    A 一旦……就……
    B 除了……还……
    C 只要……就……
    D 凡是……都……

82. _____成为科学家的梦还很遥远，_____我相信，只要不断努力，梦想终究会变成现实的。
    A 不是……而是……
    B 不但……而且……
    C 虽然……但是……
    D 如果……那么……

83. 为保护公园里边的文物，_____下周一开始，这家公园恢复收取门票制度。
    A 为
    B 从
    C 按
    D 在

84. 作为新时代的青年，我们每个人都要_____中华民族的伟大复兴而努力奋斗。
    A 往
    B 因
    C 为
    D 朝

85. 趁着天还没亮，_____，连饭都没顾得上吃。
    A 他们赶紧出发、起床、洗漱
    B 他们赶紧洗漱、起床、出发
    C 他们赶紧起床、洗漱、出发
    D 他们赶紧起床、出发、洗漱

86. 他俩刚一见面就热情地握手，_____。
    A 像老朋友一样非常熟悉
    B 非常像老朋友一样熟悉
    C 像非常熟悉老朋友一样
    D 老朋友一样像非常熟悉

87. 听说刚回家没几天的我又要出发，_____。
    A 不由得母亲落下来泪
    B 母亲不由得落下泪来
    C 母亲不由得落泪下来
    D 母亲不由得来落下泪

88. 最近真是太忙太累了，_____。
    A 我给忘了把去公园划船的事
    B 我给把去公园划船的事忘了
    C 我把给去公园划船的事忘了
    D 我把去公园划船的事给忘了

89. 躺在床上，_____，她越发睡不着了。
    A 想起一件件最近发生的怪事
    B 想起发生的一件件最近怪事
    C 想起最近发生的怪事一件件
    D 想起最近一件件发生的怪事

90. 随着垃圾无害化处理技术的不断进步，_____。
    A 越来越多的生活被废弃物变废为宝
    B 生活废弃物的越来越多被变废为宝
    C 被变废为宝越来越多的生活废弃物
    D 越来越多的生活废弃物被变废为宝

91. 即使失去了一条腿，她也没有放弃，仍然每天坚持跳舞，真是令人非常感动。
    　A　　B　　　　　　　　　　C　　　　　　　　　　D

92. 冬至是我国农历中的一个重要节气，也是我国民间的传统节日。
    　　　　　A　　B　　C　　D

93. 凭着一股不服输的精神，他们没日没夜地在实验室里做实验，终于获得成功。
    A　　B　　　　　　　　　　　C　　　　　　　D

94. 只要党和人民召唤，人民警察就一定会冲在最前线，全力保护人民群众的生命和财产安全。
    A　　　　　　　　　　　B　　C　　　D

95. 基础研究是实现我国科技自强自立的根基，我国已经开始不断加大基础研究的投入力度了。
    　　　　　　　　A　　　　　　　　　B　　C　D

第 二 部 分

答题指导

本部分共编制了三组练习，分别是三道不同类型的作文题。

对于句首语写作，考生要注意考虑接续内容如何与给出的句首语衔接好。

对于提示性写作，考生要充分利用所给的提示信息，根据要求对其进行相应的加工、修改与完善。

对于看图写作，考生要正确理解图片内容。如果是多幅图片，要注意图片之间的内在逻辑关系，适当发挥自己的想象力。

在写作过程中，要特别注意以下几点：

1. 作文内容要和作文提示及给出的题目密切相关，不能跑题；写作时内容要完整、充实，结构线索要清晰，尽量避免逻辑错误。比如：在写记叙文时，要注意把时间、地点、人物和事件交代清楚，内容应尽量真实、生动。

2. 语言表达要流畅、准确，可交替使用各种句式，尽量不用单一的句式。要注意避免病句，避免错别字，正确使用标点符号。

3. 写作前要先打好腹稿，写作中尽量保持卷面干净整洁、字迹清楚，不要反复涂抹。

第一组练习

作文提示：

近年来，国家加大了环境保护力度，生态环境变得越来越好。保护环境是我们每个公民的责任，需要我们长期坚持下去。只有携手共治、长期坚持，才能永远享受绿水青山。对个人来说，保护环境并不难，只要坚持不乱扔垃圾、不随地吐痰、做好生活垃圾分类等小事，就能为环境保护做贡献。

作文要求：

请以"举手之劳为环保"为题，写一篇作文。请看清题目，接着文中给出的语句写下去。全文不得少于350字（不包括已给出的提示语句）。

举手之劳为环保

　　地球是人类共有的家园，保护环境就是保护人类自己。对个人来说，只要从身边的小事做起，不用特别费力，就能为环境保护做贡献。

　　就个人来说，

就家庭来说，做好垃圾分类就是为环保做贡献。

　　总之，只要我们从小事做起，养成文明、健康、绿色的生活习惯，我们的生活就一定会越来越好。

第二组练习

作文提示：

　　春天万物复苏，是流行性传染病，比如流行性感冒、麻疹、水痘、脑炎等的高发季节。这些病传染性极强，因此，做好预防工作就变得非常重要。除按时注射预防疫苗外，还要注意居室每天开窗通风，经常消毒；注意个人卫生，勤用流水洗手；注意日常饮食，确保膳食搭配合理；不熬夜，避免过度疲劳；经常进行户外运动。

作文要求：

　　请根据作文提示的内容，以"怎样预防春季流行性传染病"为题，写一篇作文，全文不得少于350字。

100 字
200 字
300 字
400 字
500 字
600 字

• 第三组练习

作文提示：

文明交通 礼让出行

作文要求：

请根据以上图示写一篇作文，题目自拟，全文不得少于350字。

◀ 400 字

◀ 500 字

◀ 600 字

第三单元　提速训练

答题指导

本部分按照各分测验分别编制了四组练习。

本部分练习主要是为了提升考生的做题速度,建议考生在规定的时间内完成,以此来把握做题的时间与速度。做完题后参照答案纠正错误。每组练习可以做 2～3 遍,逐渐提升做题速度。

一、听力理解

第一组练习

第 一 部 分

1. A 同事
   B 朋友
   C 夫妻
   D 父女

2. A 批评
   B 无奈
   C 抱怨
   D 不耐烦

3. A 佩服
   B 嫉妒
   C 不满
   D 讽刺

4. A 肉
   B 水果
   C 咸菜
   D 青菜

5. A 平原
   B 丘陵
   C 山区
   D 高原

6. A 服装业
   B 化妆品
   C 广告业
   D 制造业

7. A 超市
   B 小卖部
   C 玩具店
   D 日用品店

8. A 气温较高
   B 气温较低
   C 温度适宜
   D 温差较大

9. A 睡得早
   B 睡得沉
   C 没外出
   D 雨不大

10. A 学术讲座
    B 美容讲座
    C 理财讲座
    D 先进事迹报告

11. A 那两个人结婚了
    B 那两个人离婚了
    C 那两个人分手了
    D 那两个人吵架了

12. A 买房
    B 铺地板
    C 买地板砖
    D 装修房子

13. A 家里
    B 饭店
    C 商场
    D 菜市场

14. A 支持
    B 反对
    C 观望
    D 无所谓

15. A 衣服不好看
    B 衣服太贵了
    C 带的钱不够
    D 想用手机买

第 二 部 分

16. A 牛奶
    B 奶粉
    C 奶酪
    D 奶茶

17. A 淘宝
    B 微店
    C 专卖店
    D 直播间

18. A 有保障
    B 质量好
    C 款式多
    D 很火爆

19. A 保险
    B 理财
    C 学习
    D 购物

20. A 必须购买
    B 可有可无
    C 因人而异
    D 加深学习

21. A 多上网查询
    B 多读书、学习
    C 多听他人的意见
    D 要有自己的想法

22. A 捉虫子
    B 做标本
    C 买虫子
    D 看视频

23. A 男的捉的
    B 自己捉的
    C 朋友送的
    D 网上买的

24. A 冲动消费
    B 投资爱好
    C 减少消费
    D 理性消费

25. A 花钱
    B 买东西
    C 捉虫子
    D 玩儿游戏

26. A 尽快收割
    B 随时收割
    C 晾晒后收割
    D 收割后晾晒

27. A 35% 左右
    B 55% 左右
    C 75% 左右
    D 95% 左右

28. A 小麦种植
    B 小麦收割
    C 玉米种植
    D 玉米收割

29. A 春节前
    B 春节后
    C 五一前
    D 五一后

30. A 缓慢回落
    B 缓慢上涨
    C 迅速回落
    D 迅速上涨

31. A 缓慢上涨
    B 迅速上涨
    C 缓慢回落
    D 基本平稳

32. A 国内短线游
    B 国内长线游
    C 出境短线游
    D 出境长线游

33. A 含义
    B 风俗
    C 来源
    D 禁忌

34. A 腊月二十三
    B 腊月二十四
    C 腊月二十五
    D 腊月二十六

35. A 为了整体美观
    B 为了跟随潮流
    C 可以驱邪避灾
    D 表示福气到了

36. A 寄托美好希望
    B 装饰房屋墙壁
    C 展示艺术修养
    D 增加观赏乐趣

37. A 整理花园
    B 寻找石头
    C 打扫房间
    D 建新房子

38. A 用勺子挖
    B 向父亲求助
    C 坐在地上哭
    D 用木棍当工具

39. A 和蔼
    B 生气
    C 严厉
    D 无奈

40. A 遇到困难不要放弃
    B 应该独立完成任务
    C 学会利用可用的资源
    D 做事要尽自己的全力

● 第二组练习

扫一扫，听录音

第 一 部 分

1. A 同学
   B 同事
   C 师生
   D 夫妻

2. A 春天
   B 下雪
   C 气候
   D 柳树

3. A 水果
   B 蔬菜
   C 小说
   D 衣服

4. A 失望
   B 伤心
   C 生气
   D 不耐烦

5. A 最有毅力的动物
   B 不爱喝水的动物
   C 骆驼如何储存能量
   D 骆驼可以几天不喝水

6. A 上班
   B 爬山
   C 休息
   D 换班

7. A 开车
   B 走路
   C 坐公交车
   D 骑电动车

8. A 现在
   B 马上
   C 前几天
   D 过几天

9. A 饭店
   B 学校
   C 老师家
   D 学生家

10. A 春节
    B 春运
    C 旅行
    D 高铁

11. A 他周末很忙
    B 他还没睡够
    C 客人应该周末来
    D 他不想整理房间

12. A 在做生意
    B 工作努力
    C 买了新房
    D 想赚大钱

13. A 喜欢做饭
    B 做饭不好吃
    C 不经常做饭
    D 爱吃西红柿炒鸡蛋

14. A 原谅了男的
    B 不相信男的
    C 不再说假话了
    D 不想听男的说话

15. A 警察
    B 司机
    C 售货员
    D 管理员

第 二 部 分

16. A 南方人
    B 北方人
    C 东北人
    D 西北人

17. A 饮食
    B 气候
    C 风俗
    D 环境

18. A 风景
    B 美食
    C 天气
    D 风土人情

19. A 卖报纸
    B 订报纸
    C 买报纸
    D 看手机

20. A 老人
    B 自己
    C 小孩儿
    D 全家人

21. A 阅读
    B 做家务
    C 看电视
    D 看手机

22. A 不吃
    B 点外卖
    C 自己带
    D 去食堂吃

23. A 运动
    B 饮食
    C 服饰
    D 睡眠

24. A 熬夜
    B 睡懒觉
    C 不运动
    D 不吃早饭

25. A 羡慕别人
    B 朋友训斥
    C 医生提醒
    D 家人要求

26. A 向东
    B 向南
    C 向西
    D 向北

27. A 设备
    B 经验
    C 专家
    D 环境

28. A 整体平稳
    B 纷纷走散
    C 无法监测
    D 直线移动

29. A 立即驱赶
    B 沿路围观
    C 注意防范
    D 引导回去

30. A 为节日正名
    B 探讨合适的词语
    C 寻找节日文化底蕴
    D 准确表达节日祝福

31. A 尊重国家历史
    B 传承历史文化
    C 弘扬爱国精神
    D 传承屈原的艺术造诣

32. A 默默无闻
    B 家国情怀
    C 艰苦奋斗
    D 团结合作

33. A 稻米来自中国
    B 稻米历史悠久
    C 北方人不吃稻米
    D 南方稻米味道好

34. A 没有米也能做饭
    B 厨艺好的人喜欢做饭
    C 心灵手巧的妇女爱做饭
    D 厨艺再好的人也需要原料

35. A 淀粉
    B 脂肪
    C 维生素
    D 碳水化合物

36. A 热量低
    B 易种植
    C 饱腹感强
    D 营养全面

37. A 是我国特有的野生动物
    B 是我国一级野生保护动物
    C 是世界一级野生保护动物
    D 目前全国数量已不足50只

38. A 海水的温度和质量
    B 管理人员的专业水平
    C 沙滩周围的食物资源
    D 沙滩的温度、湿度、沙质等

39. A 海水治理技术
    B 沙滩环境治理技术
    C 海龟全人工繁育技术
    D 诱导海龟上岸的技术

40. A 放归大海
    B 人工饲养
    C 科学研究
    D 转让出售

• 第三组练习

第 一 部 分

1. A 吃蛋糕
   B 订蛋糕
   C 卖蛋糕
   D 做蛋糕

2. A 贪便宜
   B 多吃亏
   C 多包容
   D 多解释

3. A 朋友介绍
   B 网上认识的
   C 曾经是同学
   D 活动中认识的

4. A 坚决反对
   B 盲目支持
   C 无法理解
   D 主动正确引导

5. A 很烦恼
   B 很生气
   C 很失落
   D 很痛苦

6. A 商场
   B 饭店
   C 马路边
   D 修车店

7. A 师生
   B 父女
   C 同学
   D 朋友

8. A 正在学车
   B 刚学会开车
   C 不敢开车上路
   D 马上要考驾照

9. A 惊讶
   B 怀疑
   C 批评
   D 开玩笑

10. A 素描
    B 油画
    C 简笔画
    D 水彩画

11. A 迟到了
    B 不想赴约
    C 不太高兴
    D 忘了见面的时间

12. A 质量
    B 面料
    C 样式
    D 价格

13. A 乘客和司机
    B 老师和学生
    C 顾客和售货员
    D 观众和售票员

14. A 学习
    B 考试
    C 看电视
    D 聊天儿

15. A 很无奈
    B 很生气
    C 很满意
    D 很同情

第 二 部 分

16. A 小说
    B 漫画
    C 绘本
    D 课本

17. A 有时间看漫画
    B 可以做很多事
    C 妈妈很理解她
    D 会跟妈妈沟通

18. A 多看书
    B 多理解
    C 多沟通
    D 多思考

19. A 不爱说话
    B 不想说话
    C 不敢说话
    D 不会说话

20. A 老师
    B 同学
    C 朋友
    D 同事

21. A 重要的
    B 有意义的
    C 无意义的
    D 浪费时间的

22. A 多风
    B 多雨
    C 干燥
    D 寒冷

23. A 洗衣机
    B 烘干机
    C 除湿机
    D 干燥剂

24. A 生活品质
    B 生活内容
    C 生活潮品
    D 生活中的惊喜

25. A 无形的压力
    B 丰富的商品
    C 美妙的体验
    D 便捷的生活

26. A 皮肤
    B 四肢
    C 脑部
    D 毛发

27. A 适当运动
    B 注意休息
    C 注意保暖
    D 适量吃些甜食

28. A 浅色蔬菜
    B 黄色水果
    C 红色水果
    D 深绿色蔬菜

29. A 补血
    B 供氧
    C 止痛
    D 清火

30. A 初秋
    B 深秋
    C 初冬
    D 深冬

31. A 美容养颜
    B 降低血流量
    C 增强免疫力
    D 使心跳趋于平缓

32. A 平时加强锻炼
    B 运动量要适当
    C 上岸注意保暖
    D 坚持循序渐进原则

33. A 航空课
    B 民航课
    C 飞行课
    D 天文课

34. A 创新教育
    B 科普教育
    C 基础教育
    D 手工教育

35. A 每天
    B 一周一次
    C 一个月一次
    D 一季度一次

36. A 航空院校
    B 市少年宫
    C 市天文馆
    D 飞船发射场

37. A 阅读
    B 打游戏
    C 电脑修理
    D 电脑编程

38. A 2岁
    B 5岁
    C 9岁
    D 10岁

39. A 有天赋
    B 比较用功
    C 家教严格
    D 老师教得好

40. A 睡眠充足
    B 成绩优秀
    C 完成作业
    D 遵守家规

第四组练习

扫一扫，听录音

第 一 部 分

1. A 写论文
   B 看文献
   C 下载资料
   D 去找男的

2. A 陶瓷
   B 玻璃
   C 绸缎
   D 木材

3. A 同学
   B 师生
   C 同事
   D 亲友

4. A 出差
   B 见人
   C 上班
   D 休息

5. A 在威胁男的
   B 欺骗了男的
   C 很有幽默感
   D 在和男的开玩笑

6. A 关心女的
   B 给女的道歉
   C 女的喜欢围巾
   D 女的要过生日了

7. A 工作很努力
   B 工作不认真
   C 认为老板很严厉
   D 对男的的话表示怀疑

8. A 大学一年级
   B 大学四年级
   C 研究生一年级
   D 研究生三年级

9. A 机场
   B 飞机上
   C 汽车上
   D 火车站

10. A 不满
    B 厌恶
    C 同情
    D 批评

11. A 爬楼
    B 爬山
    C 跑步
    D 工作

12. A 商场
    B 海边
    C 酒店
    D 游泳馆

13. A 老师和学生
    B 丈夫和妻子
    C 乘客和司机
    D 顾客和售货员

14. A 只卖面食
    B 装修有特色
    C 价格不便宜
    D 味道还可以

15. A 作家
    B 秘书
    C 老师
    D 学生

第 二 部 分

16. A 历史
    B 地理
    C 文学
    D 天文

17. A 很浪漫
    B 很神秘
    C 很幽默
    D 很开朗

18. A 填鸭式
    B 满堂灌
    C 风趣型
    D 科普型

19. A 画画
    B 看书
    C 唱歌
    D 听音乐

20. A 画画水平低
    B 学习时间少
    C 有其他理想
    D 家里不同意

21. A 运动
    B 听音乐
    C 玩儿游戏
    D 参加活动

22. A 很无聊
    B 压力大
    C 没精神
    D 生病了

23. A 多活动
    B 多睡觉
    C 吃美食
    D 看电影

24. A 只做重要的事情
    B 一件一件地完成
    C 劳逸结合地去做
    D 按照轻重缓急排序

25. A 不会反省
    B 不会做计划
    C 没有倾诉的对象
    D 事情太多反而不想做

26. A 植树种草
    B 引水灌溉
    C 放牧牛羊
    D 丰富树种

27. A 价格便宜
    B 方便使用
    C 清洁环保
    D 安装简便

28. A 每天定时清洗列车车厢
    B 在格拉段设置污水处理站点
    C 在格尔木、拉萨配备吸污车
    D 进出藏客运列车设有集污器

29. A 旅游之城
    B 文创之城
    C 创业之城
    D 资源之城

30. A 大学生
    B 返乡农民
    C 下岗人员
    D 待业人员

31. A 引导企业带动
    B 鼓励自谋职业
    C 加大政府扶持
    D 鼓励农民互助

32. A 进行自主创业
    B 进入公益性岗位
    C 进入企业再就业
    D 从事农林牧渔业生产

33. A 白领人才
    B 蓝领人才
    C 金领人才
    D 技能人才

34. A 收入很高
    B 灰头土脸
    C 爱岗敬业
    D 受人尊重

35. A 不是特别重视
    B 加大资源投入
    C 提高助学金标准
    D 增强综合素质培养

36. A 努力学习
    B 提高学历
    C 掌握技能
    D 选好专业

37. A 公园门票
    B 旅游车票
    C 红色景区的门票
    D 名胜古迹的门票

38. A 新疆
    B 西藏
    C 云南
    D 内蒙古

39. A 团队游
    B 个人游
    C 定制游
    D 高端游

40. A 很忙碌
    B 很辛苦
    C 很犹豫
    D 很愉快

二、阅读理解

第一组练习

41

我国许多<u>精美</u>的古代桥梁蕴藏着古人的智慧，例如因古老而闻名的赵州桥，多年来经历了多次<u>地震</u>和洪水的<u>袭击</u>，至今依然非常<u>结实</u>。

【41】句中画线词语拼音正确的一个是：

A 精美（jīngměi）　　　　　　C 袭击（xíjī）

B 地震（dìzèn）　　　　　　　D 结实（jiēshí）

42～44

我国以瓷器闻名于世，有瓷器故乡的美誉。其中，主流品种之一为青花瓷，又称白地青花瓷，简称青花。在古代，无论是贵族还是平民，都可以使用青花瓷，其艺术美学可以__42__不同人的需求。同时，青花瓷也是最早从我国走向世界的__43__硬瓷。

上好的青花瓷表面光滑细腻，手感好，图案清晰，花纹纹路逼真。青花瓷上的花纹彰显了我国古代高超的绘画艺术。上好的青花瓷需要人手工画出花纹。要想鉴别花纹是否为手工绘制，可以仔细观察花纹的纹路。手绘花纹就像写书法，即使是两个__44__的图案，细节上也会有不同之处，不会完全一样。

【42】文中__42__处应该填写的词语是：

A 满足
B 应对
C 接受
D 发现

【43】文中__43__处应该填写的词语是：

A 完善
B 熟练
C 成熟
D 成长

【44】文中__44__处应该填写的词语是：

A 相关
B 相似
C 相等
D 相当

45～47

西汉时有一个人从小就喜欢读书，但他白天要干农活儿，__45__辛苦，只有午休时才有时间看书。一本书他常常要十天半月才能读完，因此他很着急。

为什么他不在晚上看书呢？因为家里穷，他连买灯油的钱都没有，所以晚上没办法看书，对此他很__46__。有一天晚上，他无意中发现墙缝里__47__透着亮光。他兴奋得不得了，赶紧走到墙边看了看，原来是邻居家的烛光。他拿来一把小刀，把墙上的缝隙挖大了一些，透过来的光亮也多了。他就凭借这道烛光，认真地看起书来。这之后每天晚上，他都会靠着墙壁借着邻居的烛光读书，这成了他每天最快乐的时光。由于他勤奋好学，后来成了很有学问的人。

【45】文中__45__处应该填写的词语是：

A 特殊

B 绝对

C 异常

D 显然

【46】文中__46__处应该填写的词语是：

A 烦恼

B 耐烦

C 愤怒

D 反感

【47】文中__47__处应该填写的词语是：

A 确实

B 犹如

C 似乎

D 顺便

48～50

我国幅员辽阔，地大物博，气候复杂，__48__环境多样，动植物多样，特别适合野生动物生存。随着人口数量的增加，人类活动范围的扩大，一些野生动物只能在森林和草原等地生活。如何保护野生动物，拯救稀有物种，是我们应认真考虑和努力解决的问题。

目前，在保护野生动物方面，我国开展了野生动物__49__工作，掌握了野生动物的现状，建立了大批自然保护区，使部分濒危野生动物的种类和数量有所增加。尽管这些工作取得了一定成效，但保护野生动物之路__50__漫长，我们必须坚持以科学发展观为指导，正确认识野生动物的生态作用。

【48】文中__48__处应该填写的词语是：

A 人文

B 自然

C 人工

D 社会

【49】文中__49__处应该填写的词语是：

A 审查

B 巡查

C 调查

D 检查

【50】文中__50__处应该填写的词语是：

A 分明

B 依旧

C 彻底

D 也许

51～54

每年4月5日前后是我国的传统节日——清明节。清明节正值春回大地之时，一家人一起出游，其乐融融，可以一起__51__大自然的美好。同时，清明也是祭拜祖先的__52__。据记载，从秦代开始清明节就有了扫墓的习俗，到唐代开始盛行。今天人们仍然会在清明节扫墓，一方面是对墓地进行清洁，另一方面也是为了__53__亲人。

受中华文化的__54__，清明节也是东亚和东南亚一些国家，尤其是当地华人的传统节日。

【51】文中__51__处应该填写的词语是：
A 感受
B 感到
C 感动
D 感觉

【52】文中__52__处应该填写的词语是：
A 时节
B 时代
C 时刻
D 时点

【53】文中__53__处应该填写的词语是：
A 记载
B 纪念
C 留念
D 节哀

【54】文中__54__处应该填写的词语是：
A 影响
B 关系
C 启发
D 作用

55～58

孔子是我国古代著名的思想家、教育家，对世人影响__55__。孔子出生时家道中落，3岁丧父，后母亲离世，因此他的童年极其不幸。少年的他为了生活，不得不去管理仓库，放牛放羊，但他没有放弃读书，__56__认真刻苦学习。

经过不断的努力，孔子取得了很大的成就，慢慢地有很多人慕名而来，成为他的学生。据传，孔子有3000多名弟子，他对待学生因材施教，根据学生的特点使用相应的方法来进行教学。孔子的思想核心是"仁"，他认为人们应该__57__长辈，爱护平辈和晚辈，对国家忠诚，统治者也要爱护百姓。

晚年的孔子仍然认真工作，整理修订了很多重要的书籍，保护和__58__了古代文化。孔子去世后，他的家被建成孔庙，如今仍有很多人去祭拜他。

【55】文中__55__处应该填写的词语是：
A 壮大
B 巨大
C 高大
D 伟大

【56】文中__56__处应该填写的词语是：
A 持久
B 往往
C 统统
D 仍然

【57】文中__57__处应该填写的词语是：
A 保护
B 孝道
C 孝顺
D 顺心

【58】文中__58__处应该填写的词语是：
A 传承
B 传递
C 流传
D 流动

59～62

沙尘暴是一种风与沙相互作用的天气现象。由于强风将地面沙尘吹起，大气的能见度会急剧降低。形成沙尘暴的原因是多种多样的，既有自然原因，也有人为原因。其中，人口膨胀导致的过度开发、过量砍伐等是形成沙尘暴的主要原因。

沙尘暴不仅会造成环境污染，还会导致人类和动物患上呼吸疾病。此外，沙尘暴会让人心情郁闷，无心工作，使农民面临庄稼颗粒无收的难题，对驾驶车辆的人和行人造成危险，严重的沙尘暴会造成人员伤亡和财产损失。

因此，防治沙尘暴格外重要。我国植树造林、退耕还林的政策在一定程度上阻止了沙尘暴的恶化。同时，我们在干旱地区建立了生态屏障，以保护环境。我们还与相邻国家共同建立了防治沙尘暴的计划框架。

现阶段，沙尘暴的防治工作已取得了一定进展，未来沙尘暴的防治工作还需要我们齐心协力共同推进。

【59】根据本文，下列说法正确的是：
A 干旱地区才有沙尘暴
B 沙尘暴是人为原因导致的
C 沙尘暴会使农民颗粒无收
D 沙尘暴会降低大气能见度

【61】我国防治沙尘暴的措施不包括：
A 植树造林
B 退耕还林
C 进行人工降雨
D 建立生态屏障

【60】根据本文,沙尘暴的危害不包括:

　　A 植被受到破坏

　　B 导致呼吸疾病

　　C 让人心情郁闷

　　D 造成人员伤亡

【62】本文主要讲的是:

　　A 农民如何种植

　　B 沙尘暴产生的原因

　　C 防治沙尘暴的意义

　　D 沙尘暴的危害与防治

63～66

　　曹操是我国古代杰出的政治家、军事家、文学家和书法家。他年少时喜爱玩乐,当时人们并不看好他,只有少数人认为他不一般。成年后的曹操酷爱军事,博览群书,尤其喜欢阅读兵法。他曾抄写过古代各家的兵法,还有《孙子略解》《兵书接要》等著作流传于世。这些为他的军事生涯奠定了坚实的基础。果然,后来曹操统一了北方,于公元216年被封为魏王。

　　在东汉末年的军阀混战中,社会经济遭受了前所未有的损失,土地荒芜,幸存者不得不离开家乡。面对这种悲惨的景象,曹操实行了一系列政策来恢复经济,稳定局面。他兴修水利,实行盐铁官卖制度,对社会经济的恢复和发展起了积极作用。

　　曹操在用人方面不重视虚名。为了捍卫和发展势力,他强调只要是有才能的人,无论出身如何,都可以被提拔。曹操也非常注意勤俭节约,提倡廉正。他以身作则,没有一件华丽的衣服。

　　曹操的文学成就主要集中在诗歌和散文方面。曹操的诗现存20多首,内容大致可以分为三类:时事、理想和游仙。他所作的诗歌均为乐府诗,主要表现社会疾苦和建功立业的理想。

【63】曹操年少时:

　　A 极具才能

　　B 喜爱玩乐

　　C 不被人欣赏

　　D 被很多人看好

【65】关于曹操,下列说法正确的是:

　　A 重视虚名

　　B 重视出身

　　C 衣着华丽

　　D 勤俭节约

【64】东汉末年,曹操主张:

　　A 盐铁私营

　　B 人口迁徙

　　C 兴修水利

　　D 开垦荒地

【66】曹操现存诗歌的主题不包括:

　　A 军事

　　B 时事

　　C 理想

　　D 游仙

67～69

从前，有个主人养了一匹马和一头驴。一天，主人带着马和驴出行，马载着主人跑得飞快，把驴甩得远远的，而驴还慢慢地在后面走。主人很生气，心想驴真没用，走得那么慢，何时才能到目的地？驴还是从容不迫地继续前行，马兴奋地向主人炫耀自己跑得快。

时间久了，主人出门时只带马，再也不带驴了。主人心想：我要多重视马，马不像那头没用的蠢驴，它可以载着我出游，是如此重要。没过多久，主人买了一台磨盘，让马尝试着拉动磨盘，不一会儿马就累得气喘吁吁，满头大汗。主人没办法，只好决定让驴试试，驴围着磨盘打转，老老实实地拉磨，磨出了新鲜的豆浆，主人嘉奖了驴。

马天天出行，看遍了广阔的世界，主人以为它无所不能，但拉磨盘这个工作它却无法胜任。驴围着小小的磨盘打转，一样走出了自己的广阔世界。主人终于明白，术业有专攻，马和驴都是有价值的，只不过它们擅长的领域不同。

【67】根据本文，下列说法正确的是：

A 驴擅长出行
B 马擅长出行
C 马擅长拉磨
D 驴不擅拉磨

【68】主人为什么认为马重要？

A 马比驴聪明
B 马能载着主人出游
C 马能磨出新鲜的豆浆
D 马能从容不迫地前行

【69】本文主要想告诉我们：

A 任何人都有价值
B 要脚踏实地地工作
C 马比驴创造的价值大
D 要多见识外面的世界

70～72

今年五一期间，四川德阳广汉市的三星堆文创馆推出了300多种文创产品，这些产品均以三星堆出土文物为原型。其中，最受大家欢迎的是三星堆青铜面具冰激凌，该冰激凌分为"出土味"和"青铜味"两种，"出土味"即巧克力味，"青铜味"即抹茶味，命名颇具文化气息。文创馆工作人员一开始还担心会卖不出去，但该款冰激凌一经推出，1200多支就被一抢而空。游客品尝后赞不绝口，认为该冰激凌不仅外形奇特，而且口感很好。将传统文物与现代食品相结合向年轻受众群体推广是一个极好的方法。此外，这次新推出的文创产品还包括书签、生活用品等。对游客来说，这些文创产品不仅有纪念意义，还有收藏价值。

如今，类似的文创馆纷纷开张，此举吸引了不少游客前往博物馆参观游览，尤其是三星堆博物馆，五一期间的游客量明显增加。

【70】关于三星堆文创馆，下列说法正确的是：

A 推出了300种冰激凌

B 文创冰激凌没卖出去

C 推出了一种新的文创产品

D 推出了以文物为原型的文创产品

【71】三星堆文创馆推出的产品不包括：

A 书签

B 巧克力

C 冰激凌

D 生活用品

【72】根据本文，下列说法正确的是：

A 文创产品能吸引游客

B 游客喜欢收藏文创产品

C 文创产品有利于文物保护

D 每年五一三星堆博物馆都很火爆

73～76

扬州不仅是世界遗产城市，也是世界美食和运河之都，是我国第一批国家历史文化名城。俗话说："烟花三月下扬州。"春天是去扬州旅游最好的时节。去扬州的理由有很多，最重要的是它有一座特别的园林——个园。

个园里长满了各式各样的竹子，因为竹叶很像"个"字，因此它被命名为"个园"。和其他古典园林相似，个园也有不少颇具趣味的假山，最有名的是四季假山。

个园是一处典型的私家住宅园林，全园分为南部住宅、中部花园和北部竹林。从住宅进入园林，首先看到的是月洞形园门，门上的石额写着"个园"二字。门后是春景，夏景位于园之西北，秋景在园林东北方向，冬景则在春景东边。游人顺着道路走，即可在两侧观赏不同的景色。

在个园中游览，还可以体悟我国传统文化之美。为了让游客感受盐商文化，园区有供盐仪式。

【73】去扬州最重要的理由是什么？

A 扬州是世界遗产城市

B 扬州是世界美食之都

C 扬州是世界运河之都

D 扬州有一座特别的园林

【74】个园是根据什么来命名的？

A 竹子的品种

B 竹叶的形状

C 假山的形态

D 假山的数量

【75】进入个园的园林后，会先看到：

A 住宅

B 春景

C 假山

D 月洞形园门

【76】本文主要介绍的是：

A 个园的美景

B 个园的假山

C 扬州的历史

D 园林的设计

77～80

冰心原名谢婉莹，是我国现代著名作家。冰心出生于一个军官家庭，父亲是海军学校的校长，她的幼年生活条件不错。冰心从小学习骑马、射击。儿时的冰心最喜欢看海，这也影响了她后来的儿童文学创作。她曾说："我的童年是在海边度过的，我特别喜欢大海，每当我想写作时，我的第一个念头就是大海。"对冰心而言，关于大海的文学创作，不仅限于儿时的回忆，还有海军英勇奋战、保家卫国的内容。海军是冰心儿时的偶像，这也为她长大后创作爱国主题的作品打下了基础。

冰心从7岁开始阅读各种文学作品。跟随着作品中的人物，冰心时而开心，时而伤心，为此母亲很担心她。正是童年时期大量的阅读，为冰心后来的创作提供了源泉。出国留学前后，冰心陆续发表了名为《寄小读者》的通讯散文。她用写信的方式，把所见所闻和她对祖国的思念告诉祖国的儿童，对我国儿童文学产生了重要影响。

【77】关于冰心的童年，下列说法正确的是：

A 喜欢阅读

B 想当海军

C 开始写作

D 生活艰苦

【78】冰心写作时的第一个念头是什么？

A 童年

B 大海

C 海军

D 祖国

【79】冰心创作的源泉是什么？

A 写信

B 大海

C 祖国的儿童

D 儿时大量的阅读

【80】《寄小读者》主要写了什么内容？

A 童话故事

B 海军的故事

C 冰心儿时的生活

D 冰心的所见所闻和对祖国的思念

第二组练习

41

中国消费者协会是社会团体性质的消费者组织，它的主要职责是对商品和服务进行社会监督，保护消费者权益，促进社会主义市场经济健康发展。

【41】句中画线词语拼音正确的一个是：

A 组织（zhǔzī）　　　　　　C 社会（shèhuì）

B 职责（zízé）　　　　　　　D 促进（chùjìn）

42～45

农历九月初九是我国的传统节日——重阳节。为什么叫重阳节呢？这是因为九代表阳数，农历九月九日是两个阳数相重，因此叫重阳。据 __42__ ，重阳节起源于上古时期，__43__ 于唐代，传承至今。重阳节也称老人节，代表了对老人长寿的祝福，是我国"孝"文化的体现。

1989年，农历九月九日被定为敬老节，提倡全社会树立尊老、敬老、爱老、助老、__44__ 老人的风气，重阳节成为一个敬老的节日。在这一天，人们习惯登高祈福、观赏菊花，部分地区还 __45__ 了吃重阳糕、插茱萸等传统习俗。

【42】文中 __42__ 处应该填写的词语是：

A 标记

B 记忆

C 记述

D 记载

【44】文中 __44__ 处应该填写的词语是：

A 感动

B 感激

C 感觉

D 感受

【43】文中 __43__ 处应该填写的词语是：

A 盛行

B 应用

C 诞生

D 存在

【45】文中 __45__ 处应该填写的词语是：

A 保存

B 保持

C 保留

D 遵守

46～49

我国名菜品种众多，享誉全球。为什么我国会有如此多的名菜？因为我国地大物博，由于气候和 __46__ 的差异，不同地方的菜肴口味不同。

我国的美食 __47__ 色香味俱全，食物不仅要好吃，还要 __48__ ，香气扑鼻。做菜的方法也有十几种，如煎、炒、蒸、炸等。在我国，有"南甜北咸，东辣西酸"的说法，比如北方人做菜喜欢多放盐，山西人喜欢吃醋，口味偏酸。

不同地方的人吃饭的顺序也不太一样，比如广东人饭前要喝一碗汤，而北方人习惯饭后喝汤。在不同的节日，不同地方的人吃的食物也略有差异，比如春节，北方人习惯吃饺子，南方人习惯吃年糕。另外，我国做菜的原材料和调料十分 __49__ ，数量也非常庞大。

【46】文中 __46__ 处应该填写的词语是：

A 地面

B 地形

C 地质

D 场地

【47】文中 __47__ 处应该填写的词语是：

A 希望

B 包括

C 讲究

D 称赞

【48】文中 __48__ 处应该填写的词语是：

A 美好

B 美貌

C 优美

D 美观

【49】文中 __49__ 处应该填写的词语是：

A 杂乱

B 混乱

C 丰富

D 混合

50～52

北京有一座小小的四合院，它是伟大的文学家、思想家、教育家鲁迅及其家人在北京的住所之一。鲁迅在这里生活了4年，当时的生活条件十分艰苦，没有电灯，也没有自来水， __50__ 不便，去哪里都很困难。但对于简朴的鲁迅来说，这些困难都算不了什么。鲁迅的母亲也住在这里。她是一个伟大的女人，不仅能读书报，对新鲜事物也感兴趣，并用心支持儿子的写作。

四合院的南面是会客室，鲁迅在此会见来客，同时还有一个小客房，客人可以在此居住。北面有三间正房，靠东边的是鲁迅母亲的房间， __51__ 几乎都是从绍兴运来的，如桌子、椅子、床等，都带有江浙风格。西边是鲁迅和他夫人的房间，中间是客厅，一家人在此吃饭。

虽然鲁迅在此生活的时间不长，但那段时间是他最忙的时候。每天都会有大量学生来拜访鲁迅，他便用心指教。因为工作紧张，操劳过度，鲁迅的身体越来越差，但他仍然坚持用心讲课、写作，从未有一丝__52__。后来，鲁迅不得不离开北京，他的家人仍居住在此，直到去世。

【50】文中__50__处应该填写的词语是：

A 社交

B 公交

C 交通

D 行程

【52】文中__52__处应该填写的词语是：

A 放松

B 轻松

C 松开

D 松散

【51】文中__51__处应该填写的词语是：

A 器具

B 工具

C 家具

D 用具

53～55

古代书法家王羲之写字柔中带刚，平和自然。他的字之所以如此优秀，除了天分，主要__53__于他的刻苦练习。无论吃饭时还是洗漱时，他满脑子想的都是练字，经常想得入迷。

如果手头没有笔，他就用手在衣服上比画。时间长了，衣服__54__都被他弄破了，连他自己都不敢相信。王羲之每次练完字后，会在一个大水塘里洗笔，后来，整个水塘的水都被他染黑了，可见他练字有多么勤奋。

王羲之很聪明，他喜欢观察动物。通过对大鹅的细致观察，他竟领悟出一种独特的运笔方法，自成一派。有一次，皇帝要去祭祀，命令王羲之把祝词写在一块木板上，再让工人雕刻，工人__55__地发现，王羲之写的字竟然渗进木头三分多，可见他笔力之强劲。

【53】文中__53__处应该填写的词语是：

A 依靠

B 归功

C 出自

D 凭借

【54】文中__54__处应该填写的词语是：

A 突然

B 必然

C 依然

D 居然

【55】文中__55__处应该填写的词语是：

A 难怪

B 古怪

C 惊奇

D 惊动

56～58

新奇的技术越来越吸引人的眼球，同时也方便了人们的生活。用纸造房子和桥，听起来不可思议，但却真实存在于世界上许多国家。

用纸建造房子价格便宜，特别适合收入低的家庭。这种房子有很多__56__，如承压能力强，建造时间短，安装方便，特别适合需要迁徙的家庭。缺点是__57__短，平均一座纸建房最多可以维持20年的寿命。纸还可以用于建设临时场馆。一般建筑材料建成的场馆拆除后会变成一堆工业垃圾，但纸做的场馆拆除后能够循环利用。

用多层特殊材质的纸可建成坚固的桥，不仅人可以通过，车也可以通行。当然就实用性而言，"纸桥"更像一件艺术品，其目前的技术欣赏性大于实用性。相信未来一定会有越来越多像纸一样的新__58__被用来建造住房和解决通行问题。

【56】文中__56__处应该填写的词语是：

A 优秀

B 优势

C 特点

D 特长

【57】文中__57__处应该填写的词语是：

A 生存

B 存在

C 寿命

D 年龄

【58】文中__58__处应该填写的词语是：

A 物质

B 成分

C 资料

D 材料

59～61

云是大气中的水蒸气遇冷液化的产物，也是地球上庞大的水循环的结果。云形态各异，有轻盈的卷云，有棉花状的积云，还有扁扁的高积云。

云的颜色各不相同，并不是只有白色、乌黑色的云。有的云洁白如雪，有的云乌黑如炭，有的云灰蒙蒙的，有的云泛着红色的光。这是为什么呢？科学家表示，云的颜色取决于它的厚度，当云层很厚时，阳光无法穿透云层，云就比较暗；阳光可以透过的部分越多，云的颜色就越发白亮。除此之外，阳光照射云层的角度也决定了云的颜色，当光线斜着照射云层时，光会产生散射；当云层中出现冰晶时，光会产生衍射。这些都在一定程度上影响了云的颜色。

我国劳动人民通过长期的观察与实践，可以根据云的不同形态来预测天气。比如早上看到塔状云，就意味着下午可能会下雨；如果天空中出现高积云，则表明马上就要下雨了。

【59】关于云的颜色，下列说法正确的是：

A 各不相同

B 是白色的

C 是黑色的

D 是灰色的

【60】下列哪一项能决定云的颜色？

A 云的厚度

B 云的位置

C 云的形态

D 阳光的颜色

【61】通过什么可以预测天气？

A 云的位置

B 云的形态

C 云的厚度

D 云的颜色

62～65

老舍是我国现代小说家，是新中国首次获得"人民艺术家"称号的作家，他的代表作有《骆驼祥子》《四世同堂》《茶馆》《龙须沟》等。

老舍原名舒庆春，因为他在立春那天出生，所以父母给他取名"庆春"，有"庆祝春来"的意思。上学后，他把自己的名字改成了舒舍予，意思是"抛弃自我"，有重生之意。

老舍的作品并不聚焦于富人生活、大家族或者大人物，相反，他的作品大部分取材于市民生活。他擅长描写城市底层人物的生活，喜欢通过日常平凡的场面来反映普遍的社会矛盾，因此他也被称为"市民诗人"。作为文学大家，他不仅在作品中反映社会现实，还将历史和现实结合起来，用地道的北京方言撰写北京地方风俗。

【62】父母给老舍取名"庆春"，是因为：

A 要他抛弃自我

B 他重获了新生

C 他是人民艺术家

D 有"庆祝春来"之意

【63】老舍的作品喜欢描写：

A 大人物

B 大家族

C 富人生活

D 市民生活

【64】老舍为什么被称为"市民诗人"？

A 他的作品真实感人，生动幽默

B 他的作品使用了地道的北京方言

C 他将历史与现实相结合来进行创作

D 他是市民阶层最重要的表现者与批判者

【65】关于老舍，下列说法正确的是：

A 研究自然

B 研究历史

C 是文学大家

D 是语言学家

66～69

有一家人盖房子，街坊邻里都来参观，人们都说这房子建得好，主人听了很高兴。有一个邻居对主人说道："你家厨房的烟囱直立在灶顶上，灶内的火很容易从烟囱中飞出掉在屋顶上，这会引起火灾。"这个邻居建议主人在灶和烟囱之间加上弯曲的通道，以保证安全。主人听了以后，心里很不高兴，觉得这个邻居是在找碴儿。

几天后，新房子果然因为厨房的问题着火了，邻居们齐心协力拼命抢救，才止住了大火。主人为了报答邻居们，准备了酒席，邀请了帮助灭火的人，却没有邀请当初真诚提建议的邻居。

这时，有人问主人："既然你邀请了所有帮助灭火的人，为什么不邀请建议改造烟囱的人呢？"主人想：如果当初自己听了他的劝告，火灾就不会发生了。于是，主人急忙邀请了当初劝告他的人。

这个故事告诉我们：有时候，我们会把别人的意见当成耳边风，但忠言逆耳利于行，如果能多听听别人的意见，很多灾难就不会发生了。

【66】邻居们说了什么让主人很高兴？

A 房子易着火

B 厨房不安全

C 房子建得好

D 烟囱有问题

【67】主人听了邻居的建议后是什么反应？

A 充满担心

B 感谢邻居

C 找人改造房屋

D 认为邻居在找碴儿

【68】主人的酒席一开始邀请了谁?

A 街坊邻里
B 帮助救火的邻居
C 提议救火的邻居
D 提议改烟囱的邻居

【69】本文主要想告诉我们:

A 避免火灾的方法
B 邻里应互相关心
C 要多听别人的意见
D 改造烟囱的重要性

70～72

南昌一所小学的退休教师缪延相最近感动了无数网友。缪老师已经80多岁了。每天下午孩子们放学后，他都会义务给孩子们辅导，一干就是13年。从2009年开始，缪老师发现很多孩子因为无人管教，放学后会去打游戏。作为退休教师的他，陷入了深深的思考。于是，他自己花钱买了黑板、粉笔等材料，在家里义务给孩子们辅导。虽然条件艰苦，困难重重，但孩子们争先恐后地来他家上课，就算没有地方坐，站着也要听课。

缪老师说:"孩子们是祖国的未来，他们也想好好学习，我希望能为他们做一些力所能及的事情。"孩子们也很喜欢缪老师，都把缪老师当作爷爷。爷爷不仅脾气好，而且还会在他们取得好成绩的时候给予奖励。缪老师表示，只要他还在，就要继续辅导孩子们。网友们纷纷表示，要向缪老师学习，在自己能力允许的范围内帮助他人。

【70】缪老师为什么要辅导孩子?

A 为了赚钱
B 受人委托
C 退休生活无聊
D 为了帮助孩子

【72】根据最后一段，我们知道孩子们:

A 脾气好
B 能辅导别人
C 喜欢缪老师
D 会奖励缪老师

【71】关于缪老师，下列说法正确的是:

A 目前在小学当老师
B 义务给孩子们辅导
C 靠辅导孩子赚收入
D 从事教师工作13年

73～76

麻花是我国的一种特色小吃，是把两三股条状的面拧在一起油炸而成的。它是东汉人柴文进发明的，如今在陕西、山西、天津、湖北、湖南等地都很常见。麻花在不同的城市有所不同，比如山西以咸香油酥的麻花出名，天津以大麻花出名，湖北崇阳以小麻花出名。麻花展现了几千年的中华美食文化。

据传天津海河有一条十八街，有个人在这里开了一家麻花铺。他炸的麻花非常好吃，大家闻着香味就来了，于是他的生意越做越大，但他不甘于此。经过一番研究与改良，他终于做出了新的麻花，不仅香味四溢，而且便于保存。就这样，"十八街麻花"成为天津最具代表性的小吃之一。不仅天津人爱吃，全国各地的人也都喜欢吃。

麻花的原料包括面粉、花生油、盐和水等。现如今，麻花也被改良成年轻人爱吃的口味，比如奶油芝麻味和巧克力味等甜味小麻花，既可作为休闲食品吃，也可作为主食。同时，麻花上的白芝麻具有抗衰老、抗动脉硬化等功效。

【73】关于麻花，下列说法正确的是：

A 只在湖北出现
B 天津以小麻花出名
C 展现了中华美食文化
D 每个城市的麻花都一样

【74】关于"十八街麻花"，我们知道：

A 老板很知足
B 老板爱创新
C 是最好吃的麻花
D 只有天津人爱吃

【75】关于麻花，下列说法正确的是：

A 可以治病
B 必须放芝麻
C 可以作为主食
D 口味不适合年轻人

【76】最适合做本文标题的一项是：

A 麻花的做法
B 各地麻花的异同
C "十八街麻花"的由来
D 中华传统美食——麻花

77～80

著名主持人白岩松说："讲述中国故事，我们需要更多的李子柒。"美食博主李子柒的视频火遍海内外，她不仅让更多年轻人，也让更多外国人了解了中国传统文化，特别是美食文化。

李子柒出生于四川农村，从小与爷爷奶奶一起生活，家庭条件十分贫困。她的爷爷是厨师，从小她就跟爷爷学做饭，也是爷爷的好帮手。长大后，李子柒离开家乡，离开爷爷奶奶，来到城市。为了生活，她睡过公园，做过歌手，生活很艰难，但李子柒都坚持了下来。2012年，奶奶病重，她不得不离开城市，回到乡村照顾年迈的奶奶。李子柒回到家乡后，正逢短视频兴起，于是她开始尝试拍摄视频，记录生活。

为了拍好视频，门外汉李子柒付出了巨大的努力，她不仅是导演、编剧，也是摄像师、演员，为了省钱，她借助石头、树枝来固定相机。常常拍完一个镜头，她早已大汗淋漓。就算是这样，很多镜头也要反复拍摄很多遍，有时一个镜头她需要拍摄好几天。

　　李子柒拍摄了有关造纸术的视频，通俗易懂地向观众展示了造纸的过程。她的视频没有复杂的语言文字，只有通俗易懂的影像，把我国传统文化、传统美食通俗地讲给观众，使人们容易接受并喜爱。

【77】关于李子柒，下列说法正确的是：

A 是个厨师

B 会讲故事

C 做过歌手

D 是主持人

【78】李子柒回到乡村是为了：

A 生活

B 省钱

C 拍视频

D 照顾奶奶

【79】李子柒为了拍视频，付出了什么样的努力？

A 拍很多遍

B 请了导演

C 请了演员

D 找了摄像师

【80】关于李子柒的视频，下列说法正确的是：

A 语言文字复杂

B 影像通俗易懂

C 展示方式深奥

D 拍摄历史悠久

第三组练习

41

　　我国地大物博，不同<u>地区</u>的人口味不同，<u>俗话</u>说："南甜北咸，东辣西酸。"不同地区的特产和<u>风俗</u>也有所不同，再加上各地的气候差异，<u>最终</u>形成了不同的菜系。

【41】句中画线词语拼音正确的一个是：

A 地区（dìchū）

B 俗话（shúhuà）

C 风俗（fēnsú）

D 最终（zuìzōng）

42～45

　　每年农历的五月初五是端午节。端午节是一个__42__节日，起源于人民群众，也称为"端阳节"。关于端午节的起源，有各种__43__，大多数人认为是为了纪念战国时期爱国诗人屈原，所以端午节又称"诗人节"。

　　端午节当天，人们会__44__龙舟赛，还会吃粽子。粽子是一种用竹叶包裹糯米蒸煮而成的食物，有三角形、四角形等形状。包粽子也是为了表达人们对屈原的__45__和爱戴。

【42】文中__42__处应该填写的词语是：

A 民用

B 民间

C 大众

D 通俗

【43】文中__43__处应该填写的词语是：

A 演说

B 学说

C 说法

D 认为

【44】文中__44__处应该填写的词语是：

A 实施

B 举行

C 举措

D 办理

【45】文中__45__处应该填写的词语是：

A 尊敬

B 敬礼

C 爱护

D 保护

46～49

伟大的文学家、翻译家郑振铎出生于浙江省。他年轻时学习刻苦，之后__46__了大量优秀的文学作品。

郑振铎喜欢收集大多数人不重视的文学作品，为我国文学史__47__了很多新素材。本来书店是不重视文学作品的，但经过郑振铎的特别寻找，书店老板们感受到了文学作品的价值。后来，郑振铎的生命受到了威胁，为了自己的__48__，他不得不离开家人，去海外求学。求学时，他用最简单的文字__49__了最感人的故事，后来出版了《欧行日记》。郑振铎去世后，家人按照他生前的遗嘱，将他收藏的近十万本珍贵书籍全部捐给了国家。

【46】文中__46__处应该填写的词语是：

A 创新

B 创作

C 创立

D 创建

【47】文中__47__处应该填写的词语是：

A 争取

B 获得

C 增添

D 创造

【48】文中__48__处应该填写的词语是：

A 安全

B 健康

C 幸福

D 身体

【49】文中__49__处应该填写的词语是：

A 记录

B 记得

C 记忆

D 存放

50～52

在北京，我们可以看到一种建筑形式，它被四座房子围成一个"口"字，里面有很漂亮的院子。院子里有__50__，如花草树木，我们把这样的院子称为"四合院"。老北京人居住于四合院，四合院承载了北京文化。

四合院外面的__51__，我们称之为"胡同"。四合院和胡同从元代开始就有了，每一个胡同的名字和来历均不同。老北京居民对四合院和胡同有很深的感情，尽管有些四合院已经很旧了，但他们也不愿搬离。四合院和胡同是老北京居民的居住方式，体现了北京居民的__52__形态。我们常说北京的市民文化就是指胡同文化，胡同文化是北京文化的重要组成部分。

【50】文中__50__处应该填写的词语是：

A 作物

B 生物

C 动物

D 植物

【52】文中__52__处应该填写的词语是：

A 文化

B 文艺

C 教育

D 科学

【51】文中__51__处应该填写的词语是：

A 路途

B 路线

C 街道

D 车道

53～55

传统洗衣机需要使用大量洗衣粉和水，既污染环境、浪费水和电，又容易__53__衣服。有别于传统洗衣机，超声波洗衣机既不需要洗衣粉，也不需要大量的电。所以，超声波洗衣机既环保又节能，并且对衣服的伤害小。

超声波洗衣机靠超声波发生器工作，使用时会产生超声波。超声波在水中易__54__，使水中产生气泡，气泡把超声波反射到洗衣机的每个角落，使衣服上的污渍与衣服分离。

超声波洗衣机的推广，可有效__55__环境问题。洗衣粉中的化学成分会产生水污染，超声波洗衣机不仅不会产生水污染，而且能节省水资源。

【53】文中__53__处应该填写的词语是：

A 有害

B 残害

C 破坏

D 损坏

【54】文中__54__处应该填写的词语是：

A 传承

B 传染

C 传播

D 传达

【55】文中__55__处应该填写的词语是：

A 改进

B 改善

C 解答

D 缓解

56～58

白桦是乔木的一种，最高可达27米，树皮呈灰白色。和其他桦树不同，白桦的叶子一般是三角状，两侧宽。白桦在400～4100米的山坡上或森林中生长，__56__性强，分布广，特别喜爱__57__的土壤，不耐干旱。关于桦树名字的由来还有一段故事：据说很久以前，加工桦树树皮后，可以用来画画，因此桦树叫"桦"，是因为和"画"读音相同。

在我国古代，白桦被认为是神木。白桦树皮不仅可以用来做衣服和帽子，还可以铺屋顶、做桦皮船；同时，人们还发现白桦树皮可以用来__58__蜡烛。

【56】文中__56__处应该填写的词语是：

A 适用

B 适合

C 适当

D 适应

【57】文中__57__处应该填写的词语是：

A 凉爽

B 湿润

C 阴冷

D 寒冷

【58】文中__58__处应该填写的词语是：

A 编制

B 复制

C 制作

D 制订

59～62

"国潮"是将传统文化和现代潮流审美进行结合的一种潮流。"国潮"包括三大元素：文化、品牌和新势力。所谓新势力，是指那些追求个性和自由，勇于探索未知的人。有人说："国潮不仅是国货之潮，也是国力之潮，更是国运之潮。"

近年来，"国潮"元素不只存在于品牌中，也体现在艺术作品中。观众认为，这种新奇的艺术形式展现了中国文化的魅力，让传统文化变得生动。"国潮"与科技结合产生的节目屡屡登上晚会，比如2022年春节联欢晚会上的《只此青绿》。该节目以《千里江山图》为蓝本，用现代科技把传统文化展示出来，吸引了一大批观众。

专家指出，该节目能够火爆，是因为节目制作者对传统文化的理解，而不是用令人眼花缭乱的舞台或服饰吸引观众。《千里江山图》本身就是极具传统文化价值的一幅作品，该作品以长卷的形式向人们展现了连绵不绝的群山和广阔的江水，雄壮而又不失秀美。如今，我们将传统舞蹈和美术结合，运用高科技手段，创作出了别样的"国潮"作品，既还原出画作的意境，又准确传达了传统文化的精髓，展现了中国式美学。

【59】"国潮"的三大元素不包括：

A 国货

B 文化

C 品牌

D 新势力

【60】关于"国潮"，下列说法正确的是：

A 只存在于品牌中

B 在晚会上才能看到

C 使传统文化变得生动

D 在艺术作品中没有体现

【61】《只此青绿》节目为什么能火爆？

A 舞台灯光好看

B 运用了高科技手段

C 演员的妆容和服饰精美

D 制作者对传统文化的理解深入

【62】为什么说《只此青绿》是别样的"国潮"作品？

A 展示了传统舞蹈

B 用长卷形式展现

C 运用了高科技手段

D 传统与现代相结合

63～65

在所有生物中数量最多的一类是细菌，人类的活动受细菌的影响很大。细菌会引起很多疾病，但如果恰当处理细菌，它也可以成为对人类有益的生物。

与细菌不同，病毒是介于生物和非生物之间的原始生命体。病毒具有遗传、变异、进化的能力，它体积小、结构简单，具有高度的寄生性，完全依赖宿主细胞获得生命活动的物质和能量。

细菌和病毒都可以让人生病，而且二者都很小，但病毒比细菌更小，只有一个分子的大小。与细菌相比，病毒的生存能力差一些，它只能存活于人或者动物的细胞内，靠吸取细胞的营养生存，一旦离开人或者动物体内，病毒就很容易停止活动。

事实上，不是所有病毒都会让人生病，最危险的是突变病毒。此外，人的免疫力也很重要，当人对某种病毒有了免疫力之后，病毒就很难威胁人了。

【63】关于细菌，下列说法正确的是：

A 对人类没有害处

B 具有遗传的能力

C 具有高度寄生性

D 对人类也有益处

【64】细菌和病毒有什么区别？

A 细菌会让人生病

B 病毒比细菌更小

C 细菌不能离开人

D 病毒不能够传播

【65】根据本文，下列说法正确的是：

A 细菌对人无益

B 病毒结构简单

C 病毒不会传播

D 人没有免疫力

66～69

周末，我刚搬到新家，正在家休息。突然门铃响了，门口站着一位先生，他面露难色地对我说："你好，我是你的邻居王明。你以后晚上回家晚于九点的话，上楼时可不可以小声点儿？我妈妈年纪大了，睡眠不好，受不了大声。"说完他抱歉地看着我。

我想了一下，说："没问题，这是我应该做的。"邻居给我留了他的电话，表示无论我多晚回家，如果忘记带大门的钥匙，都可以给他打电话，他来帮我开门。我听后有些感动，表示以后一定注意。

我们楼从来没有噪声，一问果然大家都受到了王明的拜托。我问大家不会觉得不方便吗？大家都觉得这本来就是自己应该做的，还能帮到邻居，何乐而不为？

逢年过节，王明都会送来礼物和他妈妈亲手做的美食。他说："我妈妈虽然年纪大了，但是知道邻居那么帮她，也想为邻居做点儿事。"虽然晚上轻声走路是我应该做的，但能获得邻居的感谢与回馈，我觉得很高兴。

【66】王明为什么来找"我"？

A 认识新邻居

B 找"我"借钥匙

C 要"我"的手机号

D 希望"我"回家动静小一些

【67】王明告诉"我"如果"我"忘带钥匙怎么办？

A 给他打电话

B 按防盗门铃

C 去朋友家住

D 去他家里住

【68】逢年过节王明会怎么做？

A 帮大家开门

B 上门感谢邻居

C 给大家送礼物

D 晚上轻声走路

【69】根据本文，下列说法正确的是：

A 新小区的噪声很大

B 新小区邻里关系一般

C 王明的妈妈很会做饭

D 王明的妈妈睡眠不好

70～72

焦虑是对人危害最大的心理活动。人为什么会焦虑？当人不能准确认识客观存在的事物，不能准确掌握客观和自我的相互作用，就会产生出夸张的不平衡感、丧失感、不安感和危机感。

心理学家表示，焦虑是一种心理病，其解决方式是给心灵洗澡。具体操作方法如下：第一，保持好的心态。心态决定命运，良好的心态能起到事半功倍的作用。第二，正确认识自己，正确评价他人，不自以为是。第三，有信念。信念能产生能量，为人生指明奋斗的方向。第四，保持进取心。第五，保持自信。早上起床后对着镜子说自己是最优秀的，时常鼓励自己。人要多鼓励自己，才能有收获，才能确定自己的价值。

当然，具体操作步骤还要因人而异，但给心灵洗澡是必不可少的。在这一过程中，我们不一定要注重形式，也不必追求仪式感，在舒适、愉快的状态下给心灵洗澡也无妨。

【70】为什么要给心灵洗澡？

A 避免焦虑

B 看清人生的方向

C 唤醒沉睡的心灵

D 保持纯真善良的本性

【71】关于给心灵洗澡的方法，下列说法正确的是：

A 保持谦虚

B 培养信念

C 时常夸大自己

D 树立远大的目标

【72】根据最后一段，我们知道给心灵洗澡：

A 注重形式

B 不是必需的

C 要有仪式感

D 操作步骤因人而异

73～76

著名学者胡适先生特别乐于助人，每当他身边的人在经济上遇到困难时，他总是毫不犹豫地伸出援手。他曾资助学生读书，虽然他的家人一开始不同意，但通过努力争取，他最终说服了家人。从此，只要胡适想要资助学生，家人都无条件支持。

除了学生，胡适对青年作家也提供了巨大的帮助。他不仅帮助青年作家改稿，还把好的书稿推荐给出版社，甚至在青年作家经济困难时，也伸出援助之手。青年作家汪静之在不到一年的时间里三次找胡适借钱，胡适每次都借给他，解决他的困难。

林语堂在美国留学期间向胡适求助，他知道胡适的钱也不多，在借钱时没抱太大希望。结果胡适不仅马上寄钱给他，还说是学校借给他的，让林语堂安心收下。那笔钱使林语堂顺利毕业。林语堂回国后，想把那笔钱还给学校的新校长蒋梦麟，才得知那笔钱是胡适自己出的。

虽然胡适一生并未大富大贵，但是当别人遇到困难时，他总是毫不犹豫地伸出援手。

【73】胡适资助身边人时遇到了什么困难？

A 家人反对

B 出版社不同意

C 拿不出那么多钱

D 被青年作家拒绝

【74】根据本文，胡适帮助过：

A 汪静之

B 出版社

C 蒋梦麟

D 周汝昌

【75】根据本文，下列说法正确的是：

A 出版社帮学生出书

B 胡适帮助了林语堂

C 汪静之常找胡适借书

D 林语堂向学校借了钱

【76】最适合做本文标题的一项是：

A 胡适和汪静之

B 胡适和林语堂

C 乐于助人的胡适

D 胡适和他的家人

77～80

每年的5月20日到22日之间，太阳到达黄经60°时为小满。小满是二十四节气之一，小满后，炎热的夏天就要开始了。这个节气为什么叫小满呢？因为夏天收获的农作物开始灌浆饱满，但还未完全成熟，只是小满，还未大满。

小满正是农忙的时节，古时候人们有祭车神的习俗。农民为了祈求水源涌旺，会在水车前放好美食、蜡烛等祭拜，这表明了古代人们对水利排灌的重视。在小满这天，人们还有吃苦菜的习俗。苦菜是一种野菜，可以清热败火。小满时节还可以吃黄瓜、大蒜、樱桃等，要适度吃冷食、喝冷饮。小满过后，大多数地方气温升高，要注意防暑，中午不要在太阳底下行走，要多喝水、多吃蔬菜和水果。

古语云："君子宁居无不居有，宁处缺不处完。"小满虽是节气，但也暗含了做人的道理：人不可自满，也不可不满，小满就是最佳的状态。

【77】"小满"节气为什么要叫这个名字？

  A 此时降水严重不足

  B 即将迎来农忙时节

  C 夏收作物未完全成熟

  D 夏天马上就要开始了

【78】古代人们祭车神是为了祈求：

  A 天下太平

  B 风调雨顺

  C 粮食丰收

  D 水源涌旺

【79】小满过后，人们要：

  A 多晒太阳

  B 多喝冷饮

  C 注意防暑

  D 多吃苦菜

【80】根据本文，人生最佳的状态是什么？

  A 自满

  B 不满

  C 小满

  D 大满

第四组练习

41

小行星是指太阳系内类似<u>行星</u>环绕太阳运动，但体积和<u>质量</u>比行星小得多的天体。我国发现的众多小行星已在国际上获得<u>正式</u>编号，这些都<u>象征</u>了我国在天文学方面取得的成就。

【41】句中画线词语拼音正确的一个是：

  A 行星（hángxīng） C 正式（zèngshì）

  B 质量（zhìliàng） D 象征（xiāngzēng）

42～45

农历七月初七是我国的传统节日——七夕节，又称乞巧节和女儿节。在__42__，妇女们会在那天进行各种乞巧活动，祈求天上的织女帮助自己提高缝纫__43__。当天还会进行一系列比赛，比如穿针引线，看哪个女子的手更巧。七夕节有吃巧果的习俗，巧果__44__于现在的蛋糕，是用油、糖和面粉做成的。

在古代，有牛郎织女的传说，相传牛郎和织女本来是一对相爱的夫妻，但二人每年只能在七夕这一天相见，所以七夕节也是古代的情人节。据记载，七夕节起源于上古时期，__45__于宋代。受中华传统文化的影响，中国以外的部分亚洲国家也有庆祝七夕的传统。

【42】文中__42__处应该填写的词语是：

A 当代

B 古代

C 时代

D 朝代

【43】文中__43__处应该填写的词语是：

A 知识

B 技巧

C 艺术

D 程度

【44】文中__44__处应该填写的词语是：

A 类型

B 类似

C 种类

D 分类

【45】文中__45__处应该填写的词语是：

A 流行

B 流通

C 传播

D 传递

46～48

作为最早发现并使用茶叶的国家，中国最为传统的饮料非茶莫属。从远古时代开始，中国西南地区的人就开始种茶饮茶。中国茶叶有不同__46__，有红茶、绿茶、花茶等。古代人喝茶喜欢用煮的方式，后来慢慢演变成泡茶。到了唐代，人们喜欢一边品尝茶，一边讨论茶的__47__，讨论所喝之茶是好茶还是一般的茶。

南方气候湿润，适合茶树生长，因而南方有很多人工种植的茶树。广东人__48__有喝早茶的习惯，早上一边喝茶，一边吃点心，开启一天愉快的生活。

茶叶也是很好的礼物，把好茶送给朋友，也是加深感情的一种方式。

【46】文中__46__处应该填写的词语是：

A 种类

B 区别

C 差异

D 各种

【47】文中__47__处应该填写的词语是：

A 重量

B 分量

C 质量

D 含量

【48】文中__48__处应该填写的词语是：

A 至于

B 至多

C 至少

D 甚至

49～51

　　天津是我国东部沿海城市，东临渤海，是__49__的历史文化名城，有多个国家级重点文物保护单位。天津的城市建筑独具特色，__50__了天津中西合璧、古今兼容的独特城市风貌。

　　天津有多种民俗风情，是相声发源地之一，有"北方曲艺之乡"的美称。这种源于生活、__51__于民间、又深受群众喜爱的曲艺表演艺术形式在天津颇受欢迎。

【49】文中__49__处应该填写的词语是：

A 久远

B 出名

C 有趣

D 古老

【50】文中__50__处应该填写的词语是：

A 造就

B 造成

C 建造

D 创造

【51】文中__51__处应该填写的词语是：

A 外传

B 流动

C 流传

D 传达

52～55

　　朱熹在我国哲学史上具有承上启下的__52__。他发展了儒家思想，与孔子、孟子一样，也是儒家思想的代表人物。朱熹的哲学思想核心是"理"，他认为"理"是自然和社会的最高法则，是世间存在的规律，人必须受到规律的__53__。当然，朱熹的思想有利于人们安分守己，但如果人完全没有__54__，对任何东西都没有渴望，则不利于社会的发展。

同时，朱熹也是一位教育家，他提出了"博专结合"的教育思想，__55__学习既要广博又不能贪多。

【52】文中__52__处应该填写的词语是：

A 效果

B 作用

C 结果

D 影响

【53】文中__53__处应该填写的词语是：

A 约束

B 束缚

C 控制

D 压制

【54】文中__54__处应该填写的词语是：

A 要求

B 自由

C 欲望

D 灵魂

【55】文中__55__处应该填写的词语是：

A 指导

B 表达

C 说明

D 强调

56～58

我国最古老的工艺美术品是陶器，包括灰陶、白陶和彩陶等。其中，彩陶工艺最令人震撼。这种手工技艺非常__56__，创作者需要__57__雕塑、绘画、烧制等各种艺术形式。彩陶的设计极具特点，花样众多，反映了人们对美的__58__。

彩陶不仅体现了远古人类天人合一、天人感应等思想，更彰显了我国远古文化的辉煌与灿烂。

【56】文中__56__处应该填写的词语是：

A 复杂

B 新颖

C 精致

D 惊人

【58】文中__58__处应该填写的词语是：

A 期待

B 追求

C 表现

D 体会

【57】文中__57__处应该填写的词语是：

A 普及

B 熟练

C 掌握

D 支配

59～61

　　空气湿度是表示空气中水汽含量和湿润程度的气象要素。在一定温度下，一定体积内的空气所含水汽越多，则空气越潮湿；所含水汽越少，则空气越干燥。空气湿度过大或过小对人体都不利。研究表明，对人体而言，50%～60%的相对湿度是最舒适的。当空气湿度不在此范围内时，人就容易感到不舒服，甚至会生病。

　　当空气湿度过大时，人体会产生一种松果激素，使人感到筋疲力尽。人如果长期在湿度较大的环境下工作和生活，很容易患上风湿性疾病。当空气湿度过小时，蒸发加快，干燥的空气容易夺走人体的水分，使人皮肤干裂，口腔和鼻腔黏膜受到刺激，出现口渴、干咳、声嘶、喉痛等症状，极易诱发咽炎、气管炎、肺炎等疾病。

　　空气湿度影响着人体的健康。适当地利用加湿器和除湿器能使空气保持合适的湿度，进而使人保持良好的精神状态和健康的身体。

【59】空气湿度在什么范围人感到最舒适？

　　A 小于30%

　　B 30%～40%

　　C 50%～60%

　　D 大于60%

【60】如果过度使用加湿器会怎么样？

　　A 皮肤变得有光泽

　　B 容易患上风湿性疾病

　　C 拥有良好的精神状态

　　D 诱发气管炎、肺炎等疾病

【61】当空气湿度过小时，人会有什么反应？

　　A 感到筋疲力尽

　　B 产生松果激素

　　C 体内水分流失变慢

　　D 出现口渴、干咳等症状

62～65

　　徐悲鸿是我国现代画家、美术教育家。他从小就开始学画画，曾公费在巴黎留学学习绘画，对中西绘画技巧都有丰富的涉猎。回国后，他长期从事美术创作和教育，擅长画人物、花鸟和奔马，主张现实主义，强调国画改革融入西方绘画技法，开创了中国新油画时代。徐悲鸿为我国的画坛做出了巨大贡献，是画坛"金陵三杰"之一。

　　徐悲鸿培养了许多美术人才，他教育学生绘画创作要深入人民生活。他没有要求学生大量观察或模仿他人作品，而是严格训练学生进行大量素描。他系统、科学、独特的教育方法为我国现代美术教育贡献了力量。

1953年，徐悲鸿因病去世，享年58岁。他的夫人按照他的愿望，将他的1200多件作品，他一生收藏的唐、宋、元、明、清、近代著名书画家的1200多件作品以及1万多件图书、画册、碑帖都捐赠给了国家。

【62】关于徐悲鸿，下列说法正确的是：

A 家里很有钱

B 从小学习画画

C 主张浪漫主义

D 自费到巴黎留学

【63】徐悲鸿教育学生：

A 进行大量观察

B 不要只练素描

C 创作要深入生活

D 多模仿他人作品

【64】关于徐悲鸿的成就，不包括：

A 促进国画改革

B "金陵三杰"之一

C 中国现代绘画之父

D 开创了中国新油画时代

【65】徐悲鸿的夫人为什么捐赠了徐悲鸿的作品？

A 让更多的人欣赏

B 这是徐悲鸿的愿望

C 让作品得到保护与展示

D 艺术品最好的归宿是捐赠

66～69

有个老师想要考考他的学生，于是他对学生们说："我给你们一张纸，你们来画羊，看谁画得最多。"学生们拿到纸后开始作画，大部分学生在纸上尽可能多地画羊，一张纸被画得密密麻麻，学生们露出得意的神情，都认为自己画的羊肯定是最多的。

有个学生很聪明，他想：如果我只画羊头，不画身体，就能节省空间。果然，他是班里画羊画得最多的。这时，老师不慌不忙地拿出笔，画了一片大草原，又画了很多白点，好像草原上羊群成片，数也数不清。学生们纷纷露出惊讶的表情。老师语重心长地对学生说："思维很重要，需要被启发。画画和做人一样，我们不能把自己的思维框在一个画框里，适当改变思维方式，有时会收获更多。"

改变思维方式，能让我们更加清晰地看到事物的本质，找到解决问题的方法。如果你觉得陷入了思维的困境，不妨及时改变思维方式，也许会有意想不到的收获。

【66】有个聪明的学生想出了什么办法？

A 只画羊头

B 只画羊的身体

C 尽可能多地画羊

D 画了一大片草原

【67】谁画的羊最多？

A 老师

B 全体学生

C 大部分学生

D 那个聪明的学生

【68】老师为什么让学生画羊？

A 练习观察
B 练习画画
C 启发思维
D 学习数数

【69】最适合做本文标题的一项是：

A 草原上的羊
B 一堂美术课
C 如何多画羊
D 改变思维方式

70～72

　　浙江金华学校的吴诗琴还没有毕业，目前在绍兴一处收费站实习，负责收费和车辆管理等工作。她从不觉得工作辛苦，相反，她乐在其中。

　　一天，一辆大货车因为超高被拦下，作为收费站的工作人员，吴诗琴没有不耐烦，而是把头探出窗外，耐心地向司机解释原因，用微笑缓解了货车司机的焦虑。货车司机也被她的服务态度感染，并表示这样的服务态度不仅让他很舒服，还让他对整个城市的印象都很好。了解了事情经过的网友纷纷表示："吴诗琴的眼睛会笑，一看就是心地善良的女孩儿。"

　　高速收费站是一个城市的窗口，吴诗琴此举使来来往往开车的司机心情舒畅，对该市的形象提升也起到了很好的作用。她自己表示："尽管每天工作会遇到各种困难，但保持微笑能够更好地处理问题。虽然没有人要求我这样做，但微笑可以让双方都保持心情愉悦，好好解释大家都会听的。"不止吴诗琴一个人，像她一样工作态度认真、微笑真诚服务的收费员有成千上万个，大家都在自己的岗位上认真地为人民服务着。

【70】关于吴诗琴，我们知道：

A 在收费站实习
B 刚从学校毕业
C 工作十分辛苦
D 工作不好开展

【72】根据最后一段，我们知道：

A 吴诗琴不喜欢自己的工作
B 吴诗琴工作时不得不微笑
C 只有吴诗琴工作态度认真
D 高速收费站是城市的窗口

【71】吴诗琴是如何对待货车司机的？

A 冷漠
B 冷静
C 不耐烦
D 保持微笑

73 ~ 76

立春节气吃春饼是我国民间的饮食风俗之一。立春这一天吃春饼的寓意有很多，有迎春到、庆丰收之意；还有一种说法是，吃了卷着芹菜、韭菜的春饼，会使人更加勤劳，生命更加长久。

对于北方人来说，随时随地都可以吃到春饼。春饼是用面粉做成的薄饼，可以卷菜和肉。春饼最早可见于宋代，当时是把春饼和菜放在一个盘子里，又称"春盘"。春饼也可搭配烤鸭或者盒子菜食用。实际上，春饼可以卷万物，卷什么都好吃。哪怕你不太会做饭，也可以做好春饼。春饼也不贵，是百姓都吃得起的食物。

很多人喜欢吃春饼，比如老舍和他的女儿。因为父女俩是在立春这天出生的，不仅过生日要吃春饼，家中宴请也是以春饼为主。

【73】根据第二段，我们知道：

A 春饼卷什么都好吃
B 春饼配烤鸭最美味
C 南北方的春饼有所不同
D 做春饼需要有很好的厨艺

【74】关于春饼，下列说法正确的是：

A 只在立春这天吃
B 是一种现代食物
C 百姓都能吃得起
D 吃了能健康长寿

【75】老舍和他的女儿过生日为什么吃春饼？

A 方便又便宜
B 春饼很百搭
C 生日在立春
D 有好的寓意

【76】本文主要讲的是：

A 立春的习俗
B 文学家老舍
C 春饼的知识
D 烤鸭的吃法

77 ~ 80

非物质文化遗产是指各族人民世代相传，并视为其文化遗产组成部分的各种传统文化表现形式，以及与传统文化表现形式相关的实物和场所。为了继承和发扬中华民族优秀的传统文化，我国制定了国家、省、市、县共四级非物质文化遗产保护体系，还设立了"文化遗产日"。

非物质文化遗产的表现形式多种多样，包括传统口头文学以及作为其载体的语言，传统美术、书法、音乐、舞蹈、戏剧、曲艺和杂技，传统技艺、医药和历法，传统礼仪、节庆等民俗，传统体育和游艺等。所有的这些形式都与它们的民族、地区一起成长，形成密不可分的文化综合体，因此，非物质文化遗产不能离开产生它们的民族和地区。

以京剧为例，京剧的演出与电影不同，不受时空限制，舞台上没有实际的道具，最大的特点是模仿生活动作的虚拟演出。京剧的演出方式主要集中在唱、念、做、打。这种融合歌曲、舞蹈、朗诵、武术等的表演方式是优秀的中国传统文化。

非物质文化遗产是人类遗产中非常重要的资源，它不仅包含古人的思想和生活，还包含特有的精神价值和思维方式。非物质文化遗产不能作为一个物质符号独立存在，非物质符号更有价值。

【77】非物质文化遗产不包括：

　　A 天然景观

　　B 口头文学

　　C 节日庆典

　　D 传统手工艺

【78】非物质文化遗产离不开：

　　A 民族

　　B 礼仪

　　C 风俗

　　D 庆典

【79】关于京剧，下列说法正确的是：

　　A 易受时空限制

　　B 需要很多道具

　　C 是一种虚拟性表演

　　D 演出方式为唱、念、打

【80】本文主要讲的是：

　　A 口头传说

　　B 表演艺术

　　C 物质文化遗产

　　D 非物质文化遗产

三、书面表达

第一组练习

第 一 部 分

81. 同学们应该知道，_____不利于团结进步的事，我们_____不能做。

　　A 一旦……就……

　　B 凡是……都……

　　C 即使……也……

　　D 除了……还……

82. 请多包涵，这件事我_____不想做，____身体不舒服，没办法做。

　　A 不是……而是……

　　B 虽然……但是……

　　C 宁可……也不……

　　D 因为……所以……

83. 小明一家个子都很高，小明身高1.85米，他哥哥_____他还要高。

　　A 跟

　　B 为

　　C 比

　　D 对

84. _____我以外，还有很多人不同意这个观点。

　　A 把

　　B 除

　　C 从

　　D 向

85. 寒冷的冬夜，_____，生怕他冻着。

   A 妈妈把亮亮抱在怀里紧紧地

   B 妈妈紧紧地抱在怀里把亮亮

   C 妈妈在怀里把亮亮紧紧地抱

   D 妈妈把亮亮紧紧地抱在怀里

86. _____，妈妈虽然十分不舍，但坚决支持他。

   A 当知道他决定去条件艰苦的边疆明年当兵时

   B 当知道他明年决定去条件艰苦的边疆当兵时

   C 当知道他决定明年去条件艰苦的边疆当兵时

   D 当知道他决定去条件明年艰苦的边疆当兵时

87. 除地球外，_____，我们还不能过早下结论。

   A 宇宙中的其他星球上是否有生命

   B 其他宇宙中的星球上是否有生命

   C 是否宇宙中的其他星球上有生命

   D 其他星球上的宇宙中是否有生命

88. 春雨如丝般地下着，_____，春天的气息更浓了。

   A 小草滋润得越发精神被

   B 小草被滋润越发得精神

   C 小草被滋润得越发精神

   D 被滋润得小草越发精神

89. 听说我三年没回家了，_____，让我顺便回家看看。

   A 这次主任派我云南去出差

   B 这次主任派我去云南出差

   C 主任这次派我云南出差去

   D 主任派我这次去出差云南

90. 我整天忙来忙去，_____？

   A 不都是还为了你们能有一个好的未来

   B 为了你们都还不是能有好的一个未来

   C 还不都是为了你们能有一个好的未来

   D 不还都是为了你们能有好的未来一个

91. 您都80岁了，还成天一副乐呵呵的样子，难道您就没有烦恼吗？
   　　A　　　　B　　　　　　C　D

92. 人力在招聘员工时，都会将"工作习惯"作为一条重要的选人依据。
   　　　　A　　B　　C　　　　　　　　D

93. 没有人会陪你走一辈子，所以你要适应孤独；没有人会帮你一辈子，所以你要奋斗一生。
   　　　　　　A　　　　B　　　　　　　　　C　　　　　　　　D

137

94. 人生就像一杯没有加糖的咖啡，喝起来是苦涩的，回味起来却有久久不会退去的余香。
　　　　 A　　　 B　　　　　　　　　　C　　　　　　　　　　　　　　D

95. 对任何一个国家来说，能举办像奥运会这样的大型赛事，无疑是令人激动的。
　　　A　　　　　　　　　　　　　　　　　B　　　C　　　　D

第 二 部 分

作文提示：

　　随着生活水平的提高，越来越多的人喜欢去不同的地方旅游。有的人喜欢野外探险，有的人喜欢参观名胜古迹。但外出旅游并非一帆风顺，"在家千般好，出门万事难"描述的就是外出可能会遇到很多意想不到的事情。因此，事先要做好攻略，做好充分的准备，我们的旅途才会更加安全、顺利。

作文要求：

　　请以"外出旅游应注意的问题"为题，写一篇作文。请看清题目，接着文中给出的语句写下去。全文不得少于350字（不包括已给出的提示语句）。

					外	出	旅	游	应	注	意	的	问	题					
	如	今	，	外	出	旅	游	的	人	越	来	越	多	，	我	们	在	外	旅	游	时	应	该
注	意	哪	些	问	题	呢	？												
	首	先	，	要	做	好	出	行	计	划	。								

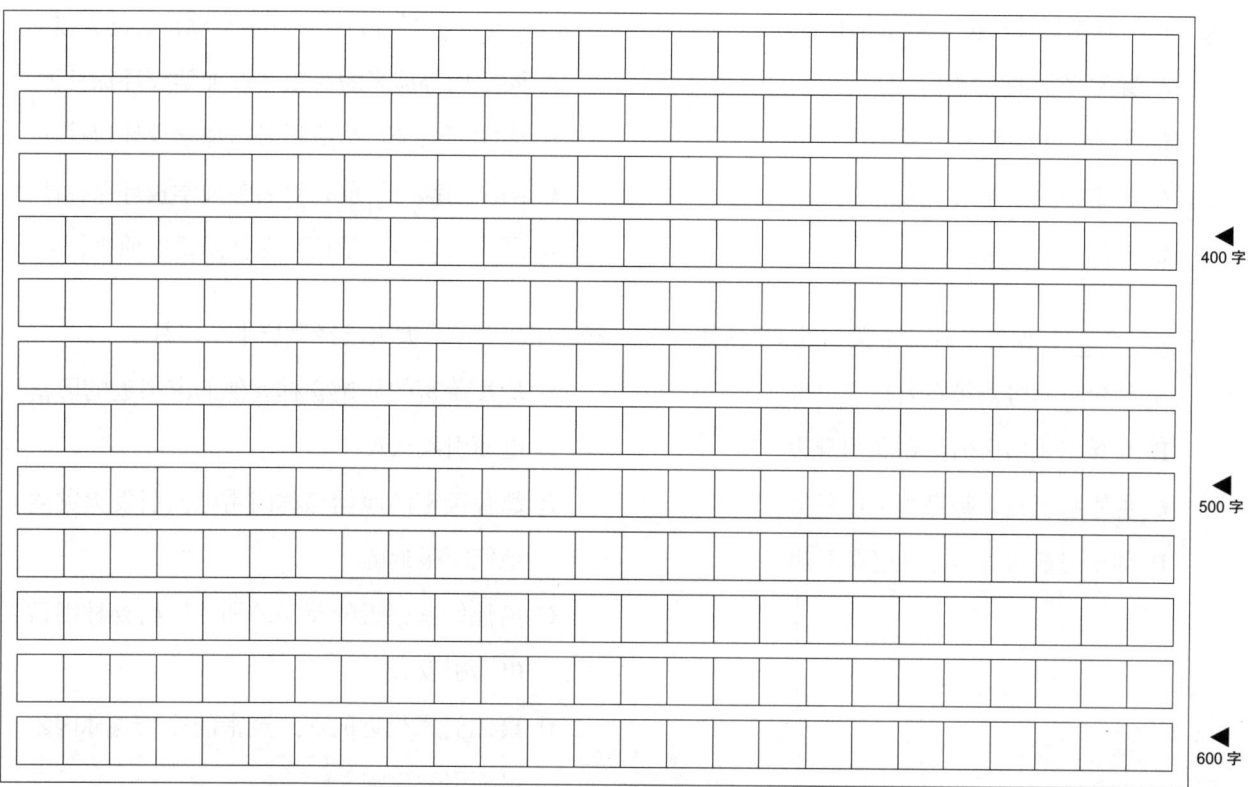

• 第二组练习

第 一 部 分

81. 大家要多运动，否则，_____身体出了问题，_____很难做好工作了。

    A 一旦……就……
    B 只有……才……
    C 凡是……都……
    D 不仅……而且……

82. 你开车太颠簸了，我_____走着去，_____坐你的车。

    A 不是……而是……
    B 不但……而且……
    C 宁可……也不……
    D 因为……所以……

83. 为了_____自己的发音更准确地道，小金每天都坚持模仿电视上新闻主持人的发音。

    A 把
    B 以
    C 凭
    D 让

84. 该报_____下月起在第三版开设专栏，讲述爱岗敬业、无私奉献的人物事迹。

    A 由
    B 至
    C 自
    D 到

85. 这件旗袍设计精美，做工精良，_____。
    A 穿起来很美一定
    B 很美一定穿起来
    C 一定很美穿起来
    D 穿起来一定很美

86. _____，握着老师的手关切地询问病情。
    A 他走进病房直接在老师身边坐
    B 直接走进病房他坐在老师身边
    C 他直接坐在老师身边走进病房
    D 他走进病房直接坐在老师身边

87. 法庭上，_____，双方都不让步。
    A 原告和被告这个问题就进行了激烈的争辩
    B 原告和被告就这个问题进行了激烈的争辩
    C 原告和被告就这个问题激烈的进行了争辩
    D 就这个问题进行了激烈的争辩原告和被告

88. _____，努力为保护环境贡献自己的力量。
    A 同学们都前来纷纷报名参加学校环保社团
    B 同学们前来都纷纷报名参加学校环保社团
    C 同学们都纷纷前来报名参加学校环保社团
    D 同学们都参加学校环保社团纷纷前来报名

89. _____，大火已经燃烧半个多月了。
    A 那片茂密的原始森林离他们家很近的因雷电而引发火灾
    B 那片茂密的原始森林因雷电而引发火灾离他们家很近的
    C 离他们家很近的茂密的那片原始森林因雷电而引发火灾
    D 离他们家很近的那片茂密的原始森林因雷电而引发火灾

90. _____，也不能全面否定它。
    A 你即使不赞成这个方案
    B 即使不赞成这个方案你
    C 你不赞成这个方案即使
    D 即使你这个方案不赞成

91. 空中的鸟对飞机一直是个很大的威胁，尽管鸟比飞机小很多，但却能像子弹一样击穿飞机。
         A   B   C   D

92. 哪怕你稍微动一下脑筋，对传统的思维方式进行一番创新，也不至于搞成今天这个样子。
    A   B   C   D

93. 大家都选择追随他，也都很喜欢他，这一切都是因为他的善解人意。
           A   B   C   D

94. 你若战胜了苦难，苦难才是一笔值得骄傲的人生财富。
        A   B   C   D

95. 在人类到达这里之前，这里是一个鸟类统治的世界。
　　A　　　B　　　　C　　　D

第 二 部 分

作文提示：

　　每个人都有梦想。有的人想当军人，保家卫国；有的人想当科学家，去探索未知的世界。梦想是人生的追求，是崇高而美好的。要实现梦想，需要我们脚踏实地地去努力、去奋斗。有梦想且为实现梦想而不断奋斗的人是我们学习的榜样。

作文要求：

　　请以"为梦想而奋斗的人"为题，写一篇作文。全文不得少于350字。

● 第三组练习

第 一 部 分

81. 墙上被涂了很多油漆，_____重新粉刷外，我们_____想不到别的好办法了。

    A 一旦……就……
    B 除了……也……
    C 既然……就……
    D 即使……也……

82. _____我再三道歉，_____没能获得她的原谅。

    A 不是……而是……
    B 因为……所以……
    C 尽管……还是……
    D 不但……而且……

83. 你究竟能否被录取，完全取决_____你的成绩是否达到录取分数线。

    A 在
    B 于
    C 到
    D 自

84. 我认为我们_____原则办事没有错，否则我们的正常工作秩序就会受到干扰。

    A 拿
    B 以
    C 用
    D 按

85. 听完老师课堂上的介绍，_____。
   A 我对这位作家的作品产生了浓厚的兴趣
   B 对这位作家的作品我产生了浓厚的兴趣
   C 我产生了浓厚的兴趣对这位作家的作品
   D 我对这位作家产生了浓厚的兴趣的作品

86. 眼见前边的老人要摔倒，_____。
   A 老李冲上去一个箭步一把扶住了老人
   B 老李一把扶住了老人一个箭步冲上去
   C 老李一个箭步冲上去一把扶住了老人
   D 老李一个箭步冲上去老人一把扶住了

87. 语文课上，老师表扬张强这次作文写得很好，_____。
   A 张强从座位上开心得跳了起来
   B 张强开心得从座位上跳了起来
   C 张强开心得跳了起来从座位上
   D 张强从座位上跳了起来开心得

88. _____，经历了几十年的风吹雨打，至今仍很坚固。
   A 村里修建的美丽的第一座小石桥
   B 村里第一座修建的美丽的小石桥
   C 村里修建的第一座美丽的小石桥
   D 美丽的村里修建的第一座小石桥

89. _____，然后再回家。
   A 他每天放学后先都去书店看一个小时书
   B 每天放学后他先都去书店看书一个小时
   C 每天放学后他都先看一个小时书去书店
   D 他每天放学后都先去书店看一个小时书

90. 现在从北京到上海，_____？
   A 要几个小时坐高铁
   B 要坐几个小时高铁
   C 几个小时要坐高铁
   D 高铁几个小时要坐

91. 对于现代画，我觉得小朋友往往比多数成年人更有鉴赏力。
         A   B   C   D

92. 要想让孩子看见生活的诗意，首先就要让他们拥抱自然，亲身感知自然。
    A   B   C   D

93. 野生猕猴桃不像人工栽培的猕猴桃那样，它们具有很强的抗寒抗风能力。
                    A   B   C   D

94. 我们只要采取有效的防范措施，很多灾害事故完全是可以避免的。
    A   B   C   D

95. 高山滑雪是一项风险较高的运动项目，无论是新手还是老手，都不能轻视安全防护的重要性。
           A   B   C   D

第 二 部 分

作文提示：

　　一位老奶奶吃力地背着一个大竹筐乘坐地铁。老奶奶刚走进车厢，就有人给她让座，她却不肯坐，说自己再过两站就下车了。一个年轻人见状，走到老奶奶身后，默默地托着老奶奶的筐底。老奶奶到站后，他又跟着她一同下车，帮她背起竹筐，直到把她送到家才离开。老奶奶和她的家人都非常感动，后来打听到小伙子是一家报社的员工。

作文要求：

　　请你以老奶奶家人的名义，给报社写一封题为"谢谢你，助人为乐的小伙子"的感谢信。全文不得少于350字。

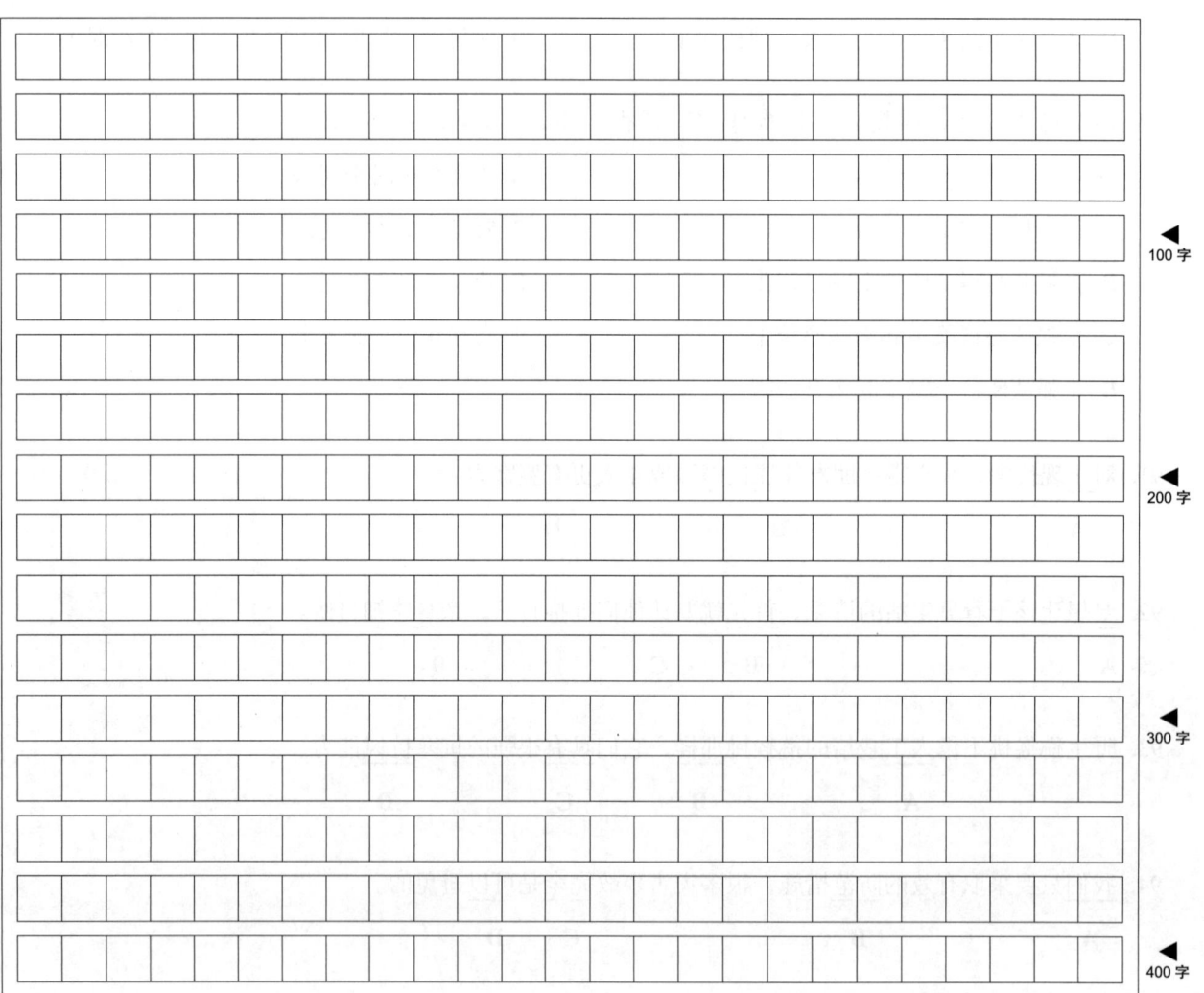

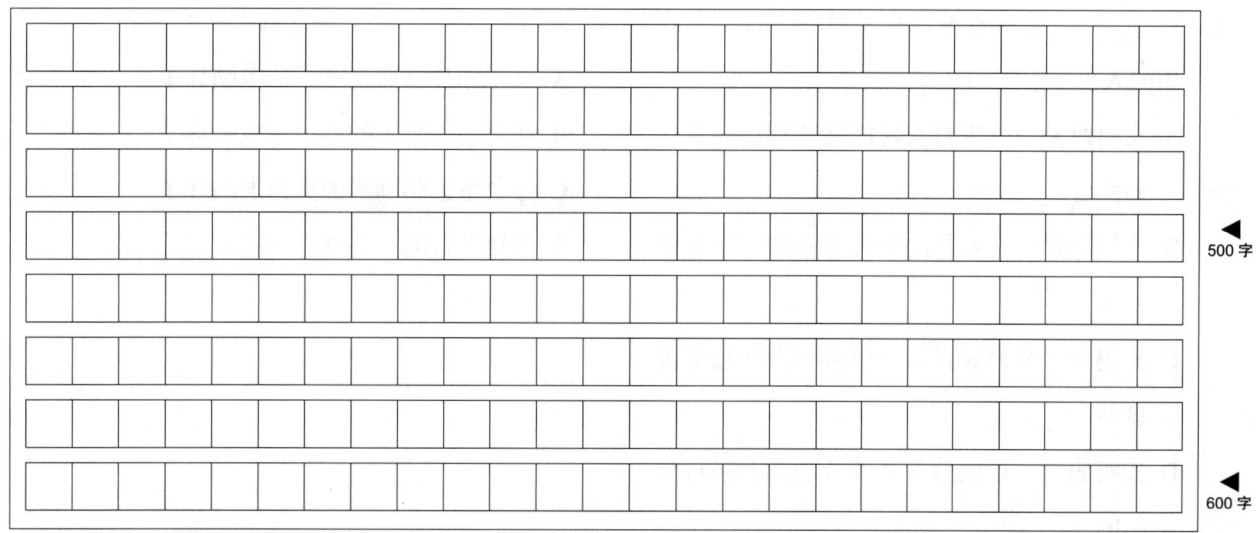

第四组练习

第 一 部 分

81. _____你同意不同意，我_____要先把这件事处理完再离开。

　　A 不仅……还……
　　B 倘若……就……
　　C 即使……也……
　　D 不管……都……

82. 我_____在外边冻着，_____进屋听父母的唠叨。

　　A 宁可……也不……
　　B 要是……那么……
　　C 不是……而是……
　　D 既然……那么……

83. 我断定这不是他做的，_____他的年龄，他还不具备设计这种复杂结构的能力。

　　A 从
　　B 以
　　C 据
　　D 在

84. 老李，我下午要去学校开会，能_____孩子先放在你家，你帮我照看一下吗？

　　A 让
　　B 用
　　C 把
　　D 叫

85. _____，她常常教育我要做一个对社会有用的人。
   A 我妈妈是一位来自农村的勤劳善良的劳动妇女
   B 我妈妈是来自农村的勤劳善良的一位劳动妇女
   C 我妈妈是来自农村的一位劳动妇女勤劳善良的
   D 我妈妈是一位勤劳善良的劳动妇女来自农村的

86. _____，你怎么这么糊涂啊？
   A 这样的事情连三岁小孩儿知道都不应该做
   B 这样的事情连三岁小孩儿都知道应该不做
   C 这样的事情应该不做连三岁小孩儿都知道
   D 这样的事情连三岁小孩儿都知道不应该做

87. 我先走了，_____。
   A 你出门时别忘了把垃圾带出去顺便扔了
   B 你别忘了出门时顺便带出去把垃圾扔了
   C 你别忘了顺便把垃圾出门时带出去扔了
   D 你出门时别忘了顺便把垃圾带出去扔了

88. 张师傅，_____，请您派人来看看吧。
   A 去年办公室那台刚买的电脑坏了
   B 那台去年刚买的办公室电脑坏了
   C 办公室去年刚买的那台电脑坏了
   D 去年那台刚买的办公室电脑坏了

89. 真是没想到，_____。
   A 我刚洗好晾在外面的衣服就被大雨给淋湿了
   B 我就洗好刚晾在外面被大雨给淋湿了的衣服
   C 我洗好的衣服晾在外面刚就被大雨给淋湿了
   D 晾在外面就被大雨给淋湿了的衣服我刚洗好

90. 看见桌子上有杯水，_____。
   A 他端起杯子走过去就喝了起来
   B 他走过去端起杯子就喝了起来
   C 他端起杯子就喝了起来走过去
   D 他就喝了起来走过去端起杯子

91. 他<u>轻轻地</u>把一个<u>包装精致的</u>盒子放在<u>了</u>母亲的枕边。
   　　A　　　B　　　C　　　　　　D

92. 他的目标<u>并</u>不高，只是想和普通孩子<u>一样</u>在<u>自己</u>理想的大学里读书。
   　　　　A　　　　　　　　B　　　C　　D

93. 如果试着把工作和金钱分开，和快乐挂钩，或许你会发现工作将是一件愉快的事情。
　　　A　　　　　　　　　B　　　　C　　　　D

94. 要想成绩好，非刻苦不可，任何好成绩都是努力奋斗的结果，没有什么别的途径。
　　　　A　　　　B　　　　C　　　　　　　　　　　　　D

95. 他们今天无论如何得赶回去，否则明天还下雪的话，航班有可能会被取消。
　　　A　　B　　　　C　　　　　　　　　　　　　　D

第 二 部 分

作文提示：

　　江革是东汉人，很小的时候父亲就去世了，母亲一个人艰难地抚养他，供他读书。江革十分孝顺，尽力帮助母亲分担家务。长大后，他一边努力工作，一边尽心尽力照顾母亲。在吃穿用方面，他给母亲的都是最好的，自己却总是粗茶淡饭，节俭生活。他孝老爱亲的故事感动了所有人，后来他受到朝廷的提拔重用。

作文要求：

　　请围绕上边的小故事写一篇读后感，题目自拟，全文不得少于350字。

◀ 400字

◀ 500字

◀ 600字

第四单元　实战演练

MHK

模拟试卷（三）

（三级）

卷 I

注 意 事 项

一、MHK（三级）试卷分为卷Ⅰ和卷Ⅱ两部分：

　　1. 卷Ⅰ为客观选择题，每题都有四个供选择的答案，要求在答题卡上画出代表正确答案的字母，每题只能画一横道，如：[A]　■　[C] [D]。多画作废。

　　请考生注意，卷Ⅰ使用阅读机阅卷，答案必须用铅笔画在答题卡上，不能写在试卷Ⅰ上。

　　卷Ⅰ包括三项内容，共95题。

　　（1）听力理解（40题，约30分钟）

　　（2）阅读理解（40题，45分钟）

　　（3）书面表达（15题，10分钟）

　　2. 卷Ⅱ为书面表达主观题（作文），35分钟。内容用黑色钢笔或签字笔写在答题卡的方格内。

　　全部考试时间约120分钟。

二、注意每部分试题的答题说明，严格按照说明的要求，在规定的时间内回答问题。

三、严格遵守考场规则，听从主考人员的指挥。考试结束后，必须把试卷和答题卡放在桌子上，等监考人员收回、清点后，才能离场。

一、听力理解

（40题，约30分钟）

扫一扫，听录音

第 一 部 分

说明：1～15题，这部分试题都是两个人的简短对话，第三个人根据对话提出一个问题，请你在四个备选答案中选出唯一恰当的答案。

例如：第8题，你听到：

第一个人说：……

第二个人说：……

第三个人问：……

你在试卷上看到四个答案：

A 衬衫　　**B** 毛衣　　**C** 裤子　　**D** 鞋子

根据对话，第8题唯一恰当的答案是 **C**，你应该在答题卡上找到号码8，在字母 **C** 上画一横道。横道一定要画得粗一些，重一些。

[A]　　[B]　　■　　[D]

1. A 同学
   B 师生
   C 同事
   D 兄妹

2. A 高兴
   B 痛苦
   C 郁闷
   D 无聊

3. A 坏了
   B 关机了
   C 调成振动了
   D 调成静音了

4. A 网上
   B 超市
   C 小区
   D 菜市场

5. A 家里
   B 商场
   C 单位
   D 车站

6. A 担忧
   B 无奈
   C 怀疑
   D 抱怨

7. A 下雨
   B 阴天
   C 晴天
   D 多云

8. A 噪声大
   B 交通拥堵
   C 设计不合理
   D 绿化面积小

9. A 演讲
   B 颁奖
   C 主持会议
   D 发表获奖感言

10. A 口服
    B 注射
    C 冲洗
    D 涂抹

11. A 男的遇到了困难
    B 女的现在很后悔
    C 男的现在很悲观
    D 女的不相信男的

12. A 大学生不自由
    B 大学生压力很大
    C 大学生生活很单调
    D 学习是大学生最重要的事

13. A 还没开始复习
    B 每天都在准备
    C 准备得很充分
    D 记住了很多内容

14. A 他已经报名了
    B 他通过了测试
    C 他觉得考试太难了
    D 他的普通话不太好

15. A 总是欺骗女的
    B 不和男的说话
    C 和女的有了矛盾
    D 精神状态不太好

第 二 部 分

说明：16～40题，在这部分试题中，你将听到几段简要的对话或讲话。每段话之后，你将听到几个问题，请你在四个备选答案中选出唯一恰当的答案。

例如：第25～27题，你听到：

第一个人说：……

第二个人说：……

……

第三个人根据这段对话提出三个问题：

25．问：……

你在试卷上看到四个答案：

A 饭馆　　B 邮局　　C 商店　　D 路口

根据对话，第25题唯一恰当的答案是 A，你应该在答题卡上找到号码25，在字母 A 上画一横道。横道一定要画得粗一些，重一些。

25 ■　　[B]　　[C]　　[D]

你又听到：

……

27．问：……

你在试卷上看到四个答案：

A 寄信　　B 打电话　　C 取包裹　　D 买报纸

根据对话，第27题唯一恰当的答案是 D，你应该在答题卡上找到号码27，在字母 D 上画一横道。横道一定要画得粗一些，重一些。

27 [A]　　[B]　　[C]　　■

如果是一段讲话，在播放完讲话后，提出几个问题。

16. A 下周
    B 两天后
    C 两周后
    D 两个月后

17. A 最近时间紧张
    B 办理费用太高
    C 不能异地办理
    D 自己证件不齐

18. A 周六
    B 周日
    C 明天
    D 下午

19. A 气嘴漏气
    B 车胎扎了
    C 车闸坏了
    D 车座坏了

20. A 不确定
    B 半个小时
    C 一个小时
    D 马上修好

21. A 坐地铁
    B 坐公交车
    C 打出租车
    D 骑共享单车

22. A 春节
    B 元宵节
    C 端午节
    D 中秋节

23. A 吃好喝好
    B 不怕麻烦
    C 要有仪式感
    D 保持良好的习惯

24. A 包装精美
    B 口味繁多
    C 造型多样
    D 价格上涨

25. A 五仁月饼
    B 抹茶月饼
    C 水果月饼
    D 螺蛳粉月饼

26. A 包扎伤口
    B 清洗伤口
    C 反复消毒
    D 吮吸伤口

27. A 包扎状态
    B 消毒状态
    C 暴露状态
    D 隔离状态

28. A 清洗后包扎伤口
    B 立即到医院就医
    C 马上把毒液吸出来
    D 清洗后扎紧靠近心脏的位置

29. A 实现了智能化
    B 实现了数字化
    C 实现了自动化
    D 实现了机械化

30. A 吸引更多观众
    B 加大保护和利用
    C 使文化遗产与时俱进
    D 丰富周口店遗址的内涵

31. A AI 还原技术
    B 3D 打印技术
    C 三维激光技术
    D 四维数字化技术

32. A 门票打折
    B 免费开放
    C 儿童免费
    D 老人免费

33. A 植株品种不同
    B 生长环境不同
    C 加工工序不同
    D 采摘方法不同

34. A 成熟后采摘
    B 未成熟时采摘
    C 采摘后直接晒干
    D 晒干后去掉外皮

35. A 没有香味
    B 香味柔和
    C 香味很浓
    D 香味刺鼻

36. A 水果
    B 蔬菜
    C 肉类
    D 面食

37. A 中国海域
    B 日本海域
    C 印度海域
    D 新加坡海域

38. A 金银
    B 铜器
    C 青花瓷器
    D 玻璃制品

39. A 客船
    B 游船
    C 商船
    D 渔船

40. A 装饰
    B 防御敌人
    C 欢迎贵宾
    D 发射信号

二、阅读理解

（40题，45分钟）

说明：41～80题，每段文字后都有几个问题，每个问题都有 **ABCD** 四个答案，请阅读后根据每道题的要求选出唯一恰当的答案，并在答题卡的相应字母上画一横道。

41

第二十四届冬季奥林匹克运动会于立春之日在北京开幕，开幕式倒计时仪式展示了我国的二十四节气，将我国传统文化与现代科技完美结合。北京冬奥让世人见证了中国智慧与中国力量。世界人民一起迎接一个难忘的冬奥盛会。

【41】句中画线词语拼音正确的一个是：

A 开幕（kāimù）　　　　　C 科技（gējì）

B 仪式（yísì）　　　　　　D 见证（jiànzhèn）

42～45

农历正月十五是我国的传统节日——元宵节。民间会舞龙舞狮庆祝佳节，以期__42__灾祸、祈求幸福。从唐代起，元宵节可张灯结彩，这使节日__43__更加浓厚。在这一天，人们还要吃元宵、猜灯谜。猜灯谜是我国特有的文字游戏，人们或把谜语写在灯笼外罩上，或做成条幅挂在绳子上，供大家来猜。元宵节过完，__44__着春节也就结束了。

如今，元宵节的__45__与古代相比已有了很大变化，但元宵节仍然是我国最重要的传统节日之一。

【42】文中__42__处应该填写的词语是：

A 消化

B 消除

C 消耗

D 消失

【44】文中__44__处应该填写的词语是：

A 说明

B 证明

C 意味

D 表示

【43】文中__43__处应该填写的词语是：

A 气氛

B 环境

C 景象

D 情绪

【45】文中__45__处应该填写的词语是：

A 风貌

B 风气

C 风俗

D 乡俗

46～49

我国的传统建筑自成一派，有自己的风格特点。首先，我国传统建筑以木头作为原材料，墙不__46__重量，只起隔断作用。木立柱坚实可靠，因此我国传统建筑抗震能力很强。同时，木结构也体现了我国古代劳动人民的__47__。将两个部件采用凹凸结合的方式连接，不用钉子仍然可以加固，被称为"榫卯"结构，主要用于传统建筑和家具。

其次，我国传统建筑采用庭院式布局，以间为__48__，通常是对称的，比如故宫。传统建筑的屋顶各式各样，色彩也__49__丰富。

【46】文中__46__处应该填写的词语是：

A 承受
B 承包
C 担当
D 担任

【48】文中__48__处应该填写的词语是：

A 长度
B 单位
C 质量
D 重量

【47】文中__47__处应该填写的词语是：

A 智力
B 聪明
C 智慧
D 明智

【49】文中__49__处应该填写的词语是：

A 极其
B 极力
C 极大
D 大幅

50～52

我国东部地区降雨量较多，中西部地区降雨量不足，为什么会出现这种情况呢？平原和丘陵遍布我国东部沿海地区，太平洋的水汽加上这样的地形，为东部地区带来了__50__的降雨。中西部地区离太平洋相对较远，太平洋的水汽不能到达，这是中西部地区降雨量少的原因之一。但是，中西部地区__51__印度洋，水汽理应丰富，为什么会不足呢？原来中西部地区和印度洋之间有一座喜马拉雅山，高大的山脉__52__了来自印度洋的水汽，因此印度洋的水汽无法到达我国中西部地区，这也是我国中西部地区降水量少的原因之一。

【50】文中__50__处应该填写的词语是：

A 富饶
B 丰富
C 广博
D 精深

【51】文中__51__处应该填写的词语是：

A 靠近
B 最近
C 附近
D 近处

【52】文中___52___处应该填写的词语是：

A 障碍

B 妨害

C 阻碍

D 阻力

53～55

彭超 6 岁时发生意外，失去了双臂，但他没有气馁，很快用脚__53__手，照顾自己的生活。读大学期间，因为喜欢诗词，他还参加了《中国诗词大会》，表现__54__。

考研究生是彭超一直以来的愿望，虽然是用脚写字，但他与其他人一样，在相同的时间内完成了研究生考试，之后又顺利通过了复试，最终被自己心仪的大学录取。

为方便彭超生活，学校把他的宿舍安排在一楼，可以刷脸进入，房间内开关设置得较低，可以用脚__55__。彭超非常感谢帮助他的老师和同学们，但他表示，脚就是他的手，他不需要受到特殊对待。彭超开朗的性格和坚韧的品格值得我们学习。

【53】文中___53___处应该填写的词语是：

A 指挥

B 代办

C 代替

D 更换

【54】文中___54___处应该填写的词语是：

A 优化

B 优胜

C 优异

D 优质

【55】文中___55___处应该填写的词语是：

A 控制

B 调动

C 安排

D 掌握

56～58

东晋诗人陶渊明曾担任县官，因不满官场__56__而归隐田园。之后陶渊明创作了大量的田园诗，这些诗为后人津津乐道，陶渊明也成为我国第一位田园诗人。

陶渊明被人称为"五柳先生"，因为他写过一篇文章《五柳先生传》。__57__文章中的五柳先生，大家不知道他的姓名，也不知道他是哪里人，因为他家旁边有五棵柳树，所以他被称为"五柳先生"。五柳先生不爱说话，为人随和，不喜功名，却很喜欢读书。五柳先生读书比较随性，不求读懂每一个字，纯粹是为了开心而读书，读到尽兴时会忘记吃饭。

陶渊明以"五柳先生"自比，他卓尔不群的高尚品格，以及在社会环境和教育的影响下形成的___58___，均通过五柳先生展现出来。他随和安逸的态度和五柳先生一样，值得我们学习。

【56】文中___56___处应该填写的词语是：

A 衰弱

B 腐败

C 失败

D 险恶

【58】文中___58___处应该填写的词语是：

A 个性

B 人性

C 天性

D 性质

【57】文中___57___处应该填写的词语是：

A 便于

B 由于

C 对于

D 关于

59～62

潮汐发生于沿海地区，是海水在太阳和月亮引潮力的作用下产生的周期运动。一般意义的潮汐指海洋潮汐，此外，潮汐还包括大气潮汐和固体潮汐。

海洋潮汐主要受月球影响。月球绕地球公转时与地球的距离不同会产生引力差，这是潮汐形成的主要原因。每月的农历初一、十五左右海洋潮汐现象最为显著。

发生在早上的涨潮称为潮，发生在晚上的涨潮称为汐。每日涨潮1～2次，涨潮过程和退潮过程都是约6.2小时，一涨一落一共约12.4小时。潮汐运动蕴藏着巨大的能量。潮汐能的大小不仅与水体大小有关，还与潮差高度有关。潮汐能的大小和海面的面积及潮差高度的平方成正比。

我国浙江的钱塘江大潮是世界三大著名潮汐之一。钱塘江口很有特点，形状像一个大喇叭，因此钱塘江涨潮时，一浪高过一浪，排山倒海的景象非常壮观。

【59】一般意义的潮汐是指：

A 海面潮汐

B 海洋潮汐

C 大气潮汐

D 固体潮汐

【60】关于潮汐，下列说法正确的是：

A 只有海洋潮汐

B 只受月球影响

C 是一种自然现象

D 大气潮汐最为显著

【61】潮汐能的大小与什么无关？

A 水体大小

B 海面面积

C 潮差高度

D 发生时间

【62】本文主要讲的是：

A 潮汐发生地

B 钱塘江大潮

C 如何利用潮汐

D 潮汐与潮汐能

63～65

中华人民共和国名誉主席宋庆龄是举世闻名的爱国主义、民主主义、国际主义、共产主义的伟大战士。

宋庆龄一生不脱离群众。她走遍全国各地，深入农村，关心人民群众，想人民之所想。她还致力于妇女解放事业，是我国妇女界杰出的领导人之一，曾担任全国妇联名誉主席。

宋庆龄十分关爱下一代的成长。她常常去福利院看望孩子，她认为对少年儿童的培养极其重要，因为少年儿童是祖国的未来。她曾亲自教孩子们认字，鼓励孩子们努力学习。她善于发现孩子们的特长，在她的鼓励和帮助下，有的孩子成了工程师，有的孩子成了作家。

宋庆龄非常喜爱小动物，她会给流浪的小动物提供食物和水，也会收养流浪的小动物。

在宋庆龄最后的岁月里，她仍然坚持出席活动，许多人都建议她休息，但她却认为这是她应该完成的工作。这位伟大的女性一生都在默默奉献，她的精神值得我们学习与铭记。

【63】宋庆龄是如何关爱下一代的？

A 请作家教孩子

B 去福利院看孩子

C 请工程师帮孩子

D 送小动物给孩子

【64】宋庆龄是如何对待小动物的？

A 收养流浪小动物

B 给小动物提供住所

C 把小动物送给孩子

D 经常陪小动物玩耍

【65】在宋庆龄最后的岁月里,她坚持做什么?

A 深入农村

B 办福利院

C 参加活动

D 陪伴孩子

66～69

一个从小刻苦练习武术的人不幸失去了自己的右臂,他非常痛苦,觉得自己没有办法再继续习武了。他的师父却告诉他仍然可以战胜对手。他对师父的话将信将疑,又认真地和师父练了一年,这一次师父只教了他一招。一年时间很快就过去了,师父说:"你可以下山去找人比赛了。"他感到难以置信,心虚地问师父:"我只练了一招,如何战胜别人?"师父笑着说:"你不试试怎么知道呢?"就这样,他下山去参加武术比赛了。

令他没想到的是,他轻松地战胜对手进入了决赛。决赛时的对手十分强大,他以为自己要输掉比赛了,但他突然明白了师父的良苦用心。他坚持比赛,最终赢得了胜利。

他兴奋地赶回山上告诉师父这个好消息,师父听后一点儿也不惊讶。他对师父说:"师父,我终于明白了,您教了我最厉害的一招。要对付这招,对方必须抓住我的右臂,可我并没有右臂,于是我的弱点便成了我的优势。"师父满意地点点头。

【66】那个练习武术的人从小:

A 没有右臂

B 非常痛苦

C 刻苦训练

D 没有自信

【67】练习武术的人受伤后,他的师父是怎么做的?

A 鼓励他

B 怀疑他

C 教了他很多大招

D 找其他人参加比赛

【68】师傅让他下山比赛的时候,他:

A 充满自信

B 十分骄傲

C 非常痛苦

D 没有信心

【69】本文主要想告诉我们:

A 自信使人强大

B 勤奋是成功之母

C 要敢于面对自己的弱点

D 勇敢的尝试是成功的一半

70～72

年糕是我国的传统美食，属于农历新年的应时食品。年糕是怎么来的呢？传说有一个怪物叫"年"，每到冬天，"年"就会出来伤害百姓。后来一个姓高的聪明人把粮食搓成条状放在门外，"年"食用后就走了。因为是姓高的人发明的食物，所以百姓管这种食物叫"年高"，谐音"年糕"。还有一种说法，"年糕"表示一年比一年高，也就是一年比一年过得好。春节当天，人们通常在早上吃年糕，表示"年年高"。

年糕食用方法多种多样，可以煮着吃，也可以炒着吃，还可以炸着吃。考古学家在 7000 年前的遗址中发现了年糕材料的种子，年糕在我国已经流传了 2000 多年，古人的文章中也有记载。

【70】根据本文，下列说法正确的是：

A "年"不吃年糕

B "年"只吃姓高的人

C "年"只能在冬天存活

D "年糕"的意思是年年高

【71】春节当天人们通常什么时候吃年糕？

A 早上

B 中午

C 晚上

D 凌晨

【72】关于年糕的吃法，本文没有提到：

A 生吃

B 煮着吃

C 炒着吃

D 炸着吃

73～76

有一位老奶奶一个人在乡下居住。有一天，几个小孩儿在老人的家门口练习吹喇叭，声音特别大。老奶奶忍了几天，实在无法忍受了，就建议孩子们换个地方练习，几个孩子不为所动。于是老奶奶跟孩子们说："如果你们每天来吹喇叭，我就给你们每个人 5 元钱。"孩子们不敢相信，第二天照常来练习，果然收到了老奶奶给的钱。过了一周，老奶奶说："我没有那么多钱可以给你们了，只能给你们 2 元了。"孩子们很伤心，但还是坚持来练习。又过了一星期，老奶奶说："我实在没钱给你们了，你们能不能继续来演奏？"孩子们非常生气，再也不来了。

老奶奶找到孩子们，耐心地问他们为什么不来了。孩子们突然明白了老奶奶的意思，感到羞愧难当。其实一开始他们就觉得打扰到了老奶奶，很过意不去，但因为老奶奶来干涉他们，他们觉得自己受到了威胁，所以才继续练习。孩子们真诚地向老奶奶道歉，老奶奶原谅了他们。

这个故事告诉我们，有时候换个方式处理问题，问题可能就会迎刃而解。

【73】根据第一段，下列说法正确的是：

A 老奶奶很孤独

B 老奶奶有很多钱

C 老奶奶喜欢听喇叭

D 老奶奶独居在乡下

【74】孩子们为什么不来了？

A 意识到了错误

B 不想吹喇叭了

C 老奶奶不给钱了

D 老奶奶给的钱少了

【75】孩子们突然明白了什么？

A 应该继续练习

B 老奶奶干涉他们

C 他们受到了威胁

D 他们打扰了老奶奶

【76】本文主要想说明：

A 如何吹喇叭

B 用钱鼓励孩子好

C 可以换个方式处理问题

D 老奶奶和孩子们的关系好

77～80

　　商场里一个老奶奶带着一个小男孩儿站在自动扶梯上。突然，老奶奶一不小心倒在了扶梯上，小男孩儿也被带倒了，情况十分危险。这时，靠近扶梯口的一家商店的两名工作人员没有任何犹豫，马上跑过去试图将祖孙二人救起。

　　这两名工作人员是姐妹，姐姐迅速抱起男孩儿，妹妹试图扶起老奶奶。费了九牛二虎之力，妹妹终于把老奶奶扶了起来。姐妹俩一边安抚他们，一边带他们去休息。确定老奶奶和小男孩儿没事后，她们才回到自己的店里。

　　大家纷纷称赞姐妹俩的行为。姐妹二人表示，她们救人完全是出于本能。实际上，姐妹俩在救人时都穿着高跟鞋，加上体重又轻，在救人时都受了伤。因为救人过于紧急，她们忘了按电梯的紧急制动按钮。老奶奶和家人都表示非常感谢姐妹二人。正是因为这些做好事不留名的好心人，我们的社会才更加和谐。

　　另外，也要提醒大家，每台扶梯都有三个紧急制动按钮，如果发生意外，马上去按紧急制动按钮，扶梯就会停下。乘坐扶梯时，我们也要注意安全。首先要注意扶梯的运行方向，把鞋带系好；其次，有大件行李的乘客应尽量使用升降客梯；最后，注意不要在扶梯上奔跑、打闹。

【77】小男孩儿怎么了？

A 没站稳

B 不听话

C 想救人

D 被带倒了

【78】关于姐妹俩，下列说法正确的是：

A 是工作人员

B 姐姐摔倒了

C 妹妹摔倒了

D 被带去休息了

【79】姐妹俩救人的方法有什么可以改进的？

　　A 请路人帮忙

　　B 不穿高跟鞋

　　C 把鞋带系好

　　D 按紧急制动按钮

【80】乘坐扶梯时，我们应该：

　　A 注意方向

　　B 不带行李

　　C 不穿高跟鞋

　　D 不穿有鞋带的鞋子

三、书面表达

（16题，45分钟）

第 一 部 分

（15题，10分钟）

说明： 81～90题，在每题的语句中有一个或两个空白处，题后有 **ABCD** 四个备选答案，其中只有一个可以放入空白处使语句表达通顺。请选出唯一恰当的答案，并在答题卡的相应字母上画一横道。

81. 无数次实验都失败了，＿＿＿＿这次还是没有成功，咱们＿＿＿＿彻底放弃吧。

　　A 只要……就……

　　B 不论……都……

　　C 如果……就……

　　D 即使……也……

82. 做任何事都要积极主动，＿＿＿＿坐在家里等待机会，＿＿＿＿主动出去寻找机会。

　　A 不是……就是……

　　B 不但……反而……

　　C 宁可……也不……

　　D 与其……不如……

83. 今天老师＿＿＿＿我们推荐了一本励志书，鼓励我们要像书中的主人公一样坚强。

　　A 对

　　B 给

　　C 被

　　D 凭

84. 如果家长对孩子照顾得过于精细，就会＿＿＿＿孩子失去学习独立的机会。

　　A 让

　　B 因

　　C 为

　　D 把

85. ＿＿＿＿＿＿＿，我的心里暖暖的。

    A 收到妈妈亲手寄来的她织的漂亮的围巾

    B 收到妈妈寄来的她亲手织的漂亮的围巾

    C 收到妈妈寄来的漂亮的她亲手织的围巾

    D 她收到妈妈寄来的亲手织的漂亮的围巾

86. 我想了半天也没想明白，＿＿＿＿＿＿＿。

    A 自己把身份证究竟是怎么弄丢的

    B 自己究竟把身份证是怎么弄丢的

    C 究竟自己是把身份证怎么弄丢的

    D 自己究竟是怎么把身份证弄丢的

87. 虽然都是古都，但到了南京，＿＿＿＿＿＿＿。

    A 会有还是不同于完全西安的感觉

    B 还是完全会有不同于西安的感觉

    C 还是会有完全不同于西安的感觉

    D 会有还是不同于完全西安的感觉

88. 因为下雨，＿＿＿＿＿＿＿，请同学们到体育馆集合。

    A 这节体育课临时改上在体育馆里

    B 体育课这节临时改上在体育馆里

    C 这节体育课临时改在体育馆里上

    D 体育课这节临时在体育馆里改上

89. 那年夏天，北京热得不得了，＿＿＿＿＿＿＿。

    A 是我有史以来遇到的北京最热的夏天

    B 是我遇到的北京有史以来最热的夏天

    C 是我遇到的北京最热的有史以来夏天

    D 北京有史以来是我遇到的最热的夏天

90. ＿＿＿＿＿＿＿，真叫人羡慕。

    A 昨天在电视台为她点了一首歌小王

    B 昨天小王在电视台为她点了一首歌

    C 昨天在电视台小王点了一首歌为她

    D 小王在电视台昨天为她点了一首歌

说明：91～95题，在这一部分里，每题的语句中有 **ABCD** 四个画线的词语，去掉其中某一个词语会使句子变成病句。请找出这个不能删去的词语，并在答题卡的相应字母上画一横道。

---

91. 各族人民应该像一个大家庭的成员一样，互相依存，互相爱护，互相尊重，谁也离不开谁。
    　　　　　　A　　　B　　　C　　　　　　　　　　　　　　　　　　　　D

92. 我爱天山上的雪莲，爱它能在寒霜冰雪里绽放，爱它的纯洁、朴素和坚贞。
    　A　　　　　　　　　　B　　C　　　　　　　　D

93. 在我的学生时代，我一刻都没有忘记过老师对我说过的那些话。
    　　A　　　　　　　　　　B　　　C　　　　　　　　　　D

94. 大家听他讲得很有道理，就接受了他的两条建议。
　　　　　A　B　　C　　　　　D

95. 你要经常为自己加油，为自己喝彩，在困难时咬紧牙关，再坚持一下。
　　　　　A　　　　　B　　　　C　　　　　　D

请接下去进入作文考试

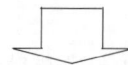

卷 II

书面表达第二部分

（作文，35分钟）

作文要求

1. 写作前认真阅读作文提示，按提示要求在规定的时间内写完。
2. 每个空格写一个字，书写要清楚工整；每个标点符号占一个或两个空格，标点符号使用要规范。
3. 作文中不得出现跟考生有关的校名、地名和真实姓名。
4. 保持卷面整洁，不得涂画损坏答卷。

作文提示：

　　从小到大你一定得到过别人的帮助，你也一定帮助过别人。在帮助别人的过程中，你会收获内心的满足与快乐。只要人人都献出一份爱，世界就会变得越来越美好。

作文要求：

　　请以"我助人，我快乐"为题，写一篇作文。请看清题目，接着文中给出的语句写下去。全文不得少于350字（不包括已给出的提示语句）。

							我	助	人	，	我	快	乐						
		每	个	人	都	是	社	会	的	一	员	，	每	个	人	都	有	可	能	遇	到	困	难	。
当	有	人	需	要	帮	助	时	，	我	们	伸	出	手	及	时	予	以	帮	助	，	我	们	自	己
也	会	感	到	快	乐	。													

◀100字

◀200字

300 字

400 字

500 字

600 字

MHK

模拟试卷（四）

（三级）

卷 I

注 意 事 项

一、MHK（三级）试卷分为卷 I 和卷 II 两部分：

  1. 卷 I 为客观选择题，每题都有四个供选择的答案，要求在答题卡上画出代表正确答案的字母，每题只能画一横道，如：[A] ■ [C] [D]。多画作废。

  请考生注意，卷 I 使用阅读机阅卷，答案必须用铅笔画在答题卡上，不能写在试卷 I 上。

  卷 I 包括三项内容，共 95 题。

  （1）听力理解（40 题，约 30 分钟）

  （2）阅读理解（40 题，45 分钟）

  （3）书面表达（15 题，10 分钟）

  2. 卷 II 为书面表达主观题（作文），35 分钟。内容用黑色钢笔或签字笔写在答题卡的方格内。

  全部考试时间约 120 分钟。

二、注意每部分试题的答题说明，严格按照说明的要求，在规定的时间内回答问题。

三、严格遵守考场规则，听从主考人员的指挥。考试结束后，必须把试卷和答题卡放在桌子上，等监考人员收回、清点后，才能离场。

一、听力理解

（40题，约30分钟）

扫一扫，听录音

第 一 部 分

说明：1～15题，这部分试题都是两个人的简短对话，第三个人根据对话提出一个问题，请你在四个备选答案中选出唯一恰当的答案。

例如：第8题，你听到：

第一个人说：……

第二个人说：……

第三个人问：……

你在试卷上看到四个答案：

A 衬衫　　**B** 毛衣　　**C** 裤子　　**D** 鞋子

根据对话，第8题唯一恰当的答案是 **C**，你应该在答题卡上找到号码 8，在字母 **C** 上画一横道。横道一定要画得粗一些，重一些。

［A］　　［B］　　■　　［D］

1. **A** 她花钱买的
   B 她从网上找的
   C 她有网站会员卡
   D 别人给她下载的

2. **A** 书店
   B 商场
   C 朋友家
   D 快递站

3. **A** 擦伤了
   B 骨折了
   C 肌肉劳损
   D 得了风湿病

4. **A** 短发漂亮
   B 长发麻烦
   C 头发长了
   D 脱发严重

5. **A** 羡慕
   B 佩服
   C 怀疑
   D 训斥

6. **A** 朋友
   B 网友
   C 邻居
   D 陌生人

7. A 没有化妆
   B 花粉过敏
   C 防紫外线
   D 眼泪较多

8. A 电视
   B 沙发
   C 电视柜
   D 皮大衣

9. A 书
   B 电脑
   C 游戏机
   D 记事本

10. A 打电话
    B 发短信
    C 发微信
    D 发邮件

11. A 她不参加考试
    B 她不想看电视
    C 她不想现在睡
    D 她总是睡不着

12. A 刚刚下雨了
    B 教室里没开灯
    C 男的不想开灯
    D 女的讨厌下雨

13. A 试题没做完
    B 试题太难了
    C 他考得很不好
    D 他不知道考得怎样

14. A 男的不想帮女的
    B 男的最近没空儿
    C 女的不想找别人
    D 女的有其他办法

15. A 打电话
    B 交作业
    C 写论文
    D 看电视

第 二 部 分

说明：16～40题，在这部分试题中，你将听到几段简要的对话或讲话。每段话之后，你将听到几个问题，请你在四个备选答案中选出唯一恰当的答案。

例如：第25～27题，你听到：

第一个人说：……

第二个人说：……

……

第三个人根据这段对话提出三个问题：

25．问：……

你在试卷上看到四个答案：

A 饭馆　　**B** 邮局　　**C** 商店　　**D** 路口

根据对话，第25题唯一恰当的答案是 **A**，你应该在答题卡上找到号码25，在字母 **A** 上画一横道。横道一定要画得粗一些，重一些。

25 ■　　［B］　　［C］　　［D］

你又听到：

……

27．问：……

你在试卷上看到四个答案：

A 寄信　　**B** 打电话　　**C** 取包裹　　**D** 买报纸

根据对话，第27题唯一恰当的答案是 **D**，你应该在答题卡上找到号码27，在字母 **D** 上画一横道。横道一定要画得粗一些，重一些。

27［A］　　［B］　　［C］　　■

如果是一段讲话，在播放完讲话后，提出几个问题。

16. **A** 火车卧铺
    B 宿舍环境
    C 宿舍床位
    D 宿舍卫生

17. **A** 下铺太矮
    B 下铺太吵
    C 私密性差
    D 在意卫生

18. A 换床位太麻烦
    B 上铺比较干净
    C 睡上铺会掉下来
    D 睡上铺容易做梦

19. A 身份
    B 习惯
    C 爱好
    D 时代

20. A 男人更在乎外表
    B 男人喜欢买手表
    C 男人喜欢研究名贵手表
    D 男人喜欢用手表凸显身份

21. A 应该戴手表
    B 手表有装饰作用
    C 手表能提升个人地位
    D 手表容易让人有时间观念

22. A 早餐机
    B 豆芽机
    C 电动牙刷
    D 扫地机器人

23. A 很喜欢
    B 很讨厌
    C 不信任
    D 感兴趣

24. A 喜欢感情用事
    B 总是喜新厌旧
    C 考虑事情不全面
    D 内心世界很丰富

25. A 多总结经验
    B 购物前多理性思考
    C 多听取别人的意见
    D 买回来的东西多使用

26. A 她非常优秀
    B 她性格很外向
    C 她是虚拟学生
    D 她学习非常努力

27. A 通读资料
    B 精读信息
    C 创造性地学习
    D 独立自主地学习

28. A 应用广泛
    B 沟通受限
    C 难以控制
    D 代替人类

29. A 饮食不规律
    B 蔬菜吃得少
    C 摄入糖分较少
    D 精致碳水吃得少

30. A 平和稳健
    B 焦虑易怒
    C 猜忌多疑
    D 胆小恐惧

31. A 用盘子吃饭
    B 保持血糖平稳
    C 养成良好的习惯
    D 吃自己喜欢的食物

32. A 主食

B 蛋白

C 杂豆

D 蔬菜

33. A 尽量在家吃饭

B 不在外面吃饭

C 尽量在外面吃饭

D 少做、少点、剩饭打包

34. A 很紧张

B 很从容

C 没面子

D 太浪费

35. A 剩菜不打包

B 垃圾不用分类

C 垃圾回收利用

D 用一次性塑料袋

36. A 节约资源

B 保护环境

C 健康卫生

D 绿色养生

37. A 将航天员送入太空

B 将航天员送上月球

C 将航天员接回地球

D 为航天员提供活动空间

38. A 很单一

B 很丰富

C 很麻烦

D 很新鲜

39. A 信号不稳定

B 只能语音通话

C 只能收发邮件

D 能够双向视频通话

40. A 操作系统

B 通信连接

C 生命保障系统

D 休闲娱乐设施

二、阅读理解

（40题，45分钟）

说明：41～80题，每段文字后都有几个问题，每个问题都有 **ABCD** 四个答案，请阅读后根据每道题的要求选出唯一恰当的答案，并在答题卡的相应字母上画一横道。

41

多国<u>颁布</u>法律确定每年的3月8日为国际妇女节,该节日是为了<u>庆祝</u>妇女做出的贡献和<u>成就</u>,该节日的设立也表示妇女的地位越来越受到<u>重视</u>。

【41】句中画线词语拼音正确的一个是:

A 颁布(bānbù)　　　　　C 成就(cénjiù)

B 庆祝(qìnzù)　　　　　D 重视(zòngshì)

42～44

广州位于我国南部,又称"花城"和"羊城",是著名的历史名城和旅游胜地。广州的茶文化和粤菜享有很高的__42__。在广州的餐馆里,人们可以一边品茶一边用餐。广州__43__的早茶文化将美食与品茶相结合,深受大家喜爱。众多的餐厅和茶馆使广州这座城市对游客更具吸引力。广州也是购物天堂,有各种各样的商场和步行街供市民和游客选择。广州人非常__44__,他们欢迎世界各地的游客到广州参观游玩。

【42】文中__42__处应该填写的词语是:

A 光荣

B 声誉

C 尊重

D 敬重

【44】文中__44__处应该填写的词语是:

A 客气

B 热情

C 热闹

D 亲密

【43】文中__43__处应该填写的词语是:

A 奇怪

B 格外

C 独特

D 尤其

45～47

"郑和下西洋"是我国明朝时期的历史事件。郑和原名马文和,他从小就很__45__,并且勤奋好学。郑和曾率领船队七次下西洋。那么问题来了,当时有那么多人,为什么郑和会被选中呢?首先,郑和具备军事能力;其次,皇帝非常信任他。事实证明,郑和不辱使命,圆满完成了任务。

郑和的船队规模非常庞大，有60多艘船，27000多人。他们最远曾到达非洲东岸、红海等地，__46__拜访了30多个国家和地区，促进了中外__47__的发展，加强了东西方文明的交流。

【45】文中__45__处应该填写的词语是：

A 聪明

B 英明

C 智力

D 智慧

【47】文中__47__处应该填写的词语是：

A 交换

B 贸易

C 营业

D 经营

【46】文中__46__处应该填写的词语是：

A 整体

B 总和

C 总共

D 所有

48～50

我国古典园林景色秀美，在再现大自然之美的同时，也体现了我国传统文化的柔情之美。古典园林分为皇家园林和私家园林两类。皇家园林豪华富贵，私家园林充满趣味；皇家园林气派典雅，私家园林景色优美。

我国古典园林__48__出自然之美，体现了人与自然的__49__统一。如此精巧绝美的园林是如何__50__的呢？从无到有的过程体现了建筑师的巧思。首先，建筑师利用景观将园林划分成不同区域，不同区域具有不同功能；其次，建筑师设计的人工山水能达到以假乱真的地步；最后，建筑师善于使用一些小技巧，比如隐藏一些景色，让人们通过游玩慢慢发现，或者利用我国传统书法和绘画来增加园林景致的诗情画意。

【48】文中__48__处应该填写的词语是：

A 发现

B 呈现

C 出现

D 实现

【49】文中__49__处应该填写的词语是：

A 和平

B 调和

C 配合

D 和谐

【50】文中__50__处应该填写的词语是：

A 改造

B 人造

C 建造

D 重建

51～54

春节是我国最重要的传统节日之一，已经有几千年的__51__了。人们__52__上把过春节叫"过年"或"过大年"。受中华文化的影响，世界上一些国家和地区也有过春节的习俗。

关于春节的风俗，主要有买年货、扫尘、贴春联等。同时，春节也是全家团圆的日子，不管在天南海北哪里，春节时人们都要想办法与家人团聚。从春节的前一晚开始，全家人就__53__在一起吃年夜饭，孩子们还会__54__长辈给的红包。春节当天，人们会穿上新衣服去亲朋好友家拜年，说着"过年好""恭喜发财"等吉祥话。直到正月十五，春节的活动才正式结束。

【51】文中__51__处应该填写的词语是：

A 经历

B 经过

C 历史

D 过程

【53】文中__53__处应该填写的词语是：

A 汇合

B 聚集

C 聚合

D 集会

【52】文中__52__处应该填写的词语是：

A 口头

B 嘴巴

C 传说

D 说话

【54】文中__54__处应该填写的词语是：

A 收回

B 收获

C 收到

D 收集

55～58

如果你的生活被各种物品__55__：衣柜里塞满了衣服，厨房里堆满了厨具，手机照片占满了空间，你还常常会感到心累，那么此时，你需要的是"极简主义"的生活。

"极简主义"是一种__56__思想，也是一种价值观和生活方式。"厉行勤俭节约，反对铺张浪费"是国家一直__57__的。现代人生活条件越来越好，人们反而容易在盲目追求物质的情况下迷失自己，在不需要的物品上花费过多的时间和金钱，从而忽略了真正需要的东西。实际上，最简单的往往是最合适的。

不仅物品，食物也是如此。现阶段，人们的温饱问题已经解决，但我们仍要节约粮食，反对__58__。如今，越来越多的人加入了"极简主义"的行列，物质上的极简让人们在精神上更加富足了。

【55】文中__55__处应该填写的词语是：
A 填满
B 充满
C 打扰
D 搅乱

【56】文中__56__处应该填写的词语是：
A 思维
B 存在
C 意识
D 哲学

【57】文中__57__处应该填写的词语是：
A 提出
B 提问
C 提倡
D 提起

【58】文中__58__处应该填写的词语是：
A 消费
B 浪费
C 收费
D 免费

59～62

人们发现，每当敌害来到白蚁的巢穴时，整群白蚁都会消失不见。昆虫学家通过研究得知，原来是担任哨兵的白蚁从远方发来敌情报告，用自己的头拍打洞穴墙壁，通知巢穴里的伙伴赶快逃跑。如今，动物学家也在探索如何通过声音信号揭开动物行为的奥秘。

动物的语言和人类的语言不同，人类的语言代表了思维活动，而动物的语言则比较简单而原始。一般来说，动物的发声方法众多，有听觉的动物都有发声器。从声音角度来说，有些声音可以作为信号。不同声音代表的意义不同：一种声音是用于同类个体之间交流的，具有生物学意义；另一种声音是动物进行其他活动时一起发出的，在生物学上没有任何意义。

动物的发声器官的结构和功能是进化和发展的，不是一成不变的。动物的发声器官发出的声音信号在波长、振幅和间隔上都有所不同，但有一个共同点，那就是大部分鸟类和部分哺乳动物发出的警报性声音是大音量的长音。

【59】动物进行其他活动时一起发出的声音代表什么？

A 传递信号

B 避免攻击

C 寻求食物

D 没有意义

【60】关于动物的语言，下列说法正确的是：

A 并不简单易懂

B 和人类语言不同

C 代表了思维活动

D 全都通过声音传达

【61】根据本文，下列说法正确的是：

A 动物的发声器官是一成不变的

B 动物发出的声音信号的波长都一样

C 大部分鸟类发出的警报性声音是长音

D 当敌害入侵白蚁洞穴时，白蚁来不及逃离

【62】本文主要讲的是：

A 动物的声音

B 白蚁如何逃跑

C 昆虫学家的工作

D 动物语言的特殊性

63～66

一个创作者如果总是高高在上，是创作不出好的作品的，即便是伟大的诗人也是如此。我们来看看唐代诗人白居易是如何成功创作出好的作品的。

白居易曾在杭州任刺史，他非常喜欢杭州的美景。闲暇时，他常去西湖欣赏美景，很多优美的诗就是在那时候写的。

一天，白居易作了一首诗，名叫《钱塘湖春行》，生动地描绘了西湖春天的美景。诗中描写了湖光春色，燕子、黄莺作为春天的使者，婉转地向人们播报着春天到来的喜讯。此时，一位老人正在听白居易吟诗，他便上前询问老人的意见。老人说："'我爱湖东行不足'不如改成'最爱湖东行不足'。不光是你，哪个人不爱这美丽的景色呢？"白居易一听，大呼绝妙，真诚地向老人道谢。通过旁人，老人也知道了作诗的人是大诗人白居易，他感到非常不好意思，白居易却说："您才是我的老师啊，改得太好了！"

白居易到杭州可不仅仅是为了欣赏西湖美景，在任期间，他为百姓办了很多好事，把杭州治理得非常好，因此他也受到了百姓的爱戴。

【63】白居易到杭州任职后，有什么表现？

A 心情不好

B 无心工作

C 忽视百姓

D 欣赏美景

【64】根据第三段，《钱塘湖春行》中不包括：

A 燕子

B 黄莺

C 老人

D 湖光春色

【65】根据本文,我们知道:

A 老人也会作诗

B 老人爱看美景

C 白居易很有才华

D 白居易重视百姓

【66】本文主要想说明:

A 西湖的风景很美

B 白居易的老师很好

C 如何创作好的作品

D 白居易的为官之道

67～69

有人会突然觉得胸闷,烦躁不安,吃不好,睡不香,医学上将这些情绪障碍称为"情绪病"。情绪病是一种非常普遍的心理疾病,生物学家对情绪病做出了解释。人体内存在多种调控情绪的激素,它们控制着人的喜怒哀乐,比如多巴胺是可以让人快乐的激素,梅拉多宁是会让人心情烦躁的激素。人体内还有各种细菌,包括有益菌、有害菌和中性菌。正常情况下,这些细菌对人的情绪没有影响,但如果过量,这些细菌就会对人的情绪产生重大影响,会毒害人的神经,影响人的情绪。比如过量的食品添加剂以及过量的蛋白质等,都会造成肠道细菌失调,从而阻碍抑制冲动的化学物质在人体内合成,导致人产生情绪病。

【67】多巴胺会让人:

A 开心

B 烦躁

C 伤心

D 沮丧

【68】人体内细菌过量会对人的情绪产生影响,是因为:

A 肠道细菌失调了

B 有害菌控制了大脑

C 梅拉多宁积累过多

D 阻碍了抑制冲动的化学物质的合成

【69】根据本文,下列说法正确的是:

A 激素都是让人快乐的

B 梅拉多宁是一种细菌

C 蛋白质摄入越多越好

D 人体细菌分为很多种类

70～73

今年4月,海南省海口市发生了惊心的一幕。因为下暴雨,路面积水猛涨,一个男孩儿没看清路不小心掉入河沟中。路过的人们不顾危险,纷纷施以援手,但大家屡次尝试后均以失败告终。

路人黄先生临危不乱,向大家借了一把长柄雨伞,最终用雨伞将男孩儿救出,但大家发现此时的男孩儿已经没有了呼吸。这时，一位老爷爷挺身而出，立即开始对男孩儿实施急救。这位爷爷不顾自己的年龄和身体，奋力抢救男孩儿，直到男孩儿被送上救护车，他才缓慢离开。

目前男孩儿已经脱离了危险。几经查找，原来施救的老爷爷姓周，今年已经70多岁了，是一名退休医生。周爷爷本来不想让大家知道他的名字，认为那是他应该做的事。40年前，周爷爷也曾救过溺水儿童，但孩子未能抢救成功，那件事让他心怀遗憾。这次能够成功救下男孩儿，他感到很欣慰。周爷爷表示，这是大家共同努力的结果。

像周爷爷、黄先生这样的热心市民随处可见。大家虽然彼此不认识，但遇到困难还是会互相帮助，这是中华民族的传统美德。

【70】海口市发生了什么？

A 交通事故
B 交通堵塞严重
C 有人掉入了河沟
D 有人与家人走散了

【71】谁把男孩儿从河沟中救了出来？

A 医生
B 交警
C 周爷爷
D 黄先生

【72】关于周爷爷，下列说法正确的是：

A 做好事不留名
B 之前也溺过水
C 目前在医院工作
D 抢救的儿童都康复了

【73】本文主要讲的是：

A 有困难要互相帮助
B 怎样避免掉进河沟
C 如何救助落水儿童
D 周爷爷的退休生活

74～76

65岁的赵奶奶是一名教师，退休后，她看到孙女经常玩儿魔方，便和孙女一起学了起来。刚开始，赵奶奶无论怎么学也学不会，但她没有放弃。经过长期的坚持和努力，赵奶奶的魔方玩儿得越来越好了。

赵奶奶学魔方绝不是一时冲动，她希望自己能做好这件事，给孙女当榜样。为了学习魔方，赵奶奶每天6点就起床去上课，笔记记了4本，公式背了几百个。赵奶奶认为办法总比困难多，只要勤学苦练，总能成功。终于，功夫不负有心人，赵奶奶成了世界上魔方盲拧速度最快纪录保持者。

赵奶奶用自己的成功告诉所有年轻人：做自己喜欢做的事，年龄不是借口，只要开始去做就不算晚。

【74】关于赵奶奶，下列说法正确的是：

A 现在还在教书

B 魔方玩儿得不好

C 每天教孙女玩儿魔方

D 每天 6 点起床学魔方

【75】赵奶奶为什么要学魔方？

A 一时冲动

B 头脑发热

C 孙女要求

D 想当榜样

【76】赵奶奶的成功告诉我们什么？

A 学习方法很重要

B 要趁早开始学习

C 只要肯做就不算晚

D 只做自己喜欢的事

77～80

社交恐惧症是恐惧症的一种，社交恐惧症患者由于害怕与外界接触，害怕在社交中产生不舒服的情绪，因而会表现出退缩的行为。研究表明，现在的年轻人中有 40% 的人认为自己有社交恐惧症。

社交恐惧症患者遇到熟人时总想要躲避，他们不愿意在公众场合说话，不想参加聚餐，尤其不想和陌生人聚餐，总想要自己独处。为了躲避不熟的人，他们甚至愿意多绕一段路。

专家指出，所谓的"社交恐惧症"可能只是年轻人逃避社交的借口，给自己贴上这样的标签后，就能避免一些社交活动。但如果这种情况影响了正常的生活和工作，就应该积极接受治疗。

社交恐惧症患者往往具有强烈的自我意识和荣誉感，害怕犯错、出丑，不擅长表达，尤其不愿在公众场合抛头露面。此时，如果可以给自己一些积极的心理暗示，就可以增强自信心。周围人不应该嘲笑、讽刺或忽略社交恐惧症患者，应多包容他们，多鼓励他们。

【77】下列哪一项属于社交恐惧症患者的行为？

A 参加演讲比赛

B 和陌生人交谈

C 不积极参加聚餐

D 经常与熟人打招

【78】社交恐惧症患者为什么要多绕一段路？

A 积极接受治疗

B 躲避不熟的人

C 逃避社交活动

D 避开拥堵路段

【79】如果患了社交恐惧症，应该怎么办？

    A 给自己贴标签

    B 避免一系列社交

    C 给自己积极的暗示

    D 不在公众场合抛头露面

【80】如果身边有社交恐惧症患者，你应该怎么做？

    A 包容他们

    B 忽略他们

    C 嘲笑他们

    D 讽刺他们

三、书面表达

（16题，45分钟）

第 一 部 分

（15题，10分钟）

说明：81～90题，在每题的语句中有一个或两个空白处，题后有 **ABCD** 四个备选答案，其中只有一个可以放入空白处使语句表达通顺。请选出唯一恰当的答案，并在答题卡的相应字母上画一横道。

81. 为了取得实质性进展，他_____不吃饭，_____要攻克这个难题。

    A 不光……也……

    B 倘若……就……

    C 宁可……也……

    D 只要……就……

82. 我得喝杯咖啡提提神，_____昨晚很晚才睡，_____感觉今天没什么精神。

    A 不是……就是……

    B 虽然……但是……

    C 不但……而且……

    D 因为……所以……

83. 我认为，这套丛书_____了解改革开放时期的中国很有帮助。

    A 让

    B 比

    C 向

    D 对

84. _____知道明年可以报名参军时，他无比开心，马上就拟订了一个锻炼身体的计划表。

    A 从

    B 当

    C 和

    D 据

85. 还没到上课时间，_____。
   A 老师走进教室了已经开始检查作业
   B 老师开始已经走进教室检查作业了
   C 老师已经走进教室开始检查作业了
   D 老师已经开始检查作业走进教室了

86. 美妙的音乐响起时，全场掌声雷动，_____！
   A 这是一首多么动听的乐曲啊
   B 这是多么动听的一首乐曲啊
   C 这是多么一首动听的乐曲啊
   D 多么动听的乐曲这是一首啊

87. 真是太令人遗憾了，_____。
   A 他连自己没料到也会是这样的结局
   B 连他自己也没料到会是这样的结局
   C 连他自己没料到会也是这样的结局
   D 他连自己也没料到会是这样的结局

88. 我上班快迟到了，_____。
   A 你赶紧找出来把孩子的衣服给他穿上
   B 你把孩子的衣服赶紧给他穿上找出来
   C 你赶紧把孩子的衣服找出来给他穿上
   D 你赶紧给他穿上把孩子的衣服找出来

89. _____，你们只能沿着这条路走。
   A 这是一条通向山里的唯一小路
   B 这是唯一一条通向山里的小路
   C 这是一条通向唯一山里的小路
   D 这是唯一通向山里的一条小路

90. 为了记住这篇演讲稿，_____。
   A 他今天早晨还在寝室里仔细地把它看了一遍
   B 在寝室里今天早晨他把它还仔细地看了一遍
   C 今天早晨他还仔细地把它在寝室里看了一遍
   D 在寝室里他今天早晨把它还仔细地看了一遍

说明：91～95题，在这一部分里，每题的语句中有 **ABCD** 四个画线的词语，去掉其中某一个词语会使句子变成病句。请找出这个不能删去的词语，并在答题卡的相应字母上画一横道。

91. 这<u>究竟</u>是巧合，还是两者<u>之间</u>存在<u>某种</u>必然的<u>联系</u>？
   　A　　　　　　B　　　C　　　　　D

92. 到了开课的那天，教室里前前后后都摆满了椅子，足足有 20 个老师和 40 个学生挤在一间
　　　　　　A　　　　　B　　　　　　　C　　　　　D
教室里。

93. 在科教战线上，应该重点关心知识分子，信任知识分子，充分发挥知识分子的重要作用。
　　　　　A　　　　　B　　　　　　　　　　　　　　C　　　　　　　　D

94. 一看到她走上舞台，大家便激动地鼓起掌来。她一连唱了四首歌，每一首都赢得了热烈的掌声。
　　A　　　　　　　　　B　　　　　　　　　　C　　　　　　　　　　D

95. 他住的是一套小两居，虽说面积有点儿小，但他收拾得干净整洁，显得那样安静舒适。
　　　A　　　　　　　　B　　　　　　　C　　　　　　　　　　　D

请接下去进入作文考试

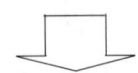

卷 II

书面表达第二部分

（作文，35分钟）

作文要求

1. 写作前认真阅读作文提示，按提示要求在规定的时间内写完。
2. 每个空格写一个字，书写要清楚工整；每个标点符号占一个或两个空格，标点符号使用要规范。
3. 作文中不得出现跟考生有关的校名、地名和真实姓名。
4. 保持卷面整洁，不得涂画损坏答卷。

作文提示：

人的一生会遇到各种各样的朋友，他（她）可能和你有一样的爱好，可能陪你度过了最艰难的时刻，可能影响了你的性格。

作文要求：

请以"我的朋友"为题，写一篇作文，全文不得少于350字。

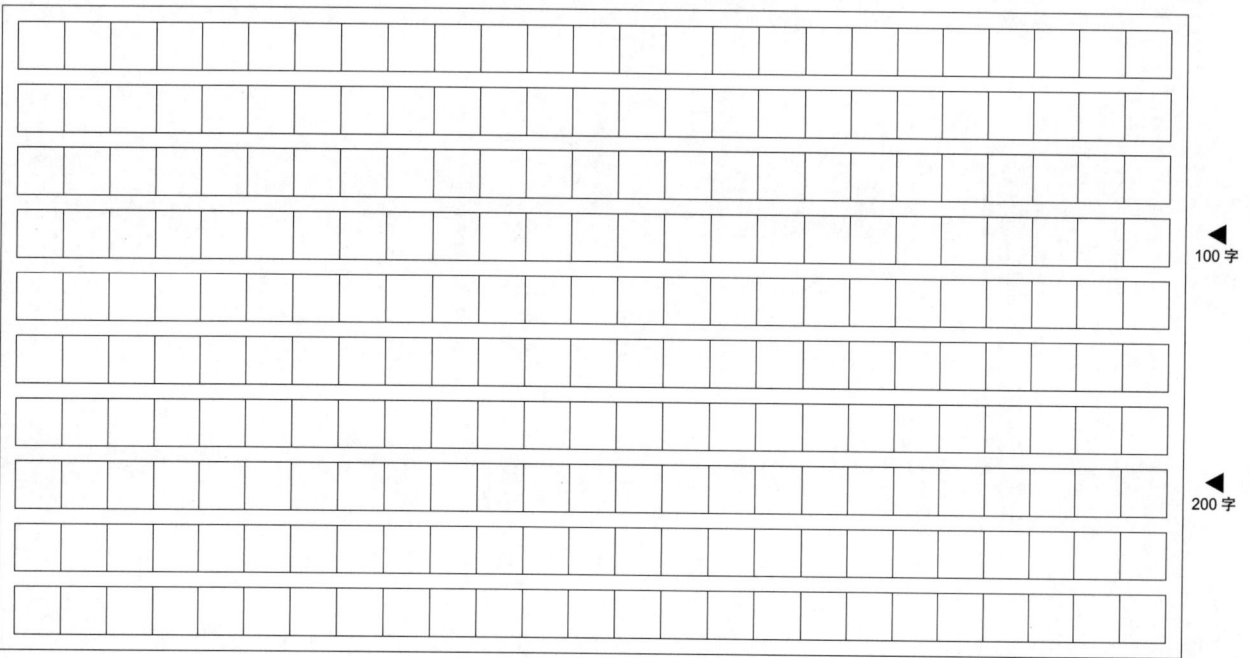

口试部分

第一单元　摸底检测

MHK

口试模拟试卷（一）

（三级）

一、朗读短文（准备60秒，朗读90秒）

过去几十年，中国经济取得了历史性成就，但也付出了一些代价。在经济高速发展的同时，环境污染问题越来越突出，人民群众要求改善环境的呼声也越来越强烈。人们意识到提高生活品质不能以牺牲环境为代价。经过长期实践，"绿水青山就是金山银山"的理念已深入人心，节约资源和保护环境也已经成为基本国策。无论是城市还是乡村，都开始实行最严格的环境保护制度，破坏环境的行为会受到法律惩处。人们有意识地保护环境，舒适的环境也给人以美的享受。建设美丽中国，坚持绿色发展之路，像对待生命一样对待生态环境，已经成为大多数人的自觉行动。

二、回答问题

问题1（准备30秒，回答30秒）：

　　经过长期实践，什么理念已深入人心？

问题2（准备2分钟，回答2分钟）：

　　你认为在环境保护方面，还应该制定哪些政策或采取哪些措施？

MHK
口试模拟试卷（二）
（三级）

一、朗读短文（准备60秒，朗读90秒）

刘奶奶今年已经75岁了。这天，她一个人去菜市场买菜，路上不小心跌倒了。此时，大学生王华正好路过，见刘奶奶倒在地上起不来，王华赶紧上前询问刘奶奶的伤势。刘奶奶对王华说："我没什么大问题，就是脚扭了一下，可以扶我一把吗？"王华慢慢地将刘奶奶扶了起来，随后又拨打了120。救护车很快就到了，医护人员将刘奶奶抬上担架。王华通知刘奶奶的家人后，也去了医院。到医院后，王华又跑前跑后照顾刘奶奶。当得知王华只是一个路人时，在场的人都被她助人为乐的精神打动了，纷纷为她点赞。刘奶奶的家人也很快赶到了医院，他们拉着王华的手不停地致谢。

二、回答问题

问题1（准备30秒，回答30秒）：

大家为什么要给王华点赞？

问题2（准备2分钟，回答2分钟）：

遇到老人摔倒，是否应该上前扶起来？有人认为应该扶起来，有人认为不应该，你的观点是什么？

第二单元 专项训练

答题指导

本部分共编制了三组练习,每组练习都包括"朗读短文"和"回答问题"两部分。

由于"回答问题"部分的问题1与"朗读短文"题在内容上有密切的联系,因而本部分练习并没有真正地"分项"。考生既可以按照练习的顺序逐一进行训练,也可以根据自己的实际情况,将问题2与其他两个部分分开来训练,即先完成三组练习中的"朗读短文"和问题1,然后再集中训练三组练习中的问题2。

考生在进行"朗读短文"训练时,一定不要一看到文章就开始读;应该先了解一下文章的大致内容,把文中较长的句子默读两遍,以确定停顿和重音的位置;接着浏览一下全文是否有自己认为比较难读的字词,确定其发音后,联系上下文推断它的意思。在这些准备工作做完后,再开始大声朗读。朗读时声音一定要洪亮、清晰。如果有条件的话,可以将自己的朗读声音录下来。完成"朗读短文"练习后,紧接着看问题1的题目。由于正式考试中考生回答问题1时是看不到朗读材料的,所以建议大家在练习问题1时,最好将朗读材料遮起来。最后,可以参看"朗读短文"的答案,根据停顿提示、难点分析等,再次朗读短文,进行巩固。问题2属于开放性问题,给出的参考答案不具有唯一性,希望能帮助大家理清答题思路、积累答题材料。

本部分练习可不对时间进行严格限制,考生可根据自身情况灵活调整。

第一组练习

一、朗读短文(准备60秒,朗读90秒)

我们每个人每天都会产生垃圾。应该怎样处理这些垃圾呢?以前,我们通常是把垃圾简单地堆放在一起,然后进行掩埋或焚烧,这会使空气、土壤、地下水等受到污染。因此需要进行垃圾分类,提高每一类垃圾的"纯度",争取将污染程度降到最低。此外,分门别类地处理垃圾,把有用的物资,如纸、塑料、玻璃等,从垃圾中分离出来,还可以变废为宝,物尽其用,有效提高垃圾的资源价值和经济价值。

为了改善人居环境,更好地循环利用资源,我国已经开始实施垃圾分类制度。通过宣传、指导,民众垃圾分类的意识和投放准确率均大幅提高。

二、回答问题

问题1（准备30秒，回答30秒）：

垃圾分类有什么意义？

问题2（准备2分钟，回答2分钟）：

你认为怎样才能做好垃圾分类工作？

第二组练习

一、朗读短文（准备60秒，朗读90秒）

古人云："书山有路勤为径，学海无涯苦作舟。"意思是说，一个人要想在读书学习上取得成就，就要勤奋刻苦。

王充是东汉人，他从小就爱读书。可是由于家里很穷，他根本没钱买书。有一天，他路过一家书店，进去后发现里边摆满了各种书。他拿起一本就读了起来，直到书店关门才依依不舍地离开。此后，无论是寒冷的冬季还是炎热的夏季，王充都会到书店读书。这家店的书读完了，他就去另一家店。王充热爱读书，但他并不死读书，而是一边读一边记笔记，遇到不懂的问题就向周围的人请教。多年的勤奋刻苦让王充有了丰富的知识积累，后来他写出了《论衡》这部重要的哲学著作，成了著名的思想家。

二、回答问题

问题1（准备30秒，回答30秒）：

王充采用什么样的方法读书？

问题2（准备2分钟，回答2分钟）：

你怎样理解"书山有路勤为径，学海无涯苦作舟"这句话？

第三组练习

一、朗读短文（准备60秒，朗读90秒）

俗话说，家有一老，如有一宝。世界上一些长寿地区生活着很多百岁老人。联合国曾规定，长寿地区的标准是每百万人口中有75位以上的百岁老人。那么，什么样的人会长寿？除遗传因素外，80%以上的长寿老人都有以下特点：体重适中，运动适度，睡眠质量高，心态乐观，生活环境无污染，等等。过去，人们认为活得越久越好；但现在，越来越多的人对长寿有了新的认识，认为没必要片面追求长命百岁，健康长寿才最重要。长寿不是单纯地活着，而是要活得有质量。一个人要活得健康，活得开心，就要多做对社会有益的事。

二、回答问题

问题1（准备30秒，回答30秒）：
　　联合国规定的长寿地区的标准是什么？

问题2（准备2分钟，回答2分钟）：
　　你认为长寿重要吗？请说说你的理由。

第三单元　提速训练

答题指导

本部分共编制了四组练习，每组练习都包括"朗读短文"和"回答问题"两部分。

本部分练习的目的是使考生熟悉口语考试每一部分试题的答题时间，建议考生严格按照正式考试的时间要求进行训练。无论是"朗读短文"还是"回答问题"，无论是准备环节还是回答环节，都要在规定的时间内完成，不要超出时间限制。

第一组练习

一、朗读短文（准备60秒，朗读90秒）

常言道，生命在于运动。不运动或运动不足时，人的免疫力会下降，进而导致疾病的发生。运动是健康的前提，可以让人时刻保持活力。但运动要讲究科学、适度，每个人的体质都不一样，我们要选择适合自己的运动方式，切不可盲目跟风。过度运动或运动方式不对，不仅起不到强身健体的作用，反而会影响健康。近些年的医学研究也证明，轻度和中度运动，例如慢跑、散步、打太极拳等，更有益于身心健康，不仅能增强心肺功能，还有利于消除疲劳，令人心情愉快、精神振奋。医生建议，每周跑步2～3次，同时再辅助一些轻度运动项目，就能达到强身健体的目的。

二、回答问题

问题1（准备30秒，回答30秒）：

多大强度的运动更有益于身心健康？

问题2（准备2分钟，回答2分钟）：

你怎样理解"生命在于运动"这句话？

第二组练习

一、朗读短文（准备60秒，朗读90秒）

华罗庚小时候家里并不富裕，父母开了间小杂货店，他每天都要到店里帮着算账。父亲见他聪明机灵，就把他送到学校读书。在学校，华罗庚对数学产生了浓厚的兴趣。老师看他很喜欢数学，就常常单独给他辅导。华罗庚每天放学回到家帮父母干完活儿后，顾不上吃饭就开始钻研数学，他常常学到后半夜也不休息。

初中毕业后，家里无力再供华罗庚念书，他只好辍（chuò）学了。但他仍坚持自学数学，即便后来因病导致左腿残疾，在贫病交加的情况下，他也没有放弃。经过多年努力，他在数学研究上取得了巨大成就，最终成为著名的数学大师。

二、回答问题

问题1（准备30秒，回答30秒）：

在学校，华罗庚对什么产生了浓厚的兴趣？

问题2（准备2分钟，回答2分钟）：

关于华罗庚的故事，你有什么感想？

第三组练习

一、朗读短文（准备60秒，朗读90秒）

司马光是我国古代著名的史学家。司马光小时候跟小伙伴们在院子里玩耍，一个调皮的小男孩儿爬到了一口水缸上，还没站稳就失足掉进了水缸里。小男孩儿被吓坏了，在水中拼命挣扎。这时，小伙伴们才发现有人掉进了水缸里。大家惊慌失措，胆小的孩子甚至被吓哭了，有的孩子赶紧跑去找大人。司马光灵机一动，从地上搬起一块大石头，使劲向水缸砸去。水缸被砸破，水涌了出来，小男孩儿也顺利得救。这时，大人们赶来了，看见掉进水缸的孩子已经脱离危险，纷纷称赞司马光是个机智勇敢的孩子。

二、回答问题

问题1（准备30秒，回答30秒）：

司马光是怎么把掉进水缸里的小男孩儿救出来的？

问题2（准备2分钟，回答2分钟）：

请结合自身经历，谈谈如何提高学习或工作效率。

第四组练习

一、朗读短文（准备60秒，朗读90秒）

调查显示，2018年全国儿童青少年总体近视率为53.6%，其中，6岁儿童近视率为14.5%。儿童青少年近视问题非常严峻，保护视力刻不容缓。

研究表明，除先天遗传因素外，用眼习惯不好也是导致近视的重要因素。如果长期在光线不足的环境下阅读，或用眼时间过长等，都会对视力造成不良影响。近年来，电子产品普及，一些孩子长时间使用电脑、手机等电子产品，进一步加剧了儿童青少年的近视率。

如今，全国各地都加大了保护视力、预防近视的宣传力度，一些学校延长了学生的体育锻炼时间，希望通过跑步、打球、做操等多种形式的户外运动，帮助学生放松眼睛，强身健体。

二、回答问题

问题1（准备30秒，回答30秒）：

除先天遗传因素外，什么是导致近视的重要因素？

问题2（准备2分钟，回答2分钟）：

沉迷于电子游戏有哪些危害？如何避免孩子沉迷于电子游戏？

第四单元　实战演练

MHK

口试模拟试卷（三）

（三级）

一、朗读短文（准备60秒，朗读90秒）

　　自20世纪60年代起，屠（tú）呦（yōu）呦就开始研究青蒿（hāo）素类抗疟（nüè）药。几十年来，她带领课题组整理历代医学典籍、民间方药，收集到2000余方药，并对其中200多种中药开展了实验研究。为了提取到青蒿素，她每天都泡在实验室反复实验，不断改进提取方法。历经380多次失败，她终于在1971年获得成功。青蒿素的发现，成功挽救了全球特别是发展中国家数百万人的生命。此后，她又对青蒿素不断改良，改良后的青蒿素进一步降低了疟疾患者的死亡率。鉴于屠呦呦对人类健康的巨大贡献，2015年10月，她被授予诺（nuò）贝尔医学奖。

二、回答问题

问题1（准备30秒，回答30秒）：
　　屠呦呦为什么每天都泡在实验室反复实验？

问题2（准备2分钟，回答2分钟）：
　　你怎样理解"失败是成功之母"这句话？

MHK
口试模拟试卷（四）
（三级）

一、朗读短文（准备60秒，朗读90秒）

　　她从出生那天起就听不到外界的声音，他从小和人说话就结巴，他小时候不幸得了脊（jǐ）髓（suǐ）灰质炎导致终生瘫痪……他们或天生不完美，或后天遭遇挫折，但他们最终都坦然接受了自己的不完美，直面困难，努力拼搏，最终成为身残志坚的舞蹈家、演说家、作家……

　　人生难免会遇到这样那样的困难。无论你的人生起点是怎样的，也无论你在人生旅途中遇到多大的困难，勇敢面对、永不放弃才是最好的选择。如果你选择怨天尤人，或直接放弃，那你便会在绝望中度过余生；如果你选择直面困难，迎接挑战，那你将会发现一个美丽的新世界。

二、回答问题

问题1（准备30秒，回答30秒）：

　　遇到挫折，怎样做才是最好的选择？

问题2（准备2分钟，回答2分钟）：

　　我们在生活中免不了会遇到挫折，你认为应该怎样面对挫折？

听力理解录音文本

第一单元 摸底检测

模拟试卷（一）

一、听力理解

第 一 部 分

1. 男：请问，您知道哪儿有超市吗？
   女：往前走，邮局附近新开了一家超市。
   问：男的在找什么？

2. 男：你是姐姐，应该多关心弟弟。
   女：可是他太淘气了，总是打扰我学习。
   问：女的是什么语气？

3. 男：你打算什么时候去哈尔滨旅游？
   女：现在没有时间，等放了寒假吧。
   问：女的打算什么时候去哈尔滨？

4. 男：明天的会议你来主持吧。
   女：您是领导，还是您主持比较合适。
   问：说话人是什么关系？

5. 男：你昨天怎么没来上课？
   女：我吃完早饭忽然感到头晕，然后就去医院了。
   问：女的为什么没去上课？

6. 男：同学们，大家下水前要先做做全身活动。
   女：老师，要在水池边活动吗？
   问：说话人在哪儿？

7. 男：小张，你没去参加演讲比赛吗？
   女：我也想去，可是没有那么多的名额。
   问：女的为什么没去参加演讲比赛？

8. 男：好了，雨停了。咱们继续打吧。
   女：要是有室内网球场就好了，不管什么天气都可以打。
   问：说话人在打什么球？

9. 男：这些年老王一直在照顾一位陌生的老人，帮忙买菜，送水。
   女：哦，是吗？老王是个不错的邻居啊。
   问：说话人在谈论什么？

10. 男：今天天气不错，咱们去公园走走吧。
    女：好啊，天终于晴了。前几天不是阴天就是雨天，让人心情都变差了。
    问：今天是什么天气？

11. 男：国庆节你去哪儿玩儿了？
    女：玩儿什么啊，到处都是人，还不如待在家里看看电视、睡睡觉。
    问：女的假期为什么没有出去玩儿？

12. 女：今天咱们出去吃点儿好吃的吧。
    男：外面的东西吃多了，对身体可不好。
    问：男的是什么意思？

13. 男：听说昨天小李和你吵架了，怎么回事？
    女：他昨天又迟到了，我说了他几句，他就不高兴了，和我吵了起来。
    问：小李为什么和女的吵架？

14. 男：天气预报说今天有阵雨，你应该带把伞出门的。
    女：怎么不早点儿说？害我淋了一身雨。
    问：女的是什么语气？

15. 男：我明天不去北京开会了，就留在家里给你过生日。
    女：真的？我这就打电话告诉妈妈。
    问：男的打算做什么？

第 二 部 分

16～18题是根据下面一段对话：

男：你一个人在外地工作，生活上有不少困难吧？

女：还可以，我从小就离开父母自己生活了，所以很适应。

男：为什么那么早离开家人呢？

女：我从初中起就开始住校了，我上的是寄宿制学校。

男：怪不得呢。那你的生活自理能力应该很强。

女：对，住校的时候都是自己管理自己的生活，比如洗衣服、收拾床铺什么的。

男：真了不起。你觉得这样的生活怎么样？

女：怎么说呢，有时候觉得很自由，有时候也很渴望待在父母身边，挺矛盾的。

16. 问：女的跟谁一起生活？

17. 问：女的上的什么学校？

18. 问：女的怎么看待自己目前的生活？

19～21题是根据下面一段对话：

男：你下午去哪儿了？怎么一直没见到你？

女：我中午有点儿头疼，去了趟医院。

男：怎么回事？做检查了吗？

女：没什么大事，就是有点儿中暑了。

男：今天的天气又热又闷，确实容易中暑。

女：我趁着中午休息的时间在外面跑了会儿步，跑着跑着就不舒服了。

男：太危险了，这样的天气不适合在外面跑步。

女：是的，医生也这样提醒我，建议我早晚跑步，避开中午时间。

男：那你好好休息，别忘了吃药。

女：好的，谢谢关心。对了，今晚我不能跟你们一起加班了，辛苦你们了。

19. 问：女的下午去哪儿了？

20. 问：女的怎么了？

21. 问：男的晚上要干什么？

22～25题是根据下面一段对话：

女：昨天晚上看排球比赛了吗？打得真精彩啊！

男：看了，我和我爱人都是排球迷，所以只要有排球比赛我就一定不会错过。

女：是吗？你们也经常打排球吗？

男：对，我们每周末都和朋友一起打排球，有时候还会进行小比赛呢。

女：你们真爱运动啊！我一到周末就想坐在电视机前看电视。

男：其实运动也是一种习惯，如果你经常运动，养成习惯就好了。

女：真的吗？那从下周起我也和朋友一起去运动运动。我也要养成爱运动的好习惯。

男：如果你对排球感兴趣，也可以加入我们啊。

女：我这水平可不行，而且我没那么大的力气，打不动。

男：你误会了，打排球不完全是靠力气，掌握技巧更重要。

22. 问：昨晚有什么比赛？

23. 问：男的周末做什么？

24. 问：女的为什么不去打球？

25. 问：男的认为打球什么更重要？

26～29题是根据下面一段话：

现在很多人的家里都养了猫，可是猫经常会出现呕吐的情况。遇到这一问题，你知道怎么处理吗？下面我们来了解一下。如果给猫吃的食物是变质的，猫吃后觉得不对劲就会马上吐出来，这种情况比较常见。如果猫吃得太多、太快，也容易因消化不良而呕吐。对于这种情况，建议先让猫禁食半天，并喂其一些消食片帮助调理肠胃。如果猫吃完东西后呕吐，吐出来的东西不是未消化的食物，而是一摊带泡沫的黄水，那么猫可能得了肠胃炎。最好的办法是先让猫好好休息，然后喂食一些吐力克，及时止呕护胃。如果猫频繁地舔毛，并且长时间没有将毛发通过肠道排出体外，就会引起肠道堵塞，导致猫出现呕吐的症状。此时主人可以观察猫的呕吐物中是否带有毛发，有的话就是毛球症在作怪。主人需要及时给猫喂食猫草或化毛膏，帮猫去除体内的毛球。

26. 问：猫经常出现的问题是什么？

27. 问：猫吃得太多、太快引起呕吐，应该怎么应对？

28. 问：猫吐出带泡沫的黄色液体，可能是什么原因？

29. 问：猫得了毛球症应该怎么办？

30～32题是根据下面一段话：

近年来，"桌面"消费大放异彩。大量功能和形态得到进一步创新的商品上市，消费者的需求得到满足。数据显示，2021年前4个月，桌面场景适用商品线上总成交额达25亿元，同比增长92%。其中，桌面加湿器、桌面养生杯、桌面冰箱等满足了办公场景下人们追求舒适感的需求；桌面音箱、桌面消毒柜等迷你电器满足了城市单身公寓场景下人们的生活需求。

从消费者的年龄来看，26～35岁的消费者买走了58%的桌面商品，是购买力最强的主力军。

从消费者的职业来看，城市白领买走了59%的桌面商品。从消费者的偏好来看，城市白领偏好桌面收纳品，学生偏好桌面摆件、桌面音箱，乡村用户偏好桌面支架、桌面饮水机。

30. 问：说话人提到的是什么商品？
31. 问：哪个年龄段的消费者是购买这种商品的主力军？
32. 问：对于这种商品，城市白领偏好什么？

33～36题是根据下面一段话：

　　近日，岚县西村一家公司的工人们正在将一个个菌棒打包装车。这批菌棒将发往国外，标志着岚县的食用菌棒正式踏上了出口的新征程。

　　岚县位于山西省西北部，气候偏凉，雨量充沛，为食用菌的培植提供了有利条件。为推动脱贫攻坚与乡村振兴有效衔接，该县因地制宜，合理规划，将食用菌作为调整产业结构、实现农民收入翻番的又一支柱产业。岚县西村的这家公司是一家集香菇和木耳种植、销售为一体的食用菌企业，被评为全国绿色原生态种植示范基地，菌棒年产量为1500万棒。目前，该公司已出口食用菌棒近18万棒，实现了企业发展与菇农致富的"双赢"。

33. 问：岚县出口什么产品？
34. 问：岚县的气候怎么样？
35. 问：说话人提到的公司一年生产多少菌棒？
36. 问：说话人提到的公司实现了谁和谁的"双赢"？

37～40题是根据下面一段话：

　　弓箭是我们熟悉的一种古代的武器。研究表明，旧石器时代晚期到新石器时代早期是人类最早使用弓箭的时期。1963年，我国考古工作者在朔州峙峪村某处旧石器时代晚期的遗址中发现了一批距今大约28000年的石镞。这是在我国境内发现的最早的有关弓箭的考古实物。由此可以证明，至少在28000年前，生活在我国的古人就已经开始使用弓箭狩猎了。

　　2008年，考古工作者在南非一处中石器时代的洞穴中发现了几个疑似骨质箭头的样本。该箭头的发现似乎可以把人类使用弓箭的历史追溯到61000年前。但遗憾的是，在洞穴中并没有发现弓的遗迹。随着人类在非洲大陆上的扩张以及工艺与材料的进步，短而细的弓变得粗而长，弓力也越来越大。至此，人类终于获得了一种高效的狩猎工具，并伴随着人类走出非洲，成为人类征服世界最重要的武器。

37. 问：弓箭属于什么？
38. 问：28000年前的古人用弓箭做什么？
39. 问：考古工作者在南非中石器时代的洞穴中发现了什么？
40. 问：弓的发展是怎样的？

模拟试卷（二）

一、听力理解

第 一 部 分

1. 男：我现在在学校门口等你呢，你到哪儿了？
   女：我马上就到，还有三站就下车。
   问：女的可能在哪儿？

2. 男：今晚就在公司附近的饭馆吃点儿吧，我想吃川菜了。
   女：那家川菜馆的菜又油又咸，还不如我做得好呢。
   问：女的是什么意思？

3. 男：谁都会遇到这样那样的挫折，这些都是暂时的，你要向前看。
   女：好的，谢谢你。
   问：女的怎么了？

4. 男：师傅，麻烦您开慢点儿，我妈妈晕车晕得厉害。越是坐小车晕得越厉害。
   女：好的，没问题，我开稳一点儿。
   问：说话人在哪儿？

5. 男：楼上的年轻人太过分了，每到周末就在房间里开派对。他们倒是玩儿得高兴了，像我们这样年纪的人晚上就睡不好了。
   女：是啊，我跟他们说过一次，他们当时答应得好好的，可是一到周末就忘了。
   问：说话人是什么语气？

6. 男：你每天晚上吃完饭都有什么娱乐活动啊？
   女：我没有时间搞娱乐活动。洗洗碗、收拾收拾厨房，再看看书，时间很快就过去了。
   问：女的晚饭后不会做什么？

7. 男：最近没见到你爱人啊，是不是又出差了？
   女：是，到年底了，他们公司特别忙，需要跟客户进行年终的沟通，所以他们公司很多人都到外地出差了。
   问：现在大概是几月份？

8. 男：那个商场的东西很不错，节假日打折打得很多，而且还会送礼品呢。
   女：是不错，尤其是春节的时候他们的促销活动很多，我经常在那儿购物。
   问：说话人在谈论什么？

9. 女：请问，买你们商场的电器有上门配送的服务吗？
   男：您放心，我们提供免费的送货和安装服务。
   问：男的可能是什么人？

10. 男：妈妈，我想参加学校的唱歌比赛，但我害怕落选。
    女：孩子，别担心，比赛的目的不是得奖，重在参与，发挥出自己的水平就行。
    问：女的是什么态度？

11. 男：最近我的眼睛不太好，看东西总是模模糊糊的，我想去配一副眼镜。你知道哪家店的眼镜比较好吗？
    女：学校对面的那家眼镜店就挺好的，款式很多，很漂亮，价格也不贵，拿着学生证去还能打折呢。
    问：关于学校对面的眼镜店，下列哪一项正确？

12. 男：我建议你还是报考南京大学吧。
    女：可我想报北京的大学，我不想离您和我妈太远。
    问：说话人是什么关系？

13. 男：抱歉，火车晚点了，我回来的路上发现商店都关门了，没给你买到生日礼物。
    女：什么礼物不礼物的，你能赶回来陪我过生日，我就很满足了。
    问：女的希望男的做什么？

14. 男：这件事就交给你来处理吧，希望你能办得让各方都满意。
    女：您放心吧，经理，我保证完成任务。
    问：关于女的，我们知道什么？

15. 男：你今天怎么又迟到了？不会是你的车又坏在半路上了吧？
    女：对不起，我昨晚加班到很晚才睡，今天早上没听到闹钟响。
    问：女的为什么迟到了？

第 二 部 分

16～18题是根据下面一段对话：

男：你喜欢看京剧吗？
女：说实话，我挺喜欢看的。
男：我感觉现在很多年轻人都不太喜欢看，你能喜欢真是太难得了。
女：京剧是我们的国粹啊。有的年轻人不爱看可能有很多原因吧。
男：什么原因呢？
女：比如说，如果没有字幕就很难听懂啊，对有的故事情节不太了解啊，从小没有接触过啊，等等。
男：你说得有道理，现在很多年轻人对我们的传统文化还是不太了解。
女：对，应该让孩子们从小学习我们国家优秀的传统文化，让他们从小就受到熏陶。

16. 问：男的认为现在的年轻人对京剧是什么态度？
17. 问：女的认为现在的年轻人不爱看京剧的原因是什么？
18. 问：女的对孩子们提出什么建议？

19～21题是根据下面一段对话：

男：我觉得现在年轻人的素质越来越高了，就拿在公交车上让座的事来说吧，很多人看到老人和孩子都能积极主动地让座。
女：我也经常能看到让座的人，这说明现在人们的文明素质都提高了。
男：对，以前是看见车来了大家都一起往上挤，现在都自觉排队了。
女：不仅是坐车的时候，在商场付款、在医院交费的时候也能自觉排队。
男：社会的进步依靠大家的共同努力。咱们老年人应该多向年轻人学习啊。

女：说得对，咱们也要发展，也要进步，不能总给别人添麻烦。

男：不仅不能添麻烦，还要发挥余热，为社会做点儿贡献。

女：你真是人老心不老啊！

19. 问：说话人在谈论什么？

20. 问：人们的什么行为体现了社会的进步？

21. 问：女的认为男的的心态怎么样？

22～25题是根据下面一段对话：

男：哎呀，外面又打雷了，看来今晚还要下雨啊。

女：应该还会下，俗话说"雷雨三过晌"。

男：什么意思？

女：就是说，雷阵雨的特点是连下三天。

男：今天就是第三天了，不知道明天还会不会下雨。

女：你可以关注一下天气预报。我每天早上睁眼第一件事就是看手机上的天气预报。

男：你这习惯不错，跟我妈妈一样，她每天最关注的就是天气。

女：你是说我已经老了吗？

男：别误会啊，我是在夸你呢。

女：我可没听出来你夸我，总觉得你在讽刺我。

男：你看你，怎么这么没自信呢。快帮我看看明天还下不下雨。

女：好吧，那我就相信你一次。

22. 问：今天晚上可能是什么天气？

23. 问：女的说雷阵雨的特点是什么？

24. 问：女的有什么习惯？

25. 问：女的相信男的什么？

26～28题是根据下面一段话：

夏天快到了，为什么紫竹院公园里的竹子还是枯黄的？紫竹院公园的科研人员分析，受低温影响，北京市的竹子普遍受到冻害。受冻后竹叶迅速失去水分，叶绿素被破坏，开春后，竹叶就出现了干枯发黄的状态。

结合专家意见，公园对现有生长状态良好的竹林进一步加强养护管理，保持景观效果。公园管理处介绍，目前，景观较差的竹林面积不超过公园竹林总面积的十分之一，受害的竹子的地上部分虽出现局部枯黄的情况，但地下的竹鞭大部分还处于存活状态。

科研人员介绍，这些竹子可以通过两种方式恢复生长。一是依靠竹鞭储存的大量营养为竹子提供新生力量；二是没有受到低温伤害的部分叶芽还可以继续萌发，生长出新的叶片。随着干黄叶的脱落、新笋萌发和新叶更新，竹林将逐步恢复到以前的景观。预计在今年6月下旬，随着雨季的到来，竹林将摆脱干黄的景观现象。

26. 问：紫竹院的竹子受什么影响出现了叶片枯黄的情况？

27. 问：竹子的哪一部分还处于存活状态？

28. 问：竹林什么时候能摆脱干黄的景观现象？

29～32题是根据下面一段话：

鸡血石与寿山石、青田石、巴林石并列，享有中国"四大国石"的美称，主要用作印章或工艺雕刻品的材料。因为其颜色像鸡血一样鲜红，所以被人们俗称为"鸡血石"。目前国内产鸡血石的地方较多，历史悠久的有浙江昌化、内蒙古巴林等。其中，浙江昌化玉岩山是最早发现鸡血石的地方，后来在内蒙古赤峰市巴林右旗也发现了鸡血石。20世纪90年代又在陕西、甘肃、四川、湖南、云南等地发现了鸡血石。

由于鸡血石的产量相当有限，所以市场价格日增不衰。关于鸡血石，还有一个故事。相传古代有一只名叫"乌狮"的鸟，它生性好斗。一天，它觅食时飞过玉岩山，见一凰正在孵蛋，顿生恶念，向其发起攻击，毫无准备的凰被咬断了腿。凤闻讯赶到，与凰一起战胜了乌狮。凤和凰虽然胜利了，但凰鲜血直流，染红了整个玉岩山，于是便有了光泽莹透如美玉的鸡血石。

29. 问：鸡血石是什么颜色的？

30. 问：最早发现的鸡血石在哪儿？

31. 问：为什么鸡血石的价格日增不衰？

32. 问：在关于鸡血石的传说中，哪只鸟比较好斗？

33～36题是根据下面一段话：

最近，李女士搬家整理东西时发现，家里两个孩子的学习用品实在是太多了，而且很多都没怎么用过。这并非个例。李女士身边的同事、朋友也都遇到过类似的情况。

过剩的物品，丢掉实在可惜。李女士想让孩子们看看还有没有能继续使用的物品，可是孩子们的选择却让李女士出乎意料。李女士认为可以继续使用的笔记本、继续看的书、继续穿的衣服，孩子们都直接一扔了之，毫不心疼。

"这些都是用钱买的啊，你们一点儿都不心疼吗？而且这些东西都还能用呢。"李女士说。大儿子的回答也很直接："这些是您要买的，又不是我想要的。我用不上，也不喜欢的东西，留多久我也不会用，跟花了多少钱和质量好不好没有关系。把它们放在我这儿才是浪费。"

李女士无奈，只好自己动手整理出一部分儿童读物，准备送给身边有小孩儿的朋友。结果，问了一圈，书也没送出去，因为家家户户都有过剩的物品。

33. 问：李女士最近在忙什么？

34. 问：李女士遇到了什么问题？

35. 问：李女士的孩子是怎样处理这些物品的？

36. 问：李女士为什么没有成功送出这些物品？

37～40题是根据下面一段话：

管仲和鲍叔牙是春秋时期的人，两人互相照顾，亲如手足。管仲与鲍叔牙合伙做生意，鲍叔牙出三分之二的本钱，赚了钱却只要三分之一。鲍叔牙的家人表示不满，叔牙却说："管仲家里穷嘛。"后来，管仲当了大官，带兵打仗，可是不敢身先士卒，打败仗的时候，他总是第一个逃走。人们讥笑管仲胆小如鼠，是个没有勇气的人。这时，鲍叔牙站出来说："管仲家里有年老的母亲需要他奉养，他并不是个怕死的人。"

管仲和鲍叔牙都是齐国人。齐国国君有两个儿子——公子纠和公子小白。管仲是公子纠的老师，鲍叔牙是公子小白的老师。后来两个公子为争夺国君之位互相残杀，公子纠被杀，公子小白即位。鲍叔牙立刻向小白推荐管仲，说管仲是一个有才干的人。小白采纳了鲍叔牙的建议，任命管仲为相。管仲整顿内政、开发资源、发展农业，很快就使齐国强盛了起来。

37. 问：管仲带兵打仗时，别人讥笑他什么？

38. 问：管仲被人讥笑时，鲍叔牙是什么态度？

39. 问：鲍叔牙为什么向小白推荐管仲？

40. 问：下列哪一项是管仲对齐国的贡献？

第二单元　专项训练

一、听力理解

第 一 部 分

• 第一组练习

1. 男：你也在这儿啊？你要寄什么东西？
   女：我给国外的朋友寄点儿书，快递费太贵了，邮局船运虽然慢，但价格合适。
   问：说话人在哪儿？

2. 男：买这么多水果，你一个人吃得完吗？
   女：这家水果店今天刚开业，买水果有优惠，满50送10元优惠券。
   问：女的为什么买那么多水果？

3. 男：小王，下周去广州的机票订好了吗？
   女：已经订好了，是中午的飞机，航班信息我一会儿就发给您。
   问：女的要给男的发什么？

4. 男：您好，这里能结账吗？
   女：可以。如果您不想排队，也可以到自助服务机那里结账。
   问：男的要做什么？

5. 男：您带深水证了吗，如果没有深水证，不能到深水区游泳。
   女：抱歉，我忘带了，那我还是去浅水区吧。
   问：说话人在哪儿？

6. 男：实在抱歉，刚才手机静音，我没听到你的电话。
   女：你呀你，没事儿干吗把手机调成静音呢，急死我了。
   问：女的是什么语气？

7. 男：今天的考试太难了，你觉得怎么样？
   女：你是咱们班的学霸，你都觉得难，我就别提了。
   问：说话人可能是什么关系？

8. 男：你这本杂志不错，在邮局还是报刊亭订的？
   女：这杂志我订了三年了，以前是在邮局订的，今年是在网上订的。
   问：女的今年在哪儿订的杂志？

9. 男：你也是今年毕业吗？工作单位找好了吗？
   女：我还没找呢，我今年大三，打算明年考研究生。
   问：女的明年有什么打算？

10. 男：你春节返乡的车票买好了吗？
    女：我今年不打算回家过年了，我要和朋友去旅游，已经跟公司请好假了。
    问：女的春节有什么打算？

11. 女：你这件毛衣不错啊，在哪儿买的？我也想给我爱人买一件。
    男：就在旁边的商场，正在换季促销呢，价格还挺优惠的，我给我爸也买了一件。
    问：女的想给谁买毛衣？

12. 男：你的字写得真漂亮，是从小就练习书法吗？
    女：谢谢您！我是从小受妈妈影响开始练书法的，我妈妈是一位书法老师，她要求我每天练习写字，慢慢地我就喜欢上书法了。
    问：女的小时候为什么练习书法？

13. 男：阿姨您好，我看您身体特别好，是每天都来这儿跳舞吗？
    女：是啊，只要天气好，我就跟朋友们来这个公园跳舞，已经跳了二十多年了。
    问：说话人在哪儿？

14. 男：王老师，你们班学生这次期末考试的成绩不错啊，各科的平均分都是年级第一，有什么管理班级的好方法也教教我呗。
    女：谢谢李老师，你们班也不错啊。我也没什么好方法，是学生们的学习积极性都很高，自律性很强。
    问：女的是什么语气？

15. 男：这个蛋糕真好吃，是你自己做的吗？
    女：真的吗？是我做的。我最近迷上了做西点，就尝试做了饼干、面包和蛋糕。
    问：女的最近迷上了什么？

第二组练习

1. 女：忙什么呢？我看你在那儿坐了一天了，是在上网看电影吗？
   男：我哪儿有时间看电影啊，下周就要考试了，我复习功课呢。
   问：男的在干什么？

2. 男：服务员，麻烦帮我拿一份菜单吧。
   女：您好先生，您扫码点餐就行，二维码在桌子右下角。
   问：男的在哪儿？

3. 男：请问，你们这里有变色的近视眼镜吗？我的眼镜摔坏了。
   女：有，您的眼睛多少度？我先给您验个光吧。
   问：男的在做什么？

4. 男：哇！你的字写得真漂亮，功底深厚啊。从什么时候开始学习的？
   女：谢谢您的夸奖。我从小学一年级就开始练书法了。
   问：男的是什么语气？

5. 女：上车的乘客请刷卡，坐稳扶好。哪位乘客方便给这位老人让一个座位？
   男：谢谢，我不坐了，我就一站，下一站我就下车了。
   问：男的为什么不需要座位？

6. 男：小王，明天我有事不能来上班，你能不能帮我把这些事儿处理一下？
   女：哎呀，实在不好意思，我明天要开一天的会。
   问：女的是什么态度？

7. 男：您好，这些书有折扣吗？我要多买几套。
   女：抱歉，这些都是新书，没有折扣。旁边的这些可以打折，有会员卡打9折。
   问：男的要买什么？

8. 男：去广场锻炼吗？今天有太极拳师父来指导。
   女：你先去吧，我收拾一下厨房再去，早上的碗还没洗呢。
   问：男的要去哪儿？

9. 男：你帮我把这些作业本放到我办公桌上吧。
   女：好的老师。不过这些本子太重了，我得再找个同学帮忙。
   问：说话人可能是什么关系？

10. 男：我好像吃坏肚子了，今天跑了好几次卫生间。
    女：你吃了什么？到了夏天一定要注意啊，不能吃剩饭剩菜。
    问：女的说夏天不能吃什么？

11. 男：明天就周末了，你有什么打算？有没有兴趣去游泳？附近开了一家游泳馆，水质特别好。
    女：我倒是很有兴趣，但我游得不太好，我只能蛙泳，还不太会换气。
    问：关于女的，我们可以知道什么？

12. 男：现在很多人在饮食方面会注重控糖，减少食物中糖分的摄入，但我觉得如果过度减糖，有时候对身体也不好。
    女：我也觉得凡事不能太过，我们的身体需要维持营养平衡，如果某种营养成分严重缺失，就会导致身体出现问题。
    问：女的对男的的观点是什么态度？

13. 男：好困啊，我昨晚又熬夜追剧了，本来下决心不再熬夜了，可是到了晚上就是不想睡觉。
    女：熬夜可不是什么好习惯，睡眠不足会导致大脑功能衰退，还会引起各种疾病。我也追剧，但是尽量十一点前睡觉。
    问：说话人在谈论什么话题？

14. 男：我最近又忙又累，真想好好放松一下，看看话剧，听听音乐会。
    女：我觉得爬山最放松了，不如咱们明天一起去爬山吧。
    问：女的认为怎样放松比较好？

15. 男：你多久给父母打一次电话？我好久才打一次，有时候不知道跟他们聊什么。
    女：我每天都跟父母联系，但不一定是打电话。我会和他们分享我遇到的新鲜有趣的事情，让他们放心。

问：女的为什么每天跟父母联系？

第三组练习

1. 男：你暑假有什么打算？还是跟去年一样，去餐厅打工吗？
   女：我今年暑假不去餐厅了，准备去一个培训机构当老师，锻炼一下自己讲课的能力。
   问：女的今年暑假要做什么？

2. 男：你的碗里怎么剩了那么多饭？这样可不行，太浪费粮食了。以后吃多少盛多少。
   女：对不起，爸爸，我以后一定注意。
   问：男的是什么语气？

3. 男：今天太闷热了，一点儿风都没有，像是要下大雨，晚上不能跑步了。
   女：天气预报说今天晚上有大到暴雨呢，学校已经通知明天停课一天，你明天的航班是不是也取消了？
   问：男的计划明天干什么？

4. 男：你觉得今天的菜怎么样？合你的胃口吗？
   女：特别好吃。看来你有当大厨的潜力啊，以后咱们周末就不出去吃饭了，你在家给我们做好吃的就行了。
   问：说话人在哪儿？

5. 男：你周末有时间吗？咱们班同学想聚一聚，这不是毕业五年了嘛。
   女：太好了，前几天我还跟班长说咱们该聚聚了。我有时间，咱们再问问老师们有没有时间吧。
   问：说话人可能是什么关系？

6. 男：你刚试的那条裙子挺漂亮的，质量也不错，怎么没买啊？
   女：是挺漂亮的，我也很喜欢，但是有点儿贵，还没有折扣。
   问：女的为什么没有买那条裙子？

7. 男：你整天戴着耳机，你的耳朵受得了吗？记得摘下来让耳朵休息一下。
   女：我习惯了，有时候就忘了耳机的存在。其实我也不是一直在听歌。
   问：男的劝女的做什么？

8. 男：我看你从来不喝瓶装水，总是自己带着水杯，真是一个好习惯。
   女：我这个习惯也是受朋友的影响，她说总喝瓶装水不太环保，而且喝白开水对身体好。
   问：女的有什么习惯？

9. 男：下周我朋友要过生日，我不知道送什么礼物合适，你能给我些建议吗？
   女：挑选礼物真的很头疼，说实话我也没什么建议，主要还是看你朋友喜欢什么，需要什么。
   问：女的是什么意思？

10. 男：下周的联欢会你要表演什么节目？我想弹一首钢琴曲。
    女：你会弹钢琴？太羡慕你了，我没什么才艺。小时候我妈让我学跳舞，可我没能坚持下来，现在想想真后悔啊。
    问：女的后悔什么？

11. 男：最近写东西太累了，腰酸背痛的，出去走走或许会舒服一些。
    女：难得你这么有闲心，我陪你一起去吧。
    问：说话人要去做什么？

12. 男：好久没回学校了，变化可真大啊。
    女：是啊，从前那条小路已经拓宽了，图书馆也翻修了。
    问：说话人在谈论什么？

13. 男：你下了班顺便买袋饺子粉吧。
    女：你要包饺子吗？吃速冻饺子呗，又快又方便。
    问：女的为什么要吃速冻饺子？

14. 男：这件事你有把握吗？不行就别做了，省得挨埋怨。
    女：没事，不试试怎么知道自己的真实水平呢。
    问：女的是什么态度？

15. 男：我家孩子最近不爱吃饭，不像你家孩子一点儿都不挑食，你有什么好办法吗？
    女：其实也没什么好方法，我建议你带孩子去检查检查身体。
    问：女的建议男的带孩子去哪里？

第 二 部 分

第一组练习

16～19题是根据下面一段对话：

男：妈，今天早饭吃什么？
女：有馒头、面包、鸡蛋。
男：喝的有什么？有汤吗？
女：你想喝的话我这就给你做，你喝鸡蛋汤还是豆腐汤？
男：算了，我不喝了，你还要赶着去上班呢，来不及做了。
女：没事，我今天不着急，上午见一个客户就行，下午再去公司。
男：那太好了，给我做一个豆腐汤吧，好久没喝了。
女：没问题，你抓紧时间洗漱吧。

16. 问：现在是什么时间？
17. 问：男的一开始为什么说不喝汤了？
18. 问：女的上午要干什么？
19. 问：男的想喝什么？

20～22题是根据下面一段对话：

男：你看天气预报了吗？明天是什么天气？
女：明天是阴天，局部地区有雨。
男：又是阴天，都好几天没见着太阳了。
女：是啊，今年的天气有点儿奇怪，快六月了，还有点儿凉。
男：中午还是比较热的，就是早晚凉一些。
女：所以每天穿衣服就麻烦了，穿少了早上冷，穿多了中午热。
男：那就带上一件薄外套，热的时候就当防晒服了。
女：我正好缺一件薄外套。明天周六，咱们去逛街吧。

20. 问：最近几天是什么天气？
21. 问：现在是几月份？
22. 问：女的认为什么事麻烦？

23～26题是根据下面一段对话：

男：你昨天去医院挂号了吗？

女：挂了，但是我没去医院。

男：那你怎么挂的？打电话吗？

女：爸，你现在真的落后了啊，现在挂号很方便，在手机上就可以操作。

男：我们老年人确实落后了，好多事情都跟不上时代发展的节奏了。

女：现在有了手机，什么都能做，比如买票、挂号、结账什么的。

男：怪不得你们年轻人整天离不开手机呢。

女：是啊，只要带上手机什么事都能办。

男：我们老年人也得学学，不然做什么都不方便，打车都不好打。

女：是的，如果不用网约车，线下打车是有点儿麻烦，我下次教您怎么叫网约车。

23. 问：说话人可能是什么关系？

24. 问：女的在哪儿挂的号？

25. 问：男的认为年轻人离不开手机的原因是什么？

26. 问：女的要教男的什么？

27～29题是根据下面一段话：

　　如果问你什么口味的薯片最好吃，每个人心中都会有不同的答案。如果问你喜欢吃袋装薯片还是罐装薯片，我猜你的答案大概率会是前者。在多数人眼里，袋装薯片比罐装的口感更脆，吃着更香，捏着也更薄。

　　同是薯片，为什么袋装的就要比罐装的好吃呢？实际上，你吃的罐装薯片都不是真正的薯片。通过对比配料表会发现，袋装薯片的主要配料是马铃薯，而罐装薯片的主要配料是马铃薯雪花全粉。为什么会有这样的区别呢？以马铃薯为主要配料的袋装薯片也被称为原切薯片，它是由新鲜的土豆直接切成薄片油炸而成的。罐装薯片以马铃薯雪花全粉为主要原料，经过与马铃薯淀粉、谷粉的混合，最后压制而成。在口感上，袋装的原切薯片似乎更胜一筹。如果一定要说出袋装薯片的一个缺点，那一定是它的包装过于占地方。

27. 问：哪种薯片可能更受人们喜爱？

28. 问：袋装薯片是以什么为原材料制成的？

29. 问：袋装薯片的缺点是什么？

30～32题是根据下面一段话：

　　多数人的生活状态是单调的，不外乎上下班、吃饭、睡觉等，单调的生活方式加剧了人们在生活中的需求，人们通过对需求的满足来达到放松的目的，这也是年轻人不断关注农贸市场、超市以及生鲜电商的重要原因。

和农贸市场相似的是大小型超市。大型超市都有一个共同点，那就是品类齐全，人们日常生活中用到的物品几乎都能在这里找到，而且老人、孩子都能在大型超市中随意选购。这种购物的便捷性、选择的广泛性也促使消费者走进超市，体验生活的慢节奏以及舒适感。

很多人逛超市的目标是某一件商品，但结账时却总会多出很多计划之外的物品，这就是逛超市的乐趣。大部分年轻消费者逛超市并不一定是为了满足对某一种物品的需求，"逛"这一过程反而是大多数人对生活的需求。因此超市的营收除了来自消费者的明确需求外，还有一部分来自消费者"闲逛"时产生的消费。

30. 问：人们逛超市的原因是什么？
31. 问：大型超市的共同点是什么？
32. 问：为什么消费者在超市会买很多计划之外的东西？

33～36题是根据下面一段话：

作为心理医生，我们经常会听到父母说孩子长大后很少和自己交流了，或者是孩子越大越叛逆，自己不知道该怎么管孩子了……其实，家长们有这样的困惑很正常。要想解决这样的问题，就需要家长和孩子共同成长。

要想做到共同成长，就意味着父母应该成为"学习型父母"。父母可以通过自我学习，借鉴别人的经验或总结自己与孩子相处的经验，随孩子的成长一起成长，这样就能成为更好的父母。

家长们学到的知识和经验不应该是一成不变的，应该在恰当的时候做出调整，比如孩子进入青春期后自我意识会逐渐增强，内心开始渴望自己被当作大人对待，如果父母此时还是像对待小孩子一样对待他们，孩子就会表现出反感情绪，结果就是家长感到孩子越大越叛逆，而孩子也觉得父母完全不理解自己。

因此，父母需要不断学习，并随着孩子成长状态的变化调整自己的教育理念和管理方法。

33. 问：家长遇到了什么问题？
34. 问：说话人建议家长怎么解决问题？
35. 问：孩子进入青春期会有什么变化？
36. 问：面对孩子的不断成长，父母应该怎么做？

37～40题是根据下面一段话：

随着年龄的增长，身体的新陈代谢会逐渐减慢，所以减脂训练越早开始越好。简单易学的爵士舞如今成为一种热门的减肥方式，它不仅可以减脂，还能改善体形，让全身的线条更加优美，因此成为减肥人士的首要选择。

爵士舞属于有氧运动，通过热身和动作组合，配合强劲的节拍、轻快的节奏，使肢体得到充分舒展，不知不觉间就能高效燃脂。爵士舞的动作简单、美观，不仅观赏性极强，还能够提升舞者的气质。与古典芭蕾舞和现代舞不同的是，爵士舞是一种急促而富有动感的节奏型舞蹈，属于外放型舞蹈。

37. 问：随着年龄的增长，身体会有什么变化？
38. 问：什么是减肥人士的首要选择？
39. 问：爵士舞为什么能减肥？
40. 问：爵士舞属于什么类型的舞蹈？

第二组练习

16～18题是根据下面一段对话：

男：你的感冒怎么样了？天气这么热，把空调打开吧？
女：没事，我的感冒跟吹空调没关系，你要是觉得热就打开吧。
男：风扇的风感觉更自然一些，开风扇是不是更好一些？吹空调对你还是不太好。
女：照你这么说，扇扇子不是更好吗？
男：你说得也没错，那我去拿扇子吧。
女：我和你开玩笑呢，你扇着扇子怎么吃饭啊？
男：这还不是小事一桩。我左手扇扇子，右手吃饭。
女：这也太难为你了。没事，我去开空调吧。说实话，我也觉得热得快受不了了。

16. 问：女的最近怎么了？
17. 问：男的最初要做什么？
18. 问：女的感觉怎么样？

19～21题是根据下面一段对话：

男：你要去哪儿？是去取快递吗？
女：对啊，你怎么知道？我本来是想去超市的，可我的快递是生鲜，不能放太久。
男：你每天都有很多快递，所以我猜你这次也是去取快递。你买了什么生鲜？
女：我买了海鲜，不过是冷冻的。
男：海鲜还能在网上买啊？现在的物流可真发达。
女：是的，物流非常快，还是冷链配送。

男：我都是在超市买，看来我也可以尝试一下在网上买生鲜。

女：现在买菜的软件和小程序很多，你要是需要的话我可以给你推荐。

男：那太好了，这方面我接触得少，我还要多向你请教呢。

女：当然没问题。

19. 问：女的要去做什么？

20. 问：女的买了什么？

21. 问：男的要向女的请教什么？

22～25题是根据下面一段对话：

男：女士优先，你们先点菜。

女：一说点菜我的压力就大。我就喜欢吃现成的，不喜欢做选择。

男：这有什么压力啊？想吃什么就点什么，不用顾虑那么多。

女：那我就先点几个素菜吧，剩下的你们点。

男：没问题，另外再点一些喝的吧。

女：天气这么冷，喝点儿热汤吧。如果想喝饮料你们自己选吧。

男：热汤就挺好的，饮料都含糖，喝完更渴。

女：好，菜点得差不多了，咱们也别点太多，吃不完太浪费。

男：没事，吃不完可以打包带走。

女：打包带回家味道就不太好了，回到家也没人爱吃，所以咱们还是在这儿吃完吧。

22. 问：说话人在哪儿？

23. 问：关于点菜，女的是什么看法？

24. 问：说话人打算喝什么？

25. 问：女的为什么不想打包剩菜？

26～28题是根据下面一段话：

古时候，有一家人祭祀完后，把一壶祭祀用的酒送给帮忙办事的人喝。但人多酒少，如果大家都喝是不够的，该怎么办呢？这时有人建议：每个人在地上画一条蛇，谁画得又快又好，就把这壶酒给谁喝。大家都认为这个方法好，都同意这样做。于是大家便在地上画起蛇来。

有个人画得很快，一转眼就画好了。他端起酒壶就要喝酒，但看到大家都还没画好，想显示显示自己的本领，便扬扬得意地说："你们画得好慢啊！我再给蛇画几只脚也不算晚呢。"于是，他左手提着酒壶，右手拿了一根树枝，给蛇画起脚来。

正在他一边画脚，一边说话的时候，另外一个人已经画好了。那个人把酒壶从他手里夺走，说："你见过蛇吗？蛇是没有脚的，你为什么要给它添上脚呢？所以第一个画好蛇的人不是你，而是我。"

那个人说罢就仰起头来，咕咚咕咚把酒喝了下去。

26. 问：这些人遇到了什么问题？

27. 问：为了解决问题，大家想到了什么办法？

28. 问：第一个画完的人为什么没有喝到酒？

29～32题是根据下面一段话：

俗话说，开门七件事：柴、米、油、盐、酱、醋、茶。每个人的生活都离不开这些基本的生活物资。但是，时代在变，如今的"开门七件事"已经变成了"气、米、油、盐、糖、醋、茶"。变化更大的是，过去我们因缺米少油而患病，如今我们因热量过剩而患病。

近四十年来，我国成年人平均每日食盐的摄入量高于推荐摄入量的两倍。与食盐摄入形成鲜明对比的是，我国成年人钾的摄入量仅为推荐摄入量的一半，甚至更少。几乎所有甜味食品中都含有大量甜味剂，一大勺果酱约含15克糖，一罐可乐约含37克糖，一个蛋卷冰激凌约含10克糖……如果不加注意，40克糖的数量限制非常容易突破。所以，如果能在家吃早饭，就尽量以清淡为主，早餐最好不用油，不加盐，不加糖。尤其要注意，尽量少吃各种腌制食品。

29. 问：人们现在因为什么而生病？

30. 问：近四十年来，人们饮食中摄入量较多的是什么？

31. 问：说话人提到的含糖量最高的是哪一项？

32. 问：说话人建议在家吃早餐要注意什么？

33～36题是根据下面一段话：

小满是二十四节气中的第八个节气，也是夏季的第二个节气。小满这一节气名来自古代人民对庄稼的观察，他们发现小麦等农作物在这个时候开始变得饱满，但又没有完全成熟，"有小满而非大满"，所以就有了"小满"这个节气。

小满这一天后，天气不断变热，我国大部分地区的平均气温高于22℃，炎炎夏日正式开始。除了气温的变化，降水量也会逐渐增多，所以民间会有"小满大满江河满"的说法。闷热、潮湿成为天气的主旋律。

小满时节皮肤病多发，这与湿邪有关。应注意避开潮湿环境，避免淋雨；衣物应选择透气性好、颜色较浅的材质；饮食方面可多吃红小豆、薏仁、绿豆、冬瓜、莲藕、山药等。此外，还要注意空调的使用要适度。

33. 问：小满是夏季的第几个节气？

34. 问：小满这一节气命名的依据是什么？

35. 问：小满时节天气有什么特点？
36. 问：小满节气容易引发什么病？

37～40题是根据下面一段话：

今年五一假期，国内出游人数达到2.3亿人次，同比增长119.7%。据测算，之后的端午假期将迎来今年第二个客流高峰时段，中短途动车仍为游客出行的首选。

以长三角地区为例，据铁路部门预计，端午小长假期间，长三角铁路发送旅客量将超过1280万人次，日均客发量在250万人次以上，超过前年同期水平。端午小长假期间，客发量与增开列车数有望创下历史同期新高。另外，铁路部门预计，长三角铁路整体客流走势将呈现"M"型的双高峰，客流以旅游、探亲等中短途客流为主。此外，以往的传统热门线路，今年端午假期的火车票销售依旧火爆。

37. 问：今年五一假期出游人数怎么样？
38. 问：今年端午节期间的出行会怎么样？
39. 问：今年端午小长假期间长三角地区的客流将以什么为主？
40. 问：说话人提到的出行交通方式是什么？

第三组练习

16～19题是根据下面一段对话：

男：最近我迷上了骑行，差不多每个周末都跟骑友们一起去骑自行车。
女：你这项运动真时尚啊，我早有这个愿望，但一直没有实现。
男：其实我也是犹豫了很久后才加入的，不过一旦开始就停不下来了。
女：你们一般都去什么地方呢？
男：郊区去得比较多，那边风景好，最重要的是路上人少车少，骑车很过瘾。
女：你们队伍的人多不多？男生多还是女生多？
男：目前我们有30多人，男生多一些，女生占三分之一吧。
女：那我能不能申请加入你们的队伍啊？
男：非常欢迎。不过你得先锻炼一下体能，不能这么快就去骑比较长的路线。
女：好的，那请你多多指教了。我先去买一套装备。

16. 问：男的最近迷上了什么？
17. 问：男的选择去郊区最重要的原因是什么？
18. 问：男的建议女的先做什么？

19. 问：女的接下来可能要做什么？

20～22题是根据下面一段对话：

  男：你最近追什么电视剧呢？给我推荐一下呗。

  女：我好久没看电视剧了，感觉没那么多时间。

  男：你忙什么呢？连追剧的时间都没有了。

  女：我也不知道在忙什么，就是感觉整块的时间不太多。

  男：你是不是被手机"绑架"了？

  女：好像是，我一有时间就不由自主地拿起手机看一看，看着看着一两个小时就过去了。

  男：我也是这样，看手机占据了我大部分的时间，我也好久没看完一整本书了。

  女：感觉现在人们不爱出门吃饭，不爱社交，读书时间少等多少和手机有点儿关系。

  男：既然咱们都意识到了，就试着改变一下吧，拯救一下自己。

  女：你用"拯救"这个词我觉得很贴切，我也觉得自己应该做出一些改变了。

20. 问：男的让女的推荐什么？

21. 问：女的为什么没有时间追剧？

22. 问：女的对男的说的话是什么态度？

23～26题是根据下面一段对话：

  男：这个周末咱们去看一下家具吧，把家里好好布置一下。

  女：好啊，正好我也有这个打算。

  男：我觉得应该买一个大一点儿的书柜，我的书太多了，那个小书柜已经放不下了。

  女：没问题，要不咱们把客厅改成书房吧，不要放电视了。

  男：我同意你的想法，反正咱们也不怎么看电视，有时间多阅读比较好。

  女：你买书柜，那我再买一个衣柜吧，我有很多衣服都没地方放了。

  男：你不是说要断舍离，不再买新衣服了吗？

  女：我说不买新衣服的话你也相信？

  男：我还真信了，不过我也支持你买衣柜，不仅能放衣服，还能收纳很多东西。

  女：好，那就这么定了，想想还有什么需要添置的东西吧。

  男：孩子的房间需要加一个柜子，她的玩具都没地方放了。

  女：她的玩具确实太多了，有些不玩儿的咱就送人吧。

23. 问：说话人周末要做什么？

24. 问：说话人为什么要把客厅改成书房？

25. 问：男的为什么支持女的买衣柜？
26. 问：女人为什么要把孩子的玩具送人？

27～29题是根据下面一段话：

　　战国时期有一个楚国人喜爱剑术，总是随身佩带一把宝剑。一天，他乘船过江时，不小心把宝剑掉到了江里。见他盯着剑掉下去的地方发呆，旁边的人劝他赶紧跳到江里去捞，他却笑着摇摇头，镇定地说："别着急，我自有办法。"只见他用一把小刀在船舷上刻了一个深深的记号，并且自言自语道："我的剑就是从这里掉下去的。"等船靠岸后，那个楚国人才站起身，从他刚才做记号的地方跳入水中。他在水中找来找去，怎么也找不到那把剑，于是浮出水面抚摸着船边的记号说："我的剑明明是从这里掉下去的，怎么找不到了呢？"

　　刻个记号便于打捞宝剑，原本并没有错，可是把记号刻在移动的船上，那岂不等于没有记号吗？这个故事讽刺了那些思想僵化、看不到事物发展变化的人。

27. 问：宝剑落水后，楚国人是什么反应？
28. 问：楚国人是怎么找他的宝剑的？
29. 问：这个故事告诉了我们什么道理？

30～32题是根据下面一段话：

　　近年来，"盲盒"成功激活了青年潮玩市场。盲盒，顾名思义，就是一个看不见里面东西的盒子，里面装有不同样式的物品，比如文具、手办等。消费者随意挑选并购买，其中包含着一种他人馈赠的惊喜。在这一过程中，不难看出人们的好奇心及收藏欲。

　　成年人喜欢开盲盒，未成年人也是如此。据报道，文具类盲盒和玩具手办类盲盒颇受孩子们欢迎。与成年人相比，未成年人没有固定的经济收入，开盲盒只能由父母等长辈来买单。如果同学间出现大量的文具类盲盒，特别是稀有产品，心智尚未成熟的未成年人出于攀比心理，要求家长购买盲盒的现象或许会频频发生，从而导致未成年人非理性消费。

30. 问："盲盒"是怎样的东西？
31. 问：盲盒受欢迎的原因是什么？
32. 问：未成年人购买盲盒有什么隐患？

33～36题是根据下面一段话：

　　海珠湿地位于广州市海珠区东南部，是城市鸟类重要的庇护所，这里水网密布，水生植物丰富，是很多水鸟和候鸟的栖息地。作为城市生态的守护者，海珠湿地犹如一块巨大的海绵，可收纳约200万立方米雨水，调蓄面积达50平方公里，使海珠区东南部内涝现象大大缓解。同时，海珠湿地又像一个水质净化器。由于湿地内39条河涌与珠江相通，这有效净化了珠江水质。海珠湿地还是城市的大氧吧，湿地周边PM2.5平均浓度为25微克/立方米，比广州全市平均水平低20%左右，有效缓解了城市的热岛效应。

33. 问：水鸟和候鸟的栖息地是哪里？

34. 问：为什么说海珠湿地像水质净化器？

35. 问：海珠湿地作为城市氧吧有什么作用？

36. 问：说话人主要介绍了海珠湿地几方面的作用？

37～40题是根据下面一段话：

　　碳是石油、煤炭、木材等由碳元素构成的自然资源。碳耗越多，产生的二氧化碳也越多，从而导致气候逐渐变暖。如今，气候变化已成为人类面临的全球性问题，全球气候变暖影响着人们的生活方式。在此背景下，我国提出了碳达峰和碳中和目标。

　　碳达峰是指在某一个时点，二氧化碳的排放达到峰值不再增长，然后逐步下降。碳达峰是二氧化碳排放量由增转降的历史拐点，标志着碳排放和经济发展实现脱钩。针对排放的二氧化碳，我们要采取植树、节能减排等措施将其全部抵消掉，这就是碳中和。

37. 问：导致全球气候变暖的元凶是什么？

38. 问：碳达峰是什么意思？

39. 问：碳中和是什么意思？

40. 问：下列哪一项能减少二氧化碳？

第三单元 提速训练

一、听力理解

• 第一组练习

第 一 部 分

1. 男：明天去博物馆的门票预订好了吗？
   女：你怎么什么事都靠我？你这个当爸爸的不能操点儿心吗？
   问：说话人可能是什么关系？

2. 女：碰到左邻右舍的老人，你怎么连最起码的礼貌都没有呢？至少打个招呼吧。
   男：您怎么一直说我？我这不是有急事吗？下次一定注意。
   问：男的对女的是什么态度？

3. 男：他那个人啊，就是太较真儿，不管什么事都要做得最好。
   女：那叫追求完美，你就应该向人家老张学习学习。
   问：女的对老张是什么态度？

4. 女：你多吃点儿青菜，可以补充维生素。
   男：我觉得青菜没有肉有味道，所以不喜欢吃，哪怕吃点儿蘑菇也行啊。
   问：男的爱吃什么？

5. 男：我老家都是丘陵，你老家属于什么地形？
   女：我们那里是平原，没有那么多山。
   问：女的的家乡属于什么地形？

6. 男：这款产品主要面向高收入的年轻女士，所以广告一定要有针对性。
   女：好的，经理，我们一定会根据产品及面向对象来设计广告。
   问：说话人是从事什么行业的？

7. 男：你们店主要卖什么商品啊？有玩具吗？
   女：我们这儿主要卖化妆品和日用品，旁边的店里有玩具，您可以去看看。
   问：说话人在哪儿？

8. 男：你看天气预报了吗？今天的气温是多少度？
   女：最高气温是15度，最低是零下3度，温差挺大的。
   问：今天的气温怎么样？

9. 男：昨天后半夜下雨了，你知道吗？雷声还挺大的。
   女：我睡得比较沉，不知道下雨了。早上起来才发现雨下得很大。
   问：女的为什么不知道昨晚下雨了？

10. 男：你昨天听的讲座是有关什么内容的？学术的，美容的，还是理财的？
    女：都不是，是有关个人先进事迹的报告。
    问：女的听了什么讲座？

11. 男：他们俩已经谈了五年了，可是上个月因为小事吵架分手了。
    女：是吗？太可惜了，我记得他们都谈到结婚的事情了。
    问：女的对什么事感到可惜？

12. 男：你新买的房子装修得怎么样了？
    女：差不多快好了，等我买好地板砖就可以铺地板了。
    问：女的最近准备做什么？

13. 女：你看这鱼挺新鲜的，咱们买一条晚上炖鱼汤，怎么样？
    男：中午不是吃过烤鱼了吗？晚上吃点儿别的吧。
    问：说话人在哪儿？

14. 男：现在人们的生活水平提高了，很多家庭都有私家车了。
    女：车是多了，可是其他的问题也出来了。你看现在下班时间多堵啊，所以我尽量不买车。
    问：关于买车，女的是什么态度？

15. 男：这件衣服你穿挺好看的，还打六折呢，你怎么不买呢？
    女：我今天忘带手机了，身上的现金也不够。
    问：女的为什么不买那件衣服？

第 二 部 分

16～18题是根据下面一段对话：

男：小王，你喜欢吃奶制品吗？我买了一款新奶酪，给你一份尝尝。

女：你也爱吃奶制品吗？那咱俩是志同道合啊。

男：那太好了，这个奶酪你一定要尝尝，保准你吃了还想吃。

女：不错，真好吃。你在哪儿买的？我也想买点儿。

男：我是在直播平台买的，我把链接发给你。

女：好的，谢谢。没想到你也开始在直播平台买东西了。

男：我可是一个追赶潮流的人。现在直播带货这么火，买东西很方便的。

女：现在直播带货真的太火了，不过咱们也得擦亮眼睛，辨别真假。

16. 问：男的给女的推荐了什么？

17. 问：男的在哪儿买的东西？

18. 问：女的觉得直播带货怎么样？

19～21题是根据下面一段对话：

男：张姐，您了解保险吗？能不能给我普及一些保险的知识啊？

女：说实话，我对保险也不是很了解，也就只买过汽车保险。

男：昨天我有个同学给我介绍了各种保险，好像保险成了必需品。

女：怎么说呢，我个人觉得还是要根据自己的情况而定。有些保险还是可以考虑购买的。

男：对，我同学也说应该买一些必备的，比如意外险什么的。

女：另外，现在理财型的保险也很多，有的可以作为理财产品购买。

男：是的，现在保险的种类特别多，不是专业人士很难搞清楚。

女：所以说专业的事交给专业的人来做，我觉得你还是多问问你同学比较好。

男：我觉得一方面要听别人的建议，另一方面也得自己多钻研。

女：那是一定的啊，不管做什么事都要有自己的主见。

19. 问：男的向女的请教关于什么的问题？

20. 问：对于男的请教的问题，女的是什么观点？

21. 问：女的认为应该怎样决定一件事？

22～25题是根据下面一段对话：

男：你这是在做什么呢？搞这么多虫子。

女：我在制作昆虫标本呢。

男：你好厉害，这么专业的事都会做。

女：其实这也没有你想象的那么难，网上有很多视频，可以学习的。

男：这些虫子是你自己捉的吗？

女：我本来打算自己捉的，但是一直没找到合适的虫子。

男：你早点儿跟我说啊，我可以帮你找，我捉虫子特别拿手。

女：真不知道你还有这一手，下次一定找你帮忙。

男：那你的虫子是从哪儿弄来的？

女：我从网上买的，花了好多钱呢。

男：你可真舍得投资啊。

女：那当然，你不是也特别舍得买游戏装备吗？

男：你又取笑我。

22. 问：女的在做什么？

23. 问：女的从哪儿弄到的虫子？

24. 问：女的的消费观念是怎样的？

25. 问：女的认为男的喜欢做什么事？

26~28题是根据下面一段话：

最近几天的降雨缓解了高温天气，但给出行和麦收带来了一定影响。截至6月13日下午5时，全省小麦已收3308.3万亩，占应收面积的近55.3%。对于鲁中、鲁西北及半岛等地尚未收获的冬小麦，专家建议晴天后在植株上晾晒一下再收获。专家指出，小麦植株水分蒸发还是比较快的，需要用半天或一天的时间将籽粒的含水量降到适宜的程度。通常情况下，小麦收获时，土壤耕层是非常干燥的，如果不浇地，即使播种了，玉米也不会发芽，所以说这场雨对夏种来说是一场及时雨。

26. 问：专家对还未收获的冬小麦有什么建议？

27. 问：说话人提到全省已收小麦的占比是多少？

28. 问：最近的降雨对什么有好处？

29~32题是根据下面一段话：

随着春节长假的结束，国内航空、酒店市场开始步入淡季。广州飞北京、上海、杭州、郑州、南京、海口等航线的机票价格应声而下，最低折扣达1.5折，而海口、桂林等旅游城市的酒店价格也迅速回落，最高降幅超过五成。依赖于商务客的北京、上海等城市，由于节中酒店价格基本没有上浮，因此节后表现相当平稳。

此外，由于出行人数减少，机票价格下调，春节黄金周后期的各出境游产品报价从2月9日起陆续下调。与往年节后冷清的咨询局面相比，目前出境长线游的预订趋向火爆。2月底至3月底发团的线路吸引了不少市民的目光。

29. 问：现在大概是什么时间？

30. 问：机票的价格发生了什么变化？

31. 问：在北京、上海，依赖于商务客的酒店的价格有什么变化？

32. 问：目前哪方面的出游线路比较火爆？

33～36题是根据下面一段话：

春节是我国的传统节日，关于如何庆祝这个节日，在千百年的历史发展中逐渐形成了一些风俗习惯，还有许多相传至今。其一，扫尘。"腊月二十四，掸尘扫房子。"按民间的说法，"灰尘"的"尘"与"陈旧"的"陈"谐音，新春扫尘有"除陈布新"的含义，其用意是要把一切穷运、晦气统统扫出门。其二，贴春联。春联以工整、对偶、简洁、精巧的文字描绘时代背景，抒发美好愿望。每逢春节，无论城市还是农村，家家户户都要精选一副大红春联贴于门上，为节日增加喜庆气氛。其三，贴窗花和倒贴"福"字。在民间，人们还喜欢在窗户上贴上各种剪纸——窗花。一些人家要在屋门上、墙壁上、门楣上贴上大大小小的"福"字。有些场合，人们将"福"字倒过来贴，表示"幸福已到""福气已到"。其四，贴年画。年画是我国古老的民间艺术，反映了人们朴素的风俗和信仰，寄托着人们对未来的希望。浓墨重彩的年画给千家万户平添了许多兴旺欢乐的喜庆气氛。

33. 问：说话人主要介绍了春节的什么？

34. 问：按照习俗，要在什么时候扫房子？

35. 问："福"字为什么要倒着贴？

36. 问：贴年画的寓意是什么？

37～40题是根据下面一段话：

一位父亲和他7岁的儿子整理花园时，发现了一块埋在土中的大石头。父亲觉得这是一次教育儿子的好机会，于是他让儿子自己把石头挖出来。

儿子挖了半天，那石头还是纹丝不动。儿子灵机一动，在石头的旁边挖出一个小坑，还找来一根木棍斜放入坑中。木棍一端在儿子手中，另一端直抵石头底部。只见儿子用力压着手中的木棍，想把石头撬出来，但石头仍一点儿也没动。父亲明知儿子力气小，撬不动石头，但还是耐心地让儿子再想想办法。这一次，儿子用尽了全身力气，小脸都憋得通红，仍旧没有撬动石头。儿子大喘着气，无奈地坐在地上。父亲微笑着问道："你确定想尽办法了吗？"儿子点了点头。这时，父亲温柔地拉起儿子的小手说："不，儿子，你还没有想尽办法。我就在你旁边，可你没有让我帮忙。"

37. 问：父子俩正在做什么？

38. 问：父亲让儿子挖石头，儿子是怎么做的？

39. 问：父亲对儿子的态度是怎样的？

40. 问：父亲想告诉儿子什么道理？

第二组练习

第 一 部 分

1. 男：咱儿子这次考试又得第一了，你打算怎么表扬他？
   女：我答应给他买他最想要的那本书。
   问：说话人可能是什么关系？

2. 男：你看，现在已经有春天的样子了，河边的柳树都发芽了。
   女：是啊，去年这个时候还下了一场大雪呢，现在气候变得越来越暖和了。
   问：说话人在谈论什么？

3. 男：昨天买了一些水果和蔬菜，送到爸妈家了，他们俩精神头儿还不错。
   女：我爸那本小说看完了吗？看完了我还得给他买本新的。
   问：女的要给爸爸买什么？

4. 男：过路口的时候一定要左右看看，特别是不要抢红灯，那样很危险。
   女：我知道了，爸。您都说过一千遍了，我又不是小孩子了。
   问：女的是什么语气？

5. 男：丽丽，我问你一个小问题。你知道什么动物最有毅力吗？
   女：这个问题我知道。是骆驼，它可以很多天不喝水，它的驼峰储存着很多能量呢。
   问：说话人在谈论什么？

6. 男：你这周末有时间吗？咱们一起去爬山吧。
   女：这个周末不是国庆节假期调班吗？我们正常工作，你们不上班吗？
   问：女的这个周末要做什么？

7. 男：今天开车太堵了，我差点儿迟到。你怎么来的？
   女：我本来想坐公交车，后来查了一下路况发现很堵，就骑了电动车。
   问：女的是怎么去上班的？

8. 男：我说的那件事你准备什么时候给我答复啊？
   女：我再考虑考虑，过几天答复你。
   问：女的准备什么时候答复男的？

9. 男：王老师，感谢您这么多年来对我们的关心和帮助。
   女：看到你们能顺利毕业，老师也很高兴，欢迎以后常到我家来。
   问：说话人在哪儿？

10. 男：马上就是春节了，又到了春运高峰期，不过比起以前的一票难求，现在的情况好多了，回家过年没有那么难了。
    女：确实好多了，不仅高铁车次多了，而且提前买机票还能买到打折票呢。
    问：说话人在谈论什么？

11. 女：快点儿起来把房间整理一下，一会儿要来客人了。
    男：怎么大周末的来客人啊？我还想多睡一会儿呢。
    问：男的是什么意思？

12. 女：你怎么不想着好好上班，总是想做什么生意呢？
    男：做生意才能赚大钱啊，要不我们什么时候才能住上自己的房子啊？
    问：关于男的，我们知道什么？

13. 男：我今天做了你最爱吃的西红柿炒鸡蛋。
    女：怎么突然想起来做饭了？真是太阳从西边出来了。
    问：关于男的，我们知道什么？

14. 男：你就原谅我这一次吧，我下次再也不会说假话了。
    女：不管你说什么，我都不会相信你了。
    问：女的是什么意思？

15. 男：您好，请问去北海公园吗？
    女：可以，上来吧。
    问：女的是做什么的？

第 二 部 分

16～18题是根据下面一段对话：

男：小张，你是南方人吧？你一个南方人怎么这么喜欢吃面食？
女：是的，我是广东人，但我妈是北方人，所以我家的饮食习惯是南北融合的。
男：原来是这样。很多南方人来北方后都不太适应这边的饮食习惯。
女：是的，我南方的朋友常跟我说北方菜的口味比较重，但我觉得很好吃。
男：你的适应能力真强。
女：我经常跟我妈回老家，所以北方的饮食、气候、风土人情我都非常习惯。
男：我就不适应南方的气候，夏天太潮湿，冬天还没有暖气。
女：北方人确实受不了南方的潮湿阴冷，我来到北方特别喜欢冬天有暖气的感觉。
男：不过南方的美食确实很诱人，每次出差去南方我都吃不够。

16. 问：女的是哪里人？
17. 问：男的对南方的什么不习惯？
18. 问：男的喜欢南方的什么？

19～21题是根据下面一段对话：

男：昨天我看见你取了报纸，你家现在还在订报纸吗？
女：是啊，我家年年订报纸。
男：现在订报纸的人可不多了，你们家很特别啊。
女：我们家老人有订报纸的传统，所以一直在坚持订。
男：原来是有老人看报纸啊，那倒是可以理解。
女：我们全家都爱看报纸，我也觉得看报纸比看手机新闻更好。
男：为什么这么说呢？
女：一方面是能营造阅读氛围，另一方面，读报纸不像看手机那么容易上瘾。
男：你说得对，家里有阅读氛围对小孩子的影响很好，否则大人看手机，孩子也跟着玩儿手机。
女：的确是这样，所以我们家的大人每天都尽可能地少看手机，多读报纸。

19. 问：女的的家人每年坚持做什么？
20. 问：女的说家里什么人看报纸？
21. 问：男的认为家里的什么氛围对小孩儿好？

22～25题是根据下面一段对话：

男：你每天中午都自己带饭啊，可真勤快。是早上起来做的吗？

女：对，是早上起来做的，因为我既不想去食堂，也不想点外卖。

男：那你得几点起床啊？我早上可起不来，总想赖床。

女：我习惯了，一直都是早睡早起。

男：你早上做饭要花多长时间？

女：其实很快，头一天晚上用电饭锅预约好煮饭，把洗好的菜放在保鲜袋里，切好肉，早上起来直接炒菜，煮个鸡蛋就可以了。

男：我真佩服你的行动力，我宁可不吃早饭，也不想早起。

女：我从小就被我妈要求好好吃饭，所以现在比较注重饮食。

男：阿姨的要求太对了，确实应该注意饮食。比起你来，我的生活习惯太不好了。

女：习惯是可以改变的，你如果想改变，可以尝试一下。

男：我的坏习惯不少呢，熬夜、睡懒觉、不吃早饭，我都没信心改变了。

女：当你拥有健康的时候不珍惜，哪一天身体不舒服了，你就会着急了。

男：说得对，上周我去体检，医生还提醒我好好吃饭呢。那我从明天起早起吃早饭。

22. 问：女的的午饭怎么解决？
23. 问：女的比较注重什么？
24. 问：下列哪一项不是男的的习惯？
25. 问：男的为什么下决心改变生活习惯？

26～29题是根据下面一段话：

近期，一群野生亚洲象从西双版纳国家级自然保护区一路北移，受到广泛关注。为实时掌握象群情况、保证人象安全，野象监测预警团队、专家团队和沿线干部群众围绕北移象群，展开了一场保护接力。经验对野象监测预警工作非常重要。属地政府根据象群移动的方向，早早赶赴上一个点学习处置经验。

除了有一头象离群10天，位于象群的东偏北方向外，15头象均在监测范围内，整体平稳，人象平安。从对亚洲象一无所知，到意识到亚洲象的危险性，属地村民迅速学习并运用防范手段，保护了人身安全。

26. 问：野生象群在向哪个方向移动？
27. 问：什么对野象监测预警工作很重要？
28. 问：野生象群的移动情况如何？
29. 问：属地村民是怎样对待野生象群的？

30～32 题是根据下面一段话：

　　端午的起源有很多种说法。关于端午祝福是该说"快乐"还是"安康"，还曾引发过不小的讨论。这看似一个小小的言语之争，背后其实是民众对节日精髓、传统面目的探寻，是希望能还原端午节的文化意蕴。而这些文化意蕴中，纪念屈原是接受度最广的。人们纪念屈原，当然不只是因为他的艺术造诣，更是因为他伟大的灵魂和深沉的爱国之情。我们每过一次端午，就是对这种精神的致敬，也是对我们自身精神世界的一次锤炼与雕琢。

　　对于很多人来说，端午节是个小长假，但对于医务工作者、社区工作人员、客运工作者、环卫工人等许许多多奋战在一线岗位的人来说，端午节依然要保持"战斗"的节奏。正是因为他们的默默坚守和负重前行，我们才能安康地过端午。他们的付出，是对家国情怀的诠释，值得全社会感念。在端午节之际，别忘了对他们道一声"辛苦"，希望他们也能够安康顺遂。

30. 问：人们讨论端午祝福说"快乐"还是"安康"的原因是什么？
31. 问：人们纪念屈原的深层原因是什么？
32. 问：说话人认为端午节奋斗在一线的工作人员具有什么精神？

33～36 题是根据下面一段话：

　　俗话说："民以食为天。"日常生活中每个人都离不开吃饭这件事。南方人平常吃得最多的主食自然是米饭。人们早在距今 7000 年的长江下游的河姆渡遗址中就发现了稻米存在的证据，由此可见，大米由来已久。米饭是我们赖以生存的果腹之物。如果家里没米了，就应了那句"巧妇难为无米之炊"的老话，没有米饭，即使是厨艺再好的妇女也做不出饭来。大米之所以会成为我们的主食，主要是因为它营养价值高。其中，碳水化合物高达 75%；蛋白质、淀粉、脂肪、维生素等物质都有利于人体健康；纤维素和可溶性糖与淀粉相结合，极易被人体消化吸收。大米具有热量低、饱腹感强、营养全面等多种优点，因此，大米才会成为我们的主食。

33. 问：人们发现稻米存在的证据说明了什么？
34. 问："巧妇难为无米之炊"是什么意思？
35. 问：大米中什么含量最高？
36. 问：下列哪一项不是大米的优点？

37～40题是根据下面一段话：

海龟素有"活化石"之称，是全球性濒危物种，是我国一级野生保护动物，与国宝熊猫是同一级别。目前我国野外产卵的绿海龟每年最多不足50只。

海龟上岸产卵对产卵场沙滩的温度、湿度、沙质、环境噪声及光照强度都有严格要求。今年4月初，惠州市惠东港口海龟国家级自然保护区驯养中心人工沙滩迎来了今年第一只上岸产卵的海龟。广东惠东海龟国家级自然保护区作为我国大陆唯一的海龟保护区，近年来不断完善保护设施，建立起较为成熟的海龟全人工繁育技术体系，并大力开展公众教育，使人们保护海洋动物的意识不断提高。

据了解，自成立以来，保护区累计保护野生海龟上岸产卵741窝，83000多个海龟卵孵出稚龟68000多只。自2001年至今，保护区累计救治受伤的野生海龟1056只，其中785只被治愈并放归大海。

37. 问：下列哪一项对海龟的表述是正确的？

38. 问：海龟上岸产卵对什么有要求？

39. 问：惠东海龟国家级自然保护区的什么技术比较成熟？

40. 问：785只被治愈的海龟是怎么处理的？

第三组练习

第 一 部 分

1. 男：您好，我订一个奶酪蛋糕，今天晚上7点之前能做好吗？
   女：没问题，您先看看这些蛋糕的款式，我们尽快给您做好。
   问：男的在做什么？

2. 男：小时候父母常教育我们宁可吃亏，也不能贪小便宜，我觉得他们说的话大部分是有道理的。
   女：是啊，吃亏是福。与人交往时多一点儿包容和理解，也是自己内在涵养的体现。
   问：女的认为在人际交往过程中应该怎么做？

3. 男：你和小张是怎么认识的？是同学还是网友？
   女：我们是通过朋友介绍认识的，后来经常一起参加活动，慢慢就熟悉了。
   问：女的和小张是怎么认识的？

4. 男：现在有的孩子可讲究了，衣服都得穿名牌的。
   女：那当父母的应该正确引导啊，不能让孩子盲目攀比，不然对他们的成长不利。
   问：女的对孩子穿名牌衣服是什么态度？

5. 男：怎么样？说通了吗？她同意加入咱们话剧社吗？
   女：唉，又碰钉子了，无论我说什么，她都不同意。
   问：女的是什么心情？

6. 女：师傅，我的自行车没气了，您帮我看看是怎么回事。
   男：车胎被扎了，得补一下胎。你稍等一下，我先把这个活儿干完。
   问：说话人在哪儿？

7. 男：昨天你们老师给我打电话，说你在学校跟同学发生了一点儿矛盾。
   女：老师不是一直跟我妈联系吗？怎么给您打电话了？
   问：说话人可能是什么关系？

8. 男：听说你拿到驾照了，祝贺你啊。现在敢开车上路吗？
   女：我已经开了好几天了，虽然有点儿紧张，但只要控制好车速，多注意观察，就没有问题。
   问：关于女的，我们知道什么？

9. 男：有件事我总感觉心里不平衡，为什么我做了好事没人夸夸我呢？
   女：哦？你做好事就是为了让别人夸你啊，那下次我好好夸夸你吧。
   问：女的是什么语气？

10. 男：你今天要画什么画？是继续画油画，还是把那幅水彩画画完？
    女：老师，我今天想画一会儿素描。
    问：女的今天要画什么画？

11. 男：过了半天你都没到，我以为你忘了呢。
    女：怎么会呢？我刚才有点儿急事耽误了，对不起。
    问：关于女的，我们知道什么？

12. 女：你买衣服主要考虑什么呀？
    男：主要看质量，其次是价格和样式。

问：男的买衣服主要考虑什么因素？

13. 男：您好，请问有红薯吗？

女：有，在水果区旁边的货架上。

问：说话人可能是什么关系？

14. 女：周末你都不休息，也太勤奋了吧。

男：没办法，谁不想看电视放松啊？可明天的考试怎么办呢？

问：男的周末要干什么？

15. 女：你就少说两句风凉话吧，瞧给人家气得。

男：我也没说太过分的话啊。

问：女的对男的是什么态度？

第 二 部 分

16～18题是根据下面一段对话：

男：小陈，你也喜欢看漫画书吗？

女：是啊，我从小就喜欢看漫画，也喜欢画漫画。

男：你妈妈不反对你看漫画吗？我妈妈就一直不让我看漫画，总让我看大部头的文学作品。

女：我妈妈很支持我，她说，只要我做完自己应该做的事，就可以自由安排时间了。

男：你妈妈对你的教育很民主啊。

女：是的，我的妈妈很开明，她非常理解我，也非常支持我。

男：真羡慕你啊，我和我妈妈经常会发生冲突，我觉得她不理解我。

女：其实我妈妈也有不理解我的时候，但我会主动跟她沟通，这样她就能理解我了。

男：你说得对，也许跟我自己也有一定的关系。我要向你学习，多和父母沟通。

女：对啊，要多沟通，跟自己最亲的人有什么不好意思说的呢？

16. 问：女的喜欢看什么书？

17. 问：男的羡慕女的什么？

18. 问：女的建议男的怎么做？

19～21题是根据下面一段对话：

男：老师您好，我想请教您一个问题。

女：好的，请讲。

男：是关于人际交往方面的问题，我总是害怕跟别人说话。

女：你怕什么呢？

男：我怕说错话，怕说得不对别人笑话我。

女：其实你这样想是很正常的，很多人都有这样的担心。

男：真的吗？可是我觉得别人都比我做得好，他们能开开心心地跟大家聊天儿。

女：你也能做到的，你可以试着放轻松，告诉自己没有人会特别在意你说得对不对。

男：真的没有人在意我说得对不对吗？

女：那你会在意每个人说得对不对吗？你会每天盯着别人不放吗？

男：不会，别人说的话我有时候很快就忘了。

女：对啊，别人也是这样的，其实很多时候人与人的交流都是没有实际意义的聊天儿。

男：您这么一说我就明白了，我就是太在意别人的看法了。

19. 问：男的遇到了什么问题？

20. 问：女的是男的的什么人？

21. 问：女的认为人与人之间的交流大多数时候是怎样的？

22～25题是根据下面一段对话：

男：最近总是下雨，感觉家里都要发霉了。

女：确实是，南方的梅雨季节就是这样的。

男：真烦人，衣服洗了都没干，已经没有可穿的衣服了。

女：你家没有烘干机吗？我家自从买了烘干机后，就再也不怕梅雨季没衣服穿了。

男：我一直想买一个带烘干功能的洗衣机，可是一直没舍得把旧洗衣机换掉。

女：旧的不去新的不来嘛，我推荐你使用烘干机。不过也有很多人使用除湿机，这样梅雨季房间里就不会那么潮湿了。

男：现在人们都注重生活品质了，小电器就能给我们带来大惊喜。

女：你说得太对了。我就经常给我妈推荐一些小物件，比如自拍杆、手持小电扇什么的，我妈也觉得有了这些东西方便多了。

男：现在的潮品真多，只有你想不到的，没有你买不到的。

女：是啊，现在人们的创意越来越巧妙了，让我们能在生活中获得更多美妙的体验。

22. 问：最近的天气怎么样？

23. 问：女的向男的推荐了什么？
24. 问：男的认为现在人们注重什么了？
25. 问：女的认为创意给我们的生活带来了什么？

26～29题是根据下面一段话：

天气逐渐转暖，不少人经常感到困倦、疲乏、昏昏欲睡，这就是所谓的"春困"。这是因为天气转暖后，人体表的毛细血管因舒展而需要增加血流量，脑组织的血流量就会相应减少，使脑组织供氧不足。

营养专家提醒大家，这个时节应注意休息，适当运动，适量吃些水果等甜味食物，这样能有效缓解春困，但甜食或高热量的食物也不是吃得越多越好。此外，应多吃红黄色和深绿色的蔬菜，如胡萝卜、南瓜、番茄、青椒、芹菜等，这些蔬菜对恢复精力、消除春困都很有帮助。

春季，人们还特别容易上火，因此饮食宜清淡，忌油腻、生冷及刺激性食物。有明显上火症状的人可以吃一些清火的食物，如绿豆、苦瓜等。

26. 问：春困是身体哪个部位供氧不足导致的？
27. 问：下列哪一项不是营养专家的建议？
28. 问：下列哪一项是帮助消除春困的食物？
29. 问：绿豆、苦瓜等有什么特殊功效？

30～32题是根据下面一段话：

随着天气渐渐变冷，一些游泳爱好者也收起了泳衣。但专家认为，初秋时节适当的冷水泳既能达到令人满意的健身效果，也能为日后冬泳打下良好的基础。初秋的冷水泳能对神经系统起到明显的刺激作用，加快心跳速度，促进血液循环，进而加速身体新陈代谢。冷水泳对皮肤的刺激作用可以有效地锻炼血管的收缩和扩张能力。长期坚持冷水泳，能达到良好的健身效果，增强肌体的免疫力。专家指出，在冬季，游泳是非常好的健身项目。冬泳不但可以加快人的基础代谢，促进血液循环，还能锻炼人的意志。但练习冬泳应坚持循序渐进的原则，从秋天开始坚持冷水泳，逐步过渡，到了冬天才能享受冬泳的乐趣。

30. 问：专家建议什么时候开始冷水泳比较好？
31. 问：长期坚持冷水泳的好处是什么？
32. 问：说话人指出冬泳要注意什么？

33～36题是根据下面一段话：

本学期，本市100所小学将开设一门新的课程——航空课。课上，学生不仅能学到民用航空知识，还能学习航模的制作。航空课是本市加强小学生科普教育的重要内容之一。

航空课共 20 多个学时，学生每周都有接触航空知识的机会。市教委将从本市的航空院校、少年宫、航空类杂志社等选出资深教授、教师和编辑组成项目顾问团，共同设计课程，编写教材，培训辅导老师。市天文馆将成为航空课的校外课堂。此外，暑假还将举办航空知识夏令营，学生将有机会去酒泉卫星发射中心和载人飞船发射场，与航天专家们面对面交流。

33. 问：说话人提到的新课程是什么？

34. 问：新开设的课程是为了对学生进行什么教育？

35. 问：学生多久能上一次新课程？

36. 问：新课程的校外课堂是哪里？

37～40 题是根据下面一段话：

一个男孩儿因具有高超的电脑编程能力曾登上过报纸头条。据介绍，男孩儿从两岁起就开始接触电脑了。他的父亲告诉记者，自己的孩子并不是天才，只是比较用功而已，任何对编程感兴趣的人都可以学编程。目前，男孩儿正在给一款游戏编程，他的技术比同龄人略胜一筹。但他表示，自己还是过着普通 9 岁孩子的生活，还是要做家庭作业，要遵守家规。他闷闷不乐地说："我每天只能用两个小时的电脑，前提是必须完成家庭作业。"他的父母对他管得比较严，他们不希望孩子被一时的赞誉冲昏了头脑。

37. 问：男孩儿在哪方面有突出成绩？

38. 问：男孩儿从几岁开始接触电脑？

39. 问：男孩儿的父亲认为孩子水平较高的原因是什么？

40. 问：男孩儿使用电脑的前提是什么？

第四组练习

第 一 部 分

1. 男：你可以帮我下载一些资料吗？我写论文的时候需要用。

   女：没问题，正好我这几天有时间。你大概什么时候用？

   问：女的接下来可能要做什么？

2. 男：我特别喜欢陶瓷器具，手感像绸缎一样，摸起来很舒服。

   女：我跟你不一样，我喜欢玻璃器具，它们看起来亮晶晶的，感觉特别清爽。

   问：女的喜欢什么材质的器具？

3. 男：老师好，麻烦您帮我看一下我写的这篇文章。
   女：这篇作文写得不错，主题鲜明，思路清晰，但个别句子不太通顺，回去改一改就更好了。
   问：说话人可能是什么关系？

4. 男：王经理您好，我向您推荐一个人，这个人工作能力很强，人品也不错。
   女：好的，谢谢你。下周一你带他过来吧，这周我有点儿忙，周末要出个差。
   问：女的周末要做什么？

5. 男：你别威胁我啊，我这个人吃软不吃硬。
   女：你怎么那么没幽默感呢？我跟你说着玩儿的。
   问：关于女的，我们知道什么？

6. 女：说吧，你找我什么事？
   男：这条围巾你收下吧，算我给你赔礼道歉了，昨天我不该朝你发火的。
   问：男的为什么要送女的围巾？

7. 男：小李，努力工作，老板很欣赏你。
   女：是吗？可我昨天刚被他批评了一顿。
   问：关于女的，我们知道什么？

8. 男：你今年几年级了？大学毕业了吗？
   女：我去年就大学毕业了，现在在读研究生一年级。
   问：女的现在是几年级？

9. 男：再见，一路平安。到了就跟我联系。
   女：好的，谢谢你来送我。你快回去吧，我下了飞机就给你打电话。
   问：说话人在哪儿？

10. 男：你不要直接批评她，小孩子也有自尊心，需要慢慢引导，才能懂得那些道理。
    女：怎么我一管孩子你就对我指手画脚的？
    问：女的是什么语气？

11. 女：哎哟，累死我了，咱们歇一会儿吧。
    男：再坚持一下，马上就到山顶了。
    问：说话人在干什么？

12. 男：你看，我说得没错吧，这里的池子大多了，这样游起来才带劲。
    女：好是好，就是人有点儿多。
    问：说话人在哪儿？

13. 男：师傅，能不能再快一些？我要赶飞机。
    女：我尽量吧，现在是下班高峰时间。
    问：说话人可能是什么关系？

14. 男：你去过学校对面新开的那家饭馆吗？
    女：我上周去过一次，那里有很多特色面食，味道还可以，价格也适中。
    问：女的认为新开的饭馆怎么样？

15. 男：小张，我明天的发言稿准备好了吗？
    女：差不多了，我今晚再改一改，明天一早给您送过去。
    问：女的可能是什么身份？

第 二 部 分

16～18题是根据下面一段对话：

男：明晚有一场讲座，你要不要去听？
女：什么时间？在哪儿？是关于哪方面的讲座？
男：晚上七点在礼堂，是关于天文方面的讲座。
女：我对天文不是特别感兴趣。如果是历史方面的讲座，我比较愿意去听。
男：为什么会对天文不感兴趣呢？你抬头看看满天的星星，多神秘啊。
女：你还挺浪漫的，我只觉得星空好看，没想过去研究天文方面的问题。
男：其实我也不是特别有研究，只是想了解一下。明晚的讲座是科普性的，专业性不强。
女：这样啊，那我可以去听一听，否则我真怕自己睡着了。
男：放心吧，那位老师讲课特别风趣，不是满堂灌或填鸭式的，他能把深奥的知识讲得浅显易懂，还会让你觉得很有意思。
女：你这么一说，我更想去听了，明晚一起去吧。

16. 问：明晚的讲座是关于什么的？

17. 问：女的认为男的怎么样？
18. 问：明晚那位老师的讲课风格是什么类型的？

19～21题是根据下面一段对话：

男：你是不是特别喜欢画画？
女：是的，非常喜欢，我周末的时候都会去画室待半天。
男：你是准备考美术专业吗？
女：不是，我只是单纯喜欢画画而已，没想过报考美术专业。
男：既然那么喜欢，为什么不考虑考美术专业呢？
女：我觉得考美术专业要花很多时间去准备，会影响到其他课程的学习。
男：的确，艺术类考生确实要付出大量时间去准备专业课。
女：其实，画画只是我的业余爱好，我有自己的理想专业。
男：原来如此，画画确实是一种很好的放松方式，就像我喜欢听音乐一样。

19. 问：女的有什么爱好？
20. 问：女的为什么不考虑报考美术专业？
21. 问：男的放松的方式是什么？

22～25题是根据下面一段对话：

男：小王，最近怎么没有参加我们的羽毛球活动啊？
女：唉，最近感觉做什么都没有兴趣，每天宅在家里什么也不想做。
男：你这种状态可不太好，是遇到什么事情了吗？需要我帮什么忙吗？
女：谢谢你的关心，其实我也不知道怎么了。
男：是不是最近压力太大了？
女：可能是吧，但我也不知道具体有什么压力。
男：我觉得有压力也是正常的，但压力过大或者各种压力太多，就会让人有一种无力感。
女：是的，我就是感觉每天都很无力，什么也不想做，连饭也不想吃。
男：我觉得你应该马上调整自己，让自己从这种状态中走出来。
女：你有什么建议吗？
男：比如可以强迫自己外出活动，多跟朋友聊天儿，吃点儿美食，看看书或者电影，甚至坐着发发呆都行，暂时忘记那些给你压力的事情。
女：可是，该做的事情还是要做啊。
男：对于该做的事情，按照轻重缓急排一个顺序，然后按部就班地去做，最好给自己列个清楚的计划，然后一步步实施，而不是只想着压力不去行动。

女：你这么一说，确实让我有所反省，我觉得自己最根本的问题就是事情太多反而不想去做。谢谢你，我现在就请你去吃一顿大餐吧。

22. 问：女的最近怎么了？
23. 问：下列哪一项不是男的给出的建议？
24. 问：对于该做的事情，男的有什么建议？
25. 问：女的认为自己最根本的问题是什么？

26～28题是根据下面一段话：

　　据青藏铁路公司有关负责人介绍，为了做好青藏铁路沿线的植被恢复工作，精心呵护"天路"绿色，青藏铁路公司在铁路两侧开展了植树种草活动。到目前为止，青藏铁路格拉段绿化长度超过600公里，绿化面积约450万平方米，沿线植被恢复情况良好。为防止大气污染，青藏铁路格拉段沿线站区采暖均使用电能和太阳能等清洁能源。拉萨站区采暖主要使用以轻质柴油为燃料的燃油锅炉，辅之以太阳能。在污水处理方面，飞驰在雪山草原间的进出藏客运列车都设有集污器，在格尔木、拉萨配有吸污车，集中进行吸污处理。青藏铁路格拉段共设置了15个污水处理站点，每月定期对这些站点进行监测，确保污水达标排放。

26. 问：青藏铁路公司是如何绿化铁路两侧的？
27. 问：为什么青藏铁路格拉段沿线站区使用电能和太阳能采暖？
28. 问：下列哪一项不是青藏铁路在污水处理方面的做法？

29～32题是根据下面一段话：

　　以打造"创业门槛最低，创业环境最优"的创业之城为目标，武汉今年将重点帮助和扶持大学生、返乡农民工、下岗失业人员创业。据武汉市全民创业办负责人介绍，武汉今年将筹备建立武汉青年创业孵化器，规划武汉青年创业园，组建武汉青年创业服务中心，鼓励有条件的企业设立青年大学生创业基金、创业辅导站和实训基地，开办青年创业项目超市，帮助大学生创业。武汉今年还将大力支持农民工返乡务工创业。帮助返乡农民工利用自身特长创业，引导农业龙头企业带动农民创业。武汉将支持下岗失业人员面向农村承包开发荒地、荒滩、荒水，从事农、林、牧、渔业生产。对下岗人员创办的企业，将按其吸纳的就业人数给予补贴。

29. 问：武汉将打造成什么样的城市？
30. 问：青年创业服务中心是帮助哪类人创业的？
31. 问：武汉市将如何帮助返乡农民工创业？
32. 问：武汉市支持下岗失业人员做什么？

33~36题是根据下面一段话：

目前的就业市场中，技能人才其实相当抢手。由于存在巨大的缺口，企业开出数十万、上百万年薪哄抢高级技工的新闻屡见报端。这些技工的工作日常也并非老一辈人心中"灰头土脸""汗流浃背"的单一形象。为培养技能人才，国家不断加大资源投入，大修职业教育专业目录，打破职称评定壁垒等，对职业教育发展的扶持显而易见。这样的时代红利其实丰富了个人的教育选择和职业选择。毕竟，孩子们的兴趣和专长各有不同，有人是"学术派"，有人是"动手派"。说一千道一万，若没有专业知识和技能，白领、蓝领其实哪样都做不好，反之，练就一手过硬的技术，就能"走遍天下都不怕"了。

33. 问：目前的就业市场中，哪类人才很抢手？
34. 问：在老一辈人心中，技工是怎样的形象？
35. 问：对于培养技能人才，国家是如何做的？
36. 问：说话人认为"走遍天下都不怕"的前提是什么？

37~40题是根据下面一段话：

爱旅游的老人很多，但能把几十年来旅游的票根都保留下来的人却不多。有位名叫汪志根的老人，就有一套令人称奇的收藏。他用半生时间几乎走遍了祖国的大江南北，收集了超过250张红色景区的门票。方寸之间，看尽百年风云。

汪志根今年74岁，退休前是一名工人，不抽烟不喝酒，唯一的兴趣是旅游。用时髦的话说，汪志根是个说走就走的背包族，带上几身干净衣服就能出远门。全中国，只有新疆、甘肃和宁夏三地，他还没来得及探访，其他地方都留下了他的足迹。汪志根不喜欢跟团，因为旅行团带着去的地方不一定是他想去的。汪志根旅游有自己的一套规矩，他出去不是享乐的，所以对住宿没什么要求，只要能洗澡、看电视就行。每到一处，汪志根一定要去当地的爱国主义教育基地瞧瞧。旅途中，汪志根总能遇上有趣的同伴。前阵子他去安徽，与他同车的一个小伙子还给他手绘了一张地图。

37. 问：汪志根收集了什么？
38. 问：汪志根没有去过哪里？
39. 问：汪志根喜欢什么形式的旅游？
40. 问：汪志根在旅途中最可能是什么状态？

第四单元　实战演练

模拟试卷（三）

一、听力理解

第 一 部 分

1. 男：走，咱们一起去庆祝一下，这场比赛多亏你们啦啦队在旁边加油助威了。
   女：咱们自己班的活动，你客气什么，赢了比赛全班都开心。
   问：说话人是什么关系？

2. 男：你怎么了？一脸的不高兴。早上看见你还有说有笑呢。
   女：别提了，真郁闷，我的快递找不到了。
   问：女的现在是什么心情？

3. 男：我给你打了10个电话，你怎么不接呢？急死我了。
   女：抱歉，昨晚睡觉时把手机调成静音了，今天早上忘开声音了。
   问：女的的手机怎么了？

4. 男：张姐，您去买菜了？现在不是有网上买菜直接送到家的服务吗？
   女：那是你们年轻人的购物方式，我还是喜欢逛逛菜市场，慢慢挑选。
   问：女的在哪儿买的菜？

5. 男：你看见我那个黑色的包了吗？我记得上周出差回来放到沙发上了。
   女：你啊，总是改不了乱放东西的习惯。我放到衣柜里了，你去看看。
   问：说话人在哪儿？

6. 男：你先不要着急，可以先咨询咨询有经验的人。

女：你什么事情都不操心，当然不着急了，咱爸后天就要手术了啊。

问：女的对男的是什么态度？

7. 男：早上天气预报说下午有雨，你别忘了带伞。

女：天气这么好，外边还是大太阳呢，怎么会下雨呢？最多会是多云。

问：现在是什么天气？

8. 男：这个小区真漂亮，外观设计得很时尚，绿化率也很高。

女：环境好是好，但是我觉得这个小区挨着大马路，噪声有点儿大。

问：女的觉得小区有什么问题？

9. 男：下面有请王女士发言。

女：在此我衷心地感谢我的家人和朋友多年来对我的支持和关心，没有他们，我也不会站在这个领奖台上。

问：女的在做什么？

10. 男：医生，麻烦您看看这几种药怎么吃？

女：白色盒子里的药是注射用药，请千万不要口服；蓝色瓶子里的药是涂在伤口的，一天三次。

问：白色盒子里的药应该怎么用？

11. 男：你不要太悲观，在工作中遇到困难是很正常的事情。

女：这些我当然懂，只不过我很后悔当初没有听你的劝告。

问：根据对话，我们知道什么？

12. 男：本来以为上了大学就自由自在，无忧无虑了，没想到还是要上很多课。

女：大学生也是学生啊，所以学习还是占第一位的。

问：女的是什么意思？

13. 男：马上就要期末考试了，你复习得怎么样了？

女：别提了，天天都在背诵，可是记住的内容却没多少。

问：这次考试女的准备得怎么样？

14. 女：下周普通话测试就要开始了，你报名了吗？
    男：就我这发音水平，还是算了吧。
    问：男的是什么意思？

15. 男：最近小李老是心不在焉的，跟他说话他也总是半天才反应过来。你知道他怎么了吗？
    女：我不太清楚啊，估计是有什么事瞒着咱们。
    问：小李最近怎么了？

第 二 部 分

16～18题是根据下面一段对话：

男：你的第二代身份证办好了吗？
女：我还没去办呢，你的办好了吗？
男：快了，通知我两周以后去取。现在办身份证比以前快多了，以前最快也得两个月。
女：我的身份证是外地的，不知道能不能异地办理。
男：我知道驾驶证可以异地办理，身份证我还真不太清楚。
女：那我先去问问吧，如果能在本市办，我就不用赶回老家了。
男：你也可以先打电话问问，这样就不用白跑一趟了。
女：没事，如果到了现场能办理的话我顺便就办了。需要带什么证件吗？要多少钱？
男：带上你的旧身份证和户口本就行了，还有20元的工本费。
女：好的，我明天就去办。

16. 问：男的的身份证什么时候可以去取？
17. 问：女的担心什么问题？
18. 问：女的打算什么时候去办身份证？

19～21题是根据下面一段对话：

女：师傅，麻烦您看下我的自行车是不是漏气了？
男：看着像是没气了，那儿有打气筒，你先打打气。
女：好的。我看气嘴也没漏气啊，可就是打不满气。
男：那应该是车胎被扎破了，得补一下车胎。我看您这车闸也有点儿松，顺便修一下吧。
女：是不是还要等一会儿？

男：是啊，怎么也得一个小时，您看还有好几个人都等着修车呢。

女：我着急去上班，这可怎么办？走过去得半个小时，恐怕会迟到。

男：本来我这儿有辆自行车的，刚刚让人给骑走了。附近有公交车站，再远点儿还有地铁站，实在不行就打车吧。

女：现在不太好打车。算了，我骑共享单车去吧。我的车先放您这里，我下了班来取。

19. 问：女的的自行车怎么了？

20. 问：女的的车修好，大概需要多久？

21. 问：女的决定怎么去上班？

22～25 题是根据下面一段对话：

女：还有半个月就是中秋节了，又可以吃到我最爱的月饼了。

男：你们女孩子可真爱吃甜食，不过你不用等到中秋啊，超市平时也有卖月饼的。

女：有是有，但是不到节日就没有仪式感。

男：什么叫仪式感呢？

女：仪式感表达了人们对生活的热爱。你看，到了端午，我们要包粽子、插艾草；到了春节，我们要贴春联、放鞭炮；到了元宵节……

男：那就吃元宵、赏花灯呗。

女：对啊，所以在中秋节的晚上吃着月饼，赏着月亮，一家人团团圆圆，那种感觉就让人觉得很幸福。

男：你这么一说，我也得好好准备一下中秋的月饼了。

女：说起月饼，这两年月饼的口味推陈出新，花样是越来越多了。

男：那可不，什么馅儿的都有，甚至还有螺蛳粉馅儿的月饼。

女：哈哈，越来越有创意了，不过我最喜欢的还是五仁馅儿的。

男：这一点咱俩倒是一致。

22. 问：最近快到什么节日了？

23. 问：女的认为生活应该怎么样？

24. 问：近两年月饼有什么变化？

25. 问：说话人爱吃什么馅儿的月饼？

26～28 题是根据下面一段话：

被动物抓伤或咬伤后第一时间该怎么处理？急诊科专家提供了一些建议。被猫、狗、狐狸、老鼠等哺乳动物抓伤或咬伤后，不论动物是否得病，必须尽快对伤口进行清洗，可使用肥皂水或清洁剂进行清洗，清洗后用无菌脱脂棉将伤口处残留的肥皂水或清洁剂吸干净，用碘伏反复对伤口进行消毒，让伤口暴露，并尽快前往医院就诊。专家提醒，被毒蛇咬伤后，千万不要学影视剧中的操作，用嘴吸伤口处的毒血。正确的做法是第一时间用清水冲洗伤口，如果有条件，可以使用布条在伤口上侧靠近心脏的位置扎紧，防止毒素扩散，然后前往医院治疗。

26. 问：被哺乳动物抓伤或咬伤后第一时间应该做什么？

27. 问：被哺乳动物抓伤或咬伤后伤口应保持什么状态？

28. 问：被毒蛇咬伤后应该怎么做？

29～32题是根据下面一段话：

近年来，周口店遗址加大了保护和利用力度，综合利用测绘、虚拟现实等高新技术，完成了三维数字化测绘工作。数字化周口店遗址成功建立，同时遗址整体数字模型、化石地点三维数据库、馆藏标本三维数据库、档案数据库等也已成功构建。

为纪念周口店遗址发现100周年，周口店遗址三维数字保护成果沉浸式体验展正式启动。通过三维数字化与AI还原技术，观众能够穿越时空，倾听自然，触摸历史，与远古对话。周口店遗址元素与科技元素的完美融合，为文化遗产的展现与利用创造了无限可能。遗产日当天，周口店国家考古遗址公园将免费开放。

29. 问：周口店遗址的新变化表现为什么？

30. 问：利用新技术对周口店遗址加以改造的目的是什么？

31. 问：周口店遗址利用什么技术让观众与远古对话？

32. 问：遗产日当天，周口店国家考古遗址公园有什么举措？

33～36题是根据下面一段话：

很多人都会认为黑胡椒和白胡椒是两种不同植物的果实，其实这是一种错误的观点。黑胡椒和白胡椒本是同一种植物结的果实，两者只是加工工序有所不同。将还未成熟的胡椒采摘下来，然后在热水中烫煮，晒干后就变成了黑胡椒；将完全成熟的胡椒采摘下来去掉外皮，晒干后就会呈现灰白色，这就是我们说的白胡椒。黑胡椒和白胡椒最明显的不同就是颜色不一样。此外，两者的气味也不一样。黑胡椒的香味儿更浓，还带有一丝辛辣的味道；白胡椒的香味儿稍微淡一些，闻起来没有那么刺鼻。黑胡椒含有挥发性物质，不适合长时间炖煮，要不然味道就会变淡。由于黑胡椒的香味儿比较浓，尤其是经过高温后可以发散出更浓的香味儿，所以适合用于腥味儿比较大的肉类。

33. 问：黑胡椒和白胡椒不同的原因是什么？

34. 问：关于黑胡椒的加工方法，下列哪一项正确？

35. 问：白胡椒的香味儿如何？

36. 问：黑胡椒适合用于什么食物？

37～40题是根据下面一段话：

人们在新加坡东部海域发现了两艘古沉船。考古人员发现，两艘沉船来自不同时代。第一艘沉船内有大量手工艺品，其中包括许多14世纪的中国青花瓷器。经勘测，这可能是全球范围内迄今为止发现的载有最多青花瓷器的沉船。第二艘沉船可能是一艘商船，它于1796年在从中国返回印度的途中沉没。人们从这艘沉船中找到了一些中国陶瓷、玻璃砂玛瑙制品、四个船锚和九门大炮。这些大炮通常安装在18世纪和19世纪初东印度公司雇用的商船上，能够起到防御作用。

37. 问：两艘沉船是在哪里被发现的？
38. 问：在第一艘沉船中发现的什么比较多？
39. 问：第二艘沉船是什么用途的船？
40. 问：第二艘沉船上的大炮有什么作用？

模拟试卷（四）

一、听力理解

第 一 部 分

1. 男：你在看电影吗？这是最新的片子，你怎么能在网上看得到呢？
   女：因为我有这个网站的会员啊，所以就能在电脑上看最新的影片了。
   问：女的为什么能看到最新的影片？

2. 男：你买了这么多书，是去书店了吗？
   女：不是，这些都是朋友送给我的，我刚从快递站取回来。
   问：女的刚才去了哪里？

3. 男：你的胳膊怎么了？受伤了还是得风湿病了？
   女：都不是，我这是电脑用多了，肌肉劳损，贴上膏药舒服一点儿。
   问：女的的胳膊怎么了？

4. 男：长发挺适合你的，怎么想起来剪头发了？
   女：没办法，我脱发太严重了，虽然短发不太好看，但我至少不会看到地上有那么多长头发了，心里多少有些安慰。

问：女的为什么要剪成短发？

5. 男：你看这幅画画得怎么样？老师都夸我有进步了。
   女：这是你画的？我看着不像你画的啊。你能回到家再画一幅吗？
   问：女的是什么语气？

6. 男：您好，打扰一下，请问去百货大楼怎么走？
   女：抱歉，我对这里也不太熟悉，您在手机上查查地图或者问问别人吧。
   问：说话人是什么关系？

7. 男：今天没有太阳，紫外线也不太强吧，你怎么还戴个太阳镜呢？
   女：最近空气干燥，我对花粉和粉尘过敏，不戴眼镜的话总是流眼泪。
   问：女的为什么要戴太阳镜？

8. 男：这个沙发的颜色不错，跟咱们家的电视柜很搭，就选这款吧。
   女：可是太贵了，而且是皮质的，很容易划伤。
   问：说话人在选什么？

9. 男：这个笔记本不错，是今年的最新款，而且安装了最新版的操作系统。
   女：家里有多少台电脑了？先把旧的处理了再买新的吧。
   问：男的想买什么？

10. 男：你跟客户联系了吗？发微信说不清楚，最好直接打电话。
    女：经理，我昨天给他发了邮件，现在就打电话和他再沟通一下。
    问：男的建议女的怎么联系客户？

11. 男：你明天有考试，还是别看电视了，早点儿休息吧。
    女：白天睡太久了，现在还不困。
    问：女的是什么意思？

12. 女：教室里有点儿暗，把灯打开吧。
    男：是啊，今天有点儿阴，听说下午有雨呢。
    问：根据对话，我们知道什么？

13. 女：这次考试你考得怎么样？
    男：答案差不多都写出来了，不过我不敢肯定对不对。
    问：男的是什么意思？

14. 男：我最近实在太忙了，抽不出时间来。要不你再找找别人？
    女：我也是没办法了才找的你，除了你，别人做不了啊。
    问：根据对话，我们知道什么？

15. 男：快来，你最喜欢的电视剧马上就要开始了。
    女：不行啊，我要是再不交毕业论文，就得延期毕业了。
    问：女的接下来要做什么？

第 二 部 分

16～18题是根据下面一段对话：

男：你们宿舍的床位是固定的吗？
女：不固定，我们宿舍都商量好了，一个学期换一次床位。
男：怎么换？是抽签吗？
女：是的，我们先抽签，然后自愿调换。
男：你喜欢上铺还是下铺？
女：我比较喜欢上铺。虽然上铺上下床比较麻烦，但是感觉相对私密一些。
男：那倒是，我也不喜欢下铺，我不太习惯别人坐到我的床上。
女：你还挺讲卫生的。但是有的人恐高，害怕晚上睡觉掉下来，不敢睡上铺，所以抽到了上铺也会找下铺的人换床位。
男：那有点儿多虑了吧，床边的护栏比较高，一般不会掉下来的。
女：那不一定，万一梦到自己在跳高，一下子就跳下来了呢。
男：你可真会开玩笑。

16. 问：说话人在谈论什么？
17. 问：男的为什么不喜欢下铺？
18. 问：男的说的"多虑"指的是什么事？

19～21题是根据下面一段对话：

男：都什么时代了，你还戴手表。

女：戴手表跟什么时代有关系吗？

男：当然有啊，现在大家都随身带着手机，哪里还用得着手表？

女：每个人的习惯不同，我就习惯用手表看时间。

男：你们女生戴手表主要是为了装饰吧？

女：这你就说错了，我觉得你们男生戴手表才是为了装饰呢。

男：你怎么会这么认为呢？

女：有很多男生以收藏名贵手表为爱好，有时候还用手表凸显自己的身份。

男：嗯，你说的这些不是没有道理。

女：其实我觉得用手表看时间更容易形成时间观念，手机的时间提示没有手表那么强烈。

男：这一点我同意，有时候拿起手机本来是想看时间，但是不知不觉就玩儿起来了。

19. 问：女的认为戴手表跟什么有关系？

20. 问：女的为什么认为男人戴手表是为了装饰？

21. 问：男的同意什么？

22～25题是根据下面一段对话：

男：你又置办了什么新奇的东西？

女：这是扫地机器人，以后就不用我自己辛苦地扫地了，它可以帮我扫地。

男：我觉得不太靠谱，还是自己扫得比较干净。

女：你的思想得与时俱进啊，得把自己从繁重的家务中解放出来。

男：我不是不想解放自己，而是不太相信你买的这个机器。

女：为什么呢？你又没有用过。

男：我虽然没用过，但我可以从你身上总结各种经验啊。

女：我有什么经验可以让你总结的？

男：你买的电动牙刷，用了几天就说效果不好，然后就不再用了；你买的早餐机，也没见你用过几次；还有那个豆芽机，咱们也没吃过几次豆芽。

女：很多东西用了才知道好不好用啊。

男：你呀，总是感情用事，也不理性思考一下。

女：这就是男人和女人的区别啊，要不这世界怎么会这么丰富多彩。

男：其实我也不是反对你买，就是希望你买之前冷静地考虑一下，多考察一下，买回来之后能够多利用，而不是束之高阁，放在那里落一层灰。

女：好吧，下次我再买东西一定征求你的意见。

22. 问：女的新买了什么机器？
23. 问：男的对女的新买的机器怎么看？
24. 问：男的认为女的怎么样？
25. 问：男的建议女的怎么做？

26～28题是根据下面一段话：

近日，清华大学计算机系知识工程实验室迎来了我国首个原创虚拟学生——华智冰，清华大学为她办理了学生证和邮箱。即日起，华智冰将在清华园里开启学习和研究生涯。据悉，华智冰将师从清华大学唐杰教授。唐杰已经为这名特殊的学生规划好了未来几年的学习内容：第一年通读"天下书"，不断地输入各种语料；第二年进入"精读"阶段，引导她对语料背后的逻辑有更深刻的理解；第三年则培养她的创造力。

唐杰介绍，华智冰有望在多项认知智能上超过人类。华智冰背后的"数字脑"不仅能搭载在实体机器人上，未来还能装在数字人、全息人、手机和电脑上，可以更加方便地融入人们的日常生活。华智冰或将在物流、金融、陪护等行业中发挥相应作用。

26. 问：为什么说华智冰是一个特殊的学生？
27. 问：华智冰第二年将如何学习？
28. 问：华智冰的前景如何？

29～32题是根据下面一段话：

我们的心情除了容易受外界因素影响外，还会受饮食的影响，吃不对食物很容易注意力不集中、紧张、烦躁、焦虑。如果精制碳水吃得多，添加糖吃得多，蔬菜和蛋白吃得少，餐后血糖就容易飙升，随后又会快速下降，这就容易出现低血糖。此外，饱一顿饥一顿也容易出现低血糖。

研究发现，低血糖可能会使人焦虑、易怒。所以要想心情平和，保持血糖平稳很重要。对此，我们可以采用"盘子饮食法"，具体做法是：盘子里1/4为优质蛋白，如肉、蛋、奶、豆等；盘子里1/4为主食，全谷物和杂豆每天50～150克，薯类每天50～100克；盘子里1/2为非淀粉类的蔬菜，如各种叶子菜、瓜茄类蔬菜、菌藻类蔬菜等。

为什么"盘子饮食法"有利于餐后血糖平稳呢？这是因为非淀粉类蔬菜和蛋白的血糖生成指数很低，虽然馒头、米饭等精制碳水的血糖生成指数较高，但是搭配膳食纤维丰富的全谷物、杂豆和薯类，就能降低其升糖的能力。

29. 问：哪种情况会导致人低血糖？
30. 问：低血糖会使人怎么样？

31. 问：保持平和心情的关键是什么？

32. 问："盘子饮食法"中哪类食物应该占 1/2？

33～36 题是根据下面一段话：

近年来，光盘行动已成为社会新风尚。市民董晶晶也逐渐养成了一些好习惯：在家做饭时，尽量少做；在外就餐时，尽量少点，如果多点了，也会打包回家尽快吃掉，避免浪费。董晶晶说，以前打包感觉很没面子，后来经常在不同场合看到"节约粮食""光盘行动"的宣传标语，慢慢就转变了观念。

董晶晶还引导自己的孩子进行垃圾分类，并重复利用塑料袋。此外，董晶晶还将饮料瓶、牛奶箱收集起来投入可回收垃圾箱，避免资源浪费。

最近，董晶晶所在的社区正在提倡居民使用公勺公筷。董晶晶希望以身作则，引导孩子逐步养成使用公勺公筷、分餐进食的文明用餐习惯，践行绿色健康的生活方式。

33. 问：董晶晶是如何进行"光盘行动"的？

34. 问：董晶晶以前打包时是什么感觉？

35. 问：哪种行为能够避免资源浪费？

36. 问：使用公勺公筷的目的是什么？

37～40 题是根据下面一段话：

神舟十二号载人飞行任务新闻发布会于 16 日上午在酒泉卫星发射中心召开。据介绍，天和核心舱和天舟二号组合体目前状态良好，满足与神舟十二号交会对接以及航天员进驻的条件。

天和核心舱配备了 3 个独立卧室和 1 个卫生间，保障航天员的日常生活起居。食品方面，配备了 120 余种营养均衡、品种丰富、口感良好、保质期长的航天食品。就餐区域配备了折叠桌，食品加热、冷藏设备，饮水设备，方便航天员就餐。锻炼区配备了太空跑台、太空自行车，可供航天员日常锻炼。天地通信链路和视频通话设备可供空间站与地面进行双向视频通话和电子邮件往来。载人环境控制方面，相比之前，空间站核心舱配备了再生式生命保障系统，包括电解制氧、冷凝水收集与处理、尿处理、二氧化碳去除，以及微量有害气体去除等子系统，能够实现水等消耗性资源的循环利用，保障航天员在轨长期驻留。

37. 问：天和核心舱有什么功能？

38. 问：航天员在太空的饮食如何？

39. 问：航天员在太空与地面的通信情况如何？

40. 问：神舟十二号飞船的配置在哪方面有了提高？

参考答案及解析

笔试部分

第一单元　摸底检测

模拟试题（一）

一、听力理解

1. C　2. D　3. B　4. B　5. C　6. C　7. C　8. B　9. D　10. B
11. D　12. A　13. B　14. B　15. D　16. D　17. D　18. D　19. B　20. C
21. D　22. C　23. A　24. D　25. B　26. A　27. C　28. A　29. A　30. D
31. B　32. C　33. D　34. C　35. C　36. D　37. B　38. B　39. D　40. C

二、阅读理解

41. C　42. B　43. A　44. D　45. C　46. B　47. A　48. D　49. C　50. C
51. D　52. B　53. B　54. C　55. A　56. B　57. D　58. A　59. D　60. A
61. D　62. D　63. C　64. C　65. B　66. C　67. C　68. A　69. C　70. C
71. B　72. D　73. C　74. D　75. B　76. C　77. C　78. C　79. D　80. B

三、书面表达

81. D　82. A　83. C　84. C　85. B　86. A　87. D　88. B　89. C　90. D
91. C　92. C　93. C　94. A　95. D

【参考范文】

我最亲的人

　　我的母亲是一名小学教师，她个子不高，有一头乌黑的短发，圆圆的脸上总是带着微笑，弯弯的眉毛下是一双温柔而坚定的大眼睛。

　　母亲是一个孝顺的人。从我记事起，奶奶就一直瘫痪在床，母亲起早贪黑地照料她。每天天还没亮,她就起床给奶奶洗漱,给全家人准备早点;晚上,她边照顾奶奶,边和奶奶聊天儿,把外边发生的事情讲给奶奶听。奶奶常说,她这个儿媳是世界上最善良的人。

母亲是一个热爱工作的人,是教书育人的模范。即便家里负担很重,她也从来没有因此影响工作。课堂上,她循循善诱,因材施教;下课后,她幽默风趣,关爱每一名学生。学生们都把她当成自己的母亲,有什么心里话都和她讲。

母亲对我既温柔又严格。她无微不至地关心照顾我的生活,教育我做一个对社会有用的人;每当我犯了错误,母亲也总是很严厉地批评我。在母亲的言传身教中,我健康快乐地成长着。

今天回想起来,母亲不仅给予了我健康的体魄,也给予了我健康的心理和丰富的精神养料。我爱我的母亲,她永远是我最亲的人。

模拟试卷(二)

一、听力理解

1. D	2. D	3. D	4. C	5. B	6. C	7. D	8. B	9. C	10. D
11. C	12. A	13. C	14. D	15. C	16. B	17. B	18. D	19. C	20. A
21. A	22. D	23. B	24. D	25. C	26. C	27. D	28. A	29. B	30. A
31. C	32. C	33. B	34. D	35. C	36. C	37. C	38. B	39. A	40. D

二、阅读理解

41. C	42. B	43. C	44. D	45. B	46. D	47. B	48. B	49. B	50. C
51. A	52. A	53. C	54. A	55. A	56. B	57. D	58. A	59. C	60. B
61. A	62. C	63. B	64. C	65. D	66. D	67. D	68. A	69. C	70. B
71. C	72. C	73. B	74. A	75. D	76. B	77. B	78. D	79. A	80. C

三、书面表达

| 81. B | 82. C | 83. C | 84. D | 85. D | 86. A | 87. B | 88. D | 89. C | 90. B |
| 91. A | 92. D | 93. B | 94. A | 95. A | | | | | |

【参考范文】

我国的传统佳节——中秋节

农历八月十五是我国的传统佳节——中秋节。中秋节源自我国古代秋夕祭月，慢慢演变成了全国性的节日。

中秋月儿圆，意味着团圆。到了中秋节，人们无论身在何方，都会尽可能地赶回家与亲人团聚。夜晚，当圆圆的月亮升起时，一家人围坐在一起边吃月饼边赏月，或吟诗，或浅唱，或谈天说地，充分享受着难得的团圆时光。有的地方除了吃月饼，还有喝桂花酒的习俗。

中秋时节，民间有各种习俗活动。钱塘江一带的民众喜欢到钱塘江观潮，欣赏波澜壮阔的潮水。玩儿花灯则是我国南方很多地方中秋节最大的活动之一。广州、香港等地会在中秋夜举行放天灯等活动。而广西南宁一带，除了有纸扎的各种花灯外，还有用6个竹篾圆圈扎成的户秋灯，也有用水果扎的柚子灯、南瓜灯、橘子灯。此外，在广东汕头一带，中秋节会举行烧塔活动。中秋下午开始砌瓦塔，塔下有两个门，分别用于投放燃料和掏出木灰。当月亮升至半空时，瓦塔就开始燃烧起来。火焰从塔口冲出数丈高，烧至高潮，塔身通红，如一束烟花喷起，非常壮观。

中秋节是团圆的节，更让我们感受到了中华文化的博大精深。

第二单元 专项训练

一、听力理解

第 一 部 分

第一组练习

答案速查

1. A   2. D   3. C   4. A   5. B   6. C   7. B   8. B   9. D   10. C
11. B   12. D   13. D   14. D   15. A

详细解析

1. 正确答案是 A。本题主要考查的是考生能否根据听力材料进行合理的推断。通过男的说的"你也在这儿啊？你要寄什么东西？"可推断，说话人在邮局，故选项 A 正确。

2. 正确答案是 D。本题主要考查的是考生能否根据听力材料进行合理的推断。通过女的说的"买水果有优惠，满 50 送 10 元优惠券"可推断，女的之所以买那么多水果，是因为想参与店内活动，故选项 D 正确。

3. 正确答案是 C。本题主要考查的是考生能否获取听力材料的主要事实、关键信息和重要细节。通过女的说的"航班信息我一会儿就发给您"可知，女的要给男的发航班信息，故选项 C 正确。

4. 正确答案是 A。本题主要考查的是考生能否获取听力材料的主要事实、关键信息和重要细节。对话中男的问道："这里能结账吗？"由此可知，男的要结账，故选项 A 正确。

5. 正确答案是 B。本题主要考查的是考生能否根据听力材料进行合理的推断。对话中提到了"深水证""游泳""浅水区"等词，由此可推断，说话人在游泳馆，故选项 B 正确。

6. 正确答案是 C。本题主要考查的是考生能否判断说话人的语气和态度。通过女的说的"没事儿干吗把手机调成静音呢，急死我了"可推断，女的对男的把手机调成静音这件事表示不解和埋怨，并没有愤怒、遗憾和同情，故选项 C 正确。

263

7. 正确答案是B。本题主要考查的是考生能否根据听力材料进行合理的推断。通过女的说的"你是咱们班的学霸"可推断，说话人是同班同学，故选项B正确。

8. 正确答案是B。本题主要考查的是考生能否获取听力材料的主要事实、关键信息和重要细节。对话中明确提到"今年是在网上订的"，故选项B正确。

9. 正确答案是D。本题主要考查的是考生能否获取听力材料的主要事实、关键信息和重要细节。对话中明确提到"打算明年考研究生"，故选项D正确。

10. 正确答案是C。本题主要考查的是考生能否获取听力材料的主要事实、关键信息和重要细节。对话中女的提到"不打算回家过年""去旅游""跟公司请好假了"等信息，由此可知，女的春节要去旅行，故选项C正确。

11. 正确答案是B。本题主要考查的是考生能否获取听力材料的主要事实、关键信息和重要细节。对话中女的提到"想给我爱人买一件"，男的提到"我给我爸也买了一件"，问题问的是"女的想给谁买毛衣"，故选项B正确。

12. 正确答案是D。本题主要考查的是考生能否获取听力材料的主要事实、关键信息和重要细节。通过女的说的"我是从小受妈妈影响开始练书法的"可知，选项D正确。

13. 正确答案是D。本题主要考查的是考生能否获取听力材料的主要事实、关键信息和重要细节。通过女的说的"只要天气好，我就跟朋友们来这个公园跳舞"可知，说话人在公园，故选项D正确。

14. 正确答案是D。本题主要考查的是考生能否判断说话人的语气和态度。对话中女的只强调了学生们的表现，由此可见女的比较谦虚，故选项D正确。

15. 正确答案是A。本题主要考查的是考生能否获取听力材料的主要事实、关键信息和重要细节。对话中明确提到"我最近迷上了做西点"，故选项A正确。

第二组练习

答案速查

1. B   2. A   3. D   4. D   5. C   6. B   7. B   8. B   9. A   10. D
11. B   12. A   13. B   14. A   15. D

详细解析

1. 正确答案是 B。本题主要考查的是考生能否获取听力材料的主要事实、关键信息和重要细节。通过男的说的"我复习功课呢"可知，选项 B 正确。

2. 正确答案是 A。本题主要考查的是考生能否根据听力材料进行合理的推断。对话中提到"服务员""菜单""扫码点餐"等信息，由此可推断，男的在餐厅，故选项 A 正确。

3. 正确答案是 D。本题主要考查的是考生能否根据听力材料进行合理的推断。通过男的说的"我的眼镜摔坏了"可推断，男的在配近视眼镜，故选项 D 正确。

4. 正确答案是 D。本题主要考查的是考生能否判断说话人的语气和态度。通过男的说的"写得真漂亮""功底深厚啊"等内容可知，男的的语气是夸赞，故选项 D 正确。

5. 正确答案是 C。本题主要考查的是考生能否根据听力材料进行合理的推断。通过男的说的"我就一站，下一站我就下车了"可推断，因为乘车距离短，所以男的不需要座位，故选项 C 正确。

6. 正确答案是 B。本题主要考查的是考生能否判断说话人的语气和态度。对话中，男的请女的帮忙，通过女的说的"实在不好意思"可知，女的帮不了男的，故选项 B 正确。

7. 正确答案是 B。本题主要考查的是考生能否领会听力材料的主要内容。通过男的说的"这些书有折扣吗？我要多买几套"可知，男的要买书，故选项 B 正确。

8. 正确答案是 B。本题主要考查的是考生能否领会听力材料的主要内容。对话中，男的问女的是否去广场锻炼，女的让男的先去，由此可知，选项 B 正确。

9. 正确答案是 A。本题主要考查的是考生能否根据听力材料进行合理的推断。通过女的说的"好的老师"可推断，说话人是师生关系，故选项 A 正确。

10. 正确答案是 D。本题主要考查的是考生能否获取听力材料的主要事实、关键信息和重要细节。通过女的说的"到了夏天一定要注意啊，不能吃剩饭剩菜"可知，选项 D 正确。

11. 正确答案是 B。本题主要考查的是考生能否领会听力材料的主要内容。女的提到了"有兴趣""游得不太好""只能蛙泳，还不太会换气"等信息，由此可知，选项 B 正确。

12. 正确答案是 A。本题主要考查的是考生能否判断说话人的语气和态度。女的提到"我也觉得凡事不能太过"，一个"也"字表示女的同意男的的观点，故选项 A 正确。

13. 正确答案是 B。本题主要考查的是考生能否领会听力材料的主要内容。说话人反复提到"熬夜"这个词，结合具体内容可知，他们在讨论熬夜的危害，故选项 B 正确。

14. 正确答案是 A。本题主要考查的是考生能否获取听力材料的主要事实、关键信息和重要细节。通过女的说的"我觉得爬山最放松了"可知，选项 A 正确。

15. 正确答案是 D。本题主要考查的是考生能否获取听力材料的主要事实、关键信息和重要细节。通过女的说的"让他们放心"可知，选项 D 正确。

第三组练习

答案速查

1. D 2. B 3. C 4. A 5. D 6. D 7. D 8. C 9. D 10. B
11. D 12. A 13. C 14. D 15. A

详细解析

1. 正确答案是 D。本题主要考查的是考生能否获取听力材料的主要事实、关键信息和重要细节。通过女的说的"准备去一个培训机构当老师"可知，女的暑假要去培训机构授课，故选项 D 正确。

2. 正确答案是 B。本题主要考查的是考生能否判断说话人的语气和态度。对话中男的是在教育孩子，故选项 B 正确。

3. 正确答案是 C。本题主要考查的是考生能否根据听力材料进行合理的推断。通过女的说的"你明天的航班是不是也取消了"可推断，男的明天要坐飞机，故选项 C 正确。

4. 正确答案是 A。本题主要考查的是考生能否根据听力材料进行合理的推断。通过女的说的"以后咱们周末就不出去吃饭了，你在家给我们做好吃的就行了"可推断，说话人在家里，故选项 A 正确。

5. 正确答案是 D。本题主要考查的是考生能否根据听力材料进行合理的推断。通过女的说的"前几天我还跟班长说咱们该聚聚了"可推断，说话人是同学关系，故选项 D 正确。

6. 正确答案是 D。本题主要考查的是考生能否领会听力材料的主要内容。通过女的说的"但是有点儿贵"可知，因为价格高所以女的没买那条裙子，故选项 D 正确。

7. 正确答案是 D。本题主要考查的是考生能否领会听力材料的主要内容。通过男的说的"记得摘下来让耳朵休息一下"可知，男的并没有反对女的戴耳机，而是让她适当用耳机，故选项 D 正确。

8. 正确答案是 C。本题主要考查的是考生能否获取听力材料的主要事实、关键信息和重要细节。通过男的说的"我看你从来不喝瓶装水，总是自己带着水杯"可知，女的有自己带水杯的习惯，故选项 C 正确。

9. 正确答案是 D。本题主要考查的是考生能否获取听力材料的主要事实、关键信息和重要细节。通过女的说的"主要还是看你朋友喜欢什么，需要什么"可知，女的建议男的根据朋友的喜好选礼物，故选项 D 正确。

10. 正确答案是 B。本题主要考查的是考生能否获取听力材料的主要事实、关键信息和重要细节。通过女的说的"小时候我妈让我学跳舞,可我没能坚持下来,现在想想真后悔啊"可知,女的后悔没能坚持学跳舞,故选项 B 正确。

11. 正确答案是 D。本题主要考查的是考生能否获取听力材料的主要事实、关键信息和重要细节。通过男的说的"出去走走或许会舒服一些",以及女的说的"我陪你一起去吧"可知,说话人要去散步,故选项 D 正确。

12. 正确答案是 A。本题主要考查的是考生能否领会听力材料的主要内容。对话中,男的提到学校变化大,女的说到了学校具体的变化,由此可知,说话人在谈论学校的变化,故选项 A 正确。

13. 正确答案是 C。本题主要考查的是考生能否获取听力材料的主要事实、关键信息和重要细节。通过女的说的"吃速冻饺子呗,又快又方便"可知,女的认为吃速冻饺子方便,故选项 C 正确。

14. 正确答案是 D。本题主要考查的是考生能否判断说话人的语气和态度。通过女的说的"不试试怎么知道自己的真实水平呢"可推断,女的想试着做那件事,故选项 D 正确。

15. 正确答案是 A。本题主要考查的是考生能否根据听力材料进行合理的推断。通过女的说的"我建议你带孩子去检查检查身体"可推断,女的建议男的带孩子去医院做检查,故选项 A 正确。

第 二 部 分

第一组练习

答案速查

16. A	17. C	18. C	19. B	20. C	21. C	22. D	23. B	24. C	25. D
26. B	27. B	28. A	29. C	30. C	31. A	32. D	33. C	34. D	35. B
36. D	37. C	38. B	39. B	40. A					

详细解析

16. 正确答案是 A。本题主要考查的是考生能否获取听力材料的主要事实、关键信息和重要细节。通过对话开头男的问的"今天早饭吃什么"可知,现在是早上,故选项 A 正确。

17. 正确答案是 C。本题主要考查的是考生能否获取听力材料的主要事实、关键信息和重要细节。男的说自己不喝汤时提到"你还要赶着去上班呢,来不及做了",由此可知,选项 C 正确。

18. 正确答案是 C。本题主要考查的是考生能否获取听力材料的主要事实、关键信息和重要细节。通过女的说的"上午见一个客户就行，下午再去公司"可知，女的上午要见客户，故选项 C 正确。

19. 正确答案是 B。本题主要考查的是考生能否获取听力材料的主要事实、关键信息和重要细节。通过男的说的"给我做一个豆腐汤吧"可知，选项 B 正确。

20. 正确答案是 C。本题主要考查的是考生能否根据听力材料进行合理的推断。对话中提到了"明天是阴天""都好几天没见着太阳了"等信息，由此可推断，最近几天都是阴天，故选项 C 正确。

21. 正确答案是 C。本题主要考查的是考生能否根据听力材料进行合理的推断。通过女的说的"快六月了"可推断，现在是五月，故选项 C 正确。

22. 正确答案是 D。本题主要考查的是考生能否获取听力材料的主要事实、关键信息和重要细节。通过女的说的"所以每天穿衣服就麻烦了，穿少了早上冷，穿多了中午热"可知，女的认为每天很难穿上合适的衣服，故选项 D 正确。

23. 正确答案是 B。本题主要考查的是考生能否根据听力材料进行合理的推断。对话中，女的称呼男的为"爸"，由此推断，说话人是父女关系，故选项 B 正确。

24. 正确答案是 C。本题主要考查的是考生能否获取听力材料的主要事实、关键信息和重要细节。通过女的说的"在手机上就可以操作"可知，选项 C 正确。

25. 正确答案是 D。本题主要考查的是考生能否根据听力材料进行合理的推断。对话中，女的提到有了手机什么都能做，然后男的说："怪不得你们年轻人整天离不开手机呢。"由此推断，男的认为年轻人离不开手机是因为手机有很多功能，故选项 D 正确。

26. 正确答案是 B。本题主要考查的是考生能否获取听力材料的主要事实、关键信息和重要细节。通过女的说的"我下次教您怎么叫网约车"可知，选项 B 正确。

27. 正确答案是 B。本题主要考查的是考生能否根据听力材料进行合理的推断。说话人提到："在多数人眼里，袋装薯片比罐装的口感更脆，吃着更香，捏着也更薄。"由此推断，袋装薯片可能更受人们喜爱，故选项 B 正确。

28. 正确答案是 A。本题主要考查的是考生能否获取听力材料的主要事实、关键信息和重要细节。说话人提到："以马铃薯为主要配料的袋装薯片也被称为原切薯片，它是由新鲜的土豆直接切成薄片油炸而成的。"由此可知，袋装薯片是以土豆为原材料制成的，故选项 A 正确。

29. 正确答案是 C。本题主要考查的是考生能否获取听力材料的主要事实、关键信息和重要细节。说话人提到："如果一定要说出袋装薯片的一个缺点，那一定是它的包装过于占地方。"故选项 C 正确。

30. 正确答案是 C。本题主要考查的是考生能否领会听力材料的主要内容。说话人一开始提到单调的生活方式加剧了人们在生活中的需求，因此人们通过关注农贸市场、超市以及生鲜电商来达到放松的目的，故选项 C 正确。

31. 正确答案是 A。本题主要考查的是考生能否获取听力材料的主要事实、关键信息和重要细节。说话人明确提到"大型超市都有一个共同点，那就是品类齐全"，故选项 A 正确。

32. 正确答案是 D。本题主要考查的是考生能否获取听力材料的主要事实、关键信息和重要细节。说话人提到："大部分年轻消费者逛超市并不一定是为了满足对某一种物品的需求，'逛'这一过程反而是大多数人对生活的需求。"故选项 D 正确。

33. 正确答案是 C。本题主要考查的是考生能否领会听力材料的主要内容。说话人一开始提到"作为心理医生，我们经常会听到父母说孩子长大后很少和自己交流了，或者是孩子越大越叛逆，自己不知道该怎么管孩子了"，由此可知，家长遇到的问题是孩子越大越叛逆，故选项 C 正确。

34. 正确答案是 D。本题主要考查的是考生能否获取听力材料的主要事实、关键信息和重要细节。说话人提到："要想解决这样的问题，就需要家长和孩子共同成长。"故选项 D 正确。

35. 正确答案是 B。本题主要考查的是考生能否获取听力材料的主要事实、关键信息和重要细节。说话人提到"孩子进入青春期后自我意识会逐渐增强"，故选项 B 正确。

36. 正确答案是 D。本题主要考查的是考生能否获取听力材料的主要事实、关键信息和重要细节。说话人提到"父母需要不断学习，并随着孩子成长状态的变化调整自己的教育理念和管理方法"，故选项 D 正确。

37. 正确答案是 C。本题主要考查的是考生能否获取听力材料的主要事实、关键信息和重要细节。说话人一开始提到"随着年龄的增长，身体的新陈代谢会逐渐减慢"，故选项 C 正确。

38. 正确答案是 B。本题主要考查的是考生能否获取听力材料的主要事实、关键信息和重要细节。说话人提到爵士舞不仅可以减脂，还能改善体形，因此成为减肥人士的首要选择，故选项 B 正确。

39. 正确答案是 B。本题主要考查的是考生能否获取听力材料的主要事实、关键信息和重要细节。说话人提到爵士舞的节拍强劲、节奏轻快，能使肢体舒展，从而达到高效燃脂的效果，因此爵士舞能够减肥，故选项 B 正确。

40. 正确答案是 A。本题主要考查的是考生能否获取听力材料的主要事实、关键信息和重要细节。说话人最后提到"爵士舞是一种急促而富有动感的节奏型舞蹈，属于外放型舞蹈"，故选项 A 正确。

第二组练习

答案速查

16. A	17. B	18. B	19. D	20. B	21. C	22. A	23. C	24. B	25. C
26. B	27. C	28. D	29. C	30. A	31. A	32. D	33. B	34. D	35. C
36. C	37. B	38. A	39. C	40. B					

详细解析

16. 正确答案是 A。本题主要考查的是考生能否获取听力材料的主要事实、关键信息和重要细节。通过男的问的"你的感冒怎么样了"以及女的说的"我的感冒跟吹空调没关系"可知，女的感冒了，故选项 A 正确。

17. 正确答案是 B。本题主要考查的是考生能否获取听力材料的主要事实、关键信息和重要细节。通过男的问的"天气这么热，把空调打开吧"可知，男的打算开空调，故选项 B 正确。

18. 正确答案是 B。本题主要考查的是考生能否获取听力材料的主要事实、关键信息和重要细节。通过女的说的"我也觉得热得快受不了了"可知，女的感觉很热，故选项 B 正确。

19. 正确答案是 D。本题主要考查的是考生能否获取听力材料的主要事实、关键信息和重要细节。对话中，男的问女的是否去取快递，女的回答"对啊"，由此可知，选项 D 正确。

20. 正确答案是 B。本题主要考查的是考生能否获取听力材料的主要事实、关键信息和重要细节。通过女的说的"我买了海鲜"可知，选项 B 正确。

21. 正确答案是 C。本题主要考查的是考生能否获取听力材料的主要事实、关键信息和重要细节。对话中，女的说可以给男的推荐买菜的软件和小程序，男的说"这方面我接触得少，我还要多向你请教呢"，由此可知，男的要向女的请教买菜软件，故选项 C 正确。

22. 正确答案是 A。本题主要考查的是考生能否根据听力材料进行合理的推断。对话中，说话人在点菜，由此推断，说话人在饭店，故选项 A 正确。

23. 正确答案是 C。本题主要考查的是考生能否获取听力材料的主要事实、关键信息和重要细节。通过女的说的"一说点菜我的压力就大"可知，选项 C 正确。

24. 正确答案是 B。本题主要考查的是考生能否获取听力材料的主要事实、关键信息和重要细节。对话中，女的建议喝热汤，男的也说喝热汤好，故选项 B 正确。

25. 正确答案是 C。本题主要考查的是考生能否获取听力材料的主要事实、关键信息和重要细节。通过女的说的"打包带回家味道就不太好了，回到家也没人爱吃"可知，女的认为打包回家的菜味道差，没人爱吃，故选项 C 正确。

26. 正确答案是 B。本题主要考查的是考生能否获取听力材料的主要事实、关键信息和重要细节。说话人提到这家人祭祀结束后把一壶祭祀用的酒送给帮忙的人喝，但人多酒少，故选项 B 正确。

27. 正确答案是 C。本题主要考查的是考生能否获取听力材料的主要事实、关键信息和重要细节。说话人提到："这时有人建议：每个人在地上画一条蛇，谁画得又快又好，就把这壶酒给谁喝。"由此可知，选项 C 正确。

28. 正确答案是 D。本题主要考查的是考生能否获取听力材料的主要事实、关键信息和重要细节。由于第一个人给蛇画了脚，这是错误的画法，因此没有喝到酒，故选项 D 正确。

29. 正确答案是 C。本题主要考查的是考生能否获取听力材料的主要事实、关键信息和重要细节。通过说话人说的"如今我们因热量过剩而患病"可知，选项 C 正确。

30. 正确答案是 A。本题主要考查的是考生能否领会听力材料的主要内容。说话人提到盐的摄入量高于推荐摄入量的两倍，钾的摄入量仅为推荐摄入量的一半，如果不加注意，40 克糖的数量限制非常容易突破，由此可知，近四十年来，人们饮食中摄入量较多的是盐和糖，故选项 A 正确。

31. 正确答案是 A。本题主要考查的是考生能否获取听力材料的主要事实、关键信息和重要细节。通过说话人说的"一大勺果酱约含 15 克糖，一罐可乐约含 37 克糖，一个蛋卷冰激凌约含 10 克糖"可知，一罐可乐的含糖量最高，故选项 A 正确。

32. 正确答案是 D。本题主要考查的是考生能否获取听力材料的主要事实、关键信息和重要细节。说话人提到早饭"尽量以清淡为主，最好不用油，不加盐，不加糖。尤其要注意，尽量少吃各种腌制食品"，故选项 D 正确。

33. 正确答案是 B。本题主要考查的是考生能否获取听力材料的主要事实、关键信息和重要细节。说话人提到："小满是二十四节气中的第八个节气，也是夏季的第二个节气。"由此可知，选项 B 正确。

34. 正确答案是 D。本题主要考查的是考生能否根据听力材料进行合理的推断。说话人提到"小满这一节气名来自古代人民对庄稼的观察"，故选项 D 正确。

35. 正确答案是 C。本题主要考查的是考生能否获取听力材料的主要事实、关键信息和重要细节。通过说话人说的"闷热、潮湿成为天气的主旋律"可知，选项 C 正确。

36. 正确答案是 C。本题主要考查的是考生能否获取听力材料的主要事实、关键信息和重要细节。通过说话人说的"小满时节皮肤病多发"可知，选项 C 正确。

37. 正确答案是 B。本题主要考查的是考生能否获取听力材料的主要事实、关键信息和重要细节。通过说话人说的"今年五一假期，国内出游人数达到 2.3 亿人次，同比增长 119.7%"可知，今年五一假期出游人数比去年多，故选项 B 正确。

38. 正确答案是 A。本题主要考查的是考生能否获取听力材料的主要事实、关键信息和重要细节。通过说话人说的"之后的端午假期将迎来今年第二个客流高峰时段"可知，今年端午节期间出行的人也很多，故选项 A 正确。

39. 正确答案是 C。本题主要考查的是考生能否获取听力材料的主要事实、关键信息和重要细节。通过说话人说的"长三角铁路整体客流走势将呈现'M'型的双高峰，客流以旅游、探亲等中短途客流为主"可知，长三角地区的客流以中短途为主，故选项 C 正确。

40. 正确答案是 B。本题主要考查的是考生能否领会听力材料的主要内容。通过说话人提到的"中短途动车仍为游客出行的首选""据铁路部门预计""今年端午假期的火车票销售依旧火爆"等信息可知,说话人提到的出行交通方式是铁路,故选项B正确。

第三组练习

答案速查

16. B	17. D	18. D	19. A	20. C	21. C	22. D	23. A	24. D	25. B
26. C	27. B	28. C	29. C	30. D	31. B	32. D	33. C	34. D	35. D
36. D	37. C	38. C	39. D	40. C					

详细解析

16. 正确答案是B。本题主要考查的是考生能否获取听力材料的主要事实、关键信息和重要细节。通过男的说的"最近我迷上了骑行"可知,选项B正确。

17. 正确答案是D。本题主要考查的是考生能否获取听力材料的主要事实、关键信息和重要细节。通过男的说的"郊区去得比较多,那边风景好,最重要的是路上人少车少"可知,选项D正确。

18. 正确答案是D。本题主要考查的是考生能否获取听力材料的主要事实、关键信息和重要细节。通过男的说的"不过你得先锻炼一下体能"可知,男的建议女的先锻炼体能,故选项D正确。

19. 正确答案是A。本题主要考查的是考生能否根据听力材料进行合理的推断。通过女的说的"我先去买一套装备"可推断,女的接下来可能要去买装备,故选项A正确。

20. 正确答案是C。本题主要考查的是考生能否获取听力材料的主要事实、关键信息和重要细节。通过男的说的"你最近追什么电视剧呢?给我推荐一下呗"可知,男的让女的推荐电视剧,故选项C正确。

21. 正确答案是C。本题主要考查的是考生能否根据听力材料进行合理的推断。通过女的说的"我一有时间就不由自主地拿起手机看一看,看着看着一两个小时就过去了"可推断,看手机占据了女的大部分的时间,所以她没时间追剧了,故选项C正确。

22. 正确答案是D。本题主要考查的是考生能否判断说话人的语气和态度。通过女的说的"你用'拯救'这个词我觉得很贴切,我也觉得自己应该做出一些改变了"可推断,女的非常认同男的说的话,故选项D正确。

23. 正确答案是A。本题主要考查的是考生能否领会听力材料的主要内容。通过男的说的"这个周末咱们去看一下家具吧"及女的说的"好啊，正好我也有这个打算"可知，说话人周末要看家具，故选项A正确。

24. 正确答案是D。本题主要考查的是考生能否获取听力材料的主要事实、关键信息和重要细节。通过女的说的"要不咱们把客厅改成书房吧"及男的说的"我同意你的想法，反正咱也不怎么看电视"可知，选项D正确。

25. 正确答案是B。本题主要考查的是考生能否获取听力材料的主要事实、关键信息和重要细节。通过男的说的"不过我也支持你买衣柜，不仅能放衣服，还能收纳很多东西"可知，选项B正确。

26. 正确答案是C。本题主要考查的是考生能否获取听力材料的主要事实、关键信息和重要细节。通过女的说的"她的玩具确实太多了，有些不玩儿的咱就送人吧"可知，选项C正确。

27. 正确答案是B。本题主要考查的是考生能否获取听力材料的主要事实、关键信息和重要细节。当别人劝楚国人赶紧跳到江里去捞剑时，楚国人却镇定地说不要急，由此可知，选项B正确。

28. 正确答案是B。本题主要考查的是考生能否获取听力材料的主要事实、关键信息和重要细节。通过说话人说的"等船靠岸后，那个楚国人才站起身，从他刚才做记号的地方跳入水中"可知，选项B正确。

29. 正确答案是C。本题主要考查的是考生能否领会听力材料的主要内容。通过说话人说的"这个故事讽刺了那些思想僵化、看不到事物发展变化的人"可知，这个故事告诉我们遇到问题应该灵活地解决，故选项C正确。

30. 正确答案是D。本题主要考查的是考生能否领会听力材料的主要内容。通过说话人说的"盲盒，顾名思义，就是一个看不见里面东西的盒子，里面装有不同样式的物品"可知，选项D正确。

31. 正确答案是B。本题主要考查的是考生能否获取听力材料的主要事实、关键信息和重要细节。通过说话人说的"消费者随意挑选并购买……在这一过程中，不难看出人们的好奇心及收藏欲"可知，选项B正确。

32. 正确答案是D。本题主要考查的是考生能否获取听力材料的主要事实、关键信息和重要细节。说话人提到，心智尚未成熟的未成年人可能会出于攀比心理，要求家长购买盲盒，从而导致未成年人非理性消费，故选项D正确。

33. 正确答案是C。本题主要考查的是考生能否获取听力材料的主要事实、关键信息和重要细节。说话人提到海珠湿地是很多水鸟和候鸟的栖息地，故选项C正确。

34. 正确答案是D。本题主要考查的是考生能否获取听力材料的主要事实、关键信息和重要细节。通过说话人说的"海珠湿地又像一个水质净化器。由于湿地内39条河涌与珠江相通，这有效净化了珠江水质"可知，选项D正确。

35. 正确答案是D。本题主要考查的是考生能否获取听力材料的主要事实、关键信息和重要细节。说话人提到，海珠湿地还是城市的大氧吧，有效缓解了城市的热岛效应，故选项 D 正确。

36. 正确答案是 D。本题主要考查的是考生能否领会听力材料的主要内容。说话人提到，海珠湿地是很多水鸟和候鸟的栖息地，能缓解海珠区东南部的内涝现象，能有效净化珠江水质，能有效缓解城市的热岛效应，因此说话人主要介绍了海珠湿地四方面的作用，故选项 D 正确。

37. 正确答案是 C。本题主要考查的是考生能否获取听力材料的主要事实、关键信息和重要细节。通过说话人说的"产生的二氧化碳也越多，从而导致气候逐渐变暖"可知，选项 C 正确。

38. 正确答案是 C。本题主要考查的是考生能否获取听力材料的主要事实、关键信息和重要细节。说话人提到"碳达峰是指在某一个时点，二氧化碳的排放达到峰值不再增长，然后逐步下降。碳达峰是二氧化碳排放量由增转降的历史拐点"其中，"由增转降"是理解碳达峰的关键信息，故选项 C 正确。

39. 正确答案是 D。本题主要考查的是考生能否获取听力材料的主要事实、关键信息和重要细节。说话人提到："针对排放的二氧化碳，我们要采取植树、节能减排等措施将其全部抵消掉，这就是碳中和。"由此可知，选项 D 正确。

40. 正确答案是 C。本题主要考查的是考生能否获取听力材料的主要事实、关键信息和重要细节。通过说话人说的"针对排放的二氧化碳，我们要采取植树、节能减排等措施将其全部抵消掉"可知，植树和节能减排等措施能减少二氧化碳，故选项 C 正确。

二、阅读理解

第一组练习

答案速查

41. C	42. C	43. B	44. A	45. D	46. C	47. B	48. A	49. A	50. D
51. B	52. B	53. C	54. B	55. C	56. B	57. D	58. A	59. D	60. A
61. A	62. A	63. D	64. C	65. C	66. C	67. B	68. B	69. D	70. B
71. A	72. B	73. A	74. A	75. C	76. C	77. D	78. C	79. A	80. C

详细解析

41. 正确答案是 C。本题主要考查的是考生能否掌握具体语言环境中大纲规定范围内词语的语音。选项 A 应为 zhòngduō，选项 B 应为 yánfā，选项 D 应为 wénmíng，故选项 C 正确。

42. 正确答案是 C。本题主要考查的是考生能否掌握具体语言环境中大纲规定范围内词语的含义和用法。横线处上下文要表达的意思是冬至是二十四节气中最早被确立下来的。选项 A "标记"的意思是标注上记号，做出标志，用在此处语义不当；选项 B "选择"表示挑选，用在此处语义不当；选项 C "确定"表示明确肯定，用在此处语义恰当；选项 D "固定"表示不变动或不移动，用在此处语义不当。

43. 正确答案是 B。本题主要考查的是考生能否掌握具体语言环境中大纲规定范围内词语的含义和用法。横线处需要填入一个动词。根据横线处后文"冬至大如年"的信息可知，冬至对古代人来说很重要。选项 A "重要"是形容词，表示具有重大的意义、作用和影响，用在此处语义不当；选项 B "重视"的意思是认为事物的作用重要而认真对待，用在此处语义恰当；选项 C "庆祝"的意思是为共同的喜事进行一些活动表示高兴或纪念，用在此处语义不当；选项 D "羡慕"表示看见别人有某种长处、好处或有利条件而希望自己也有，用在此处语义不当。

44. 正确答案是 A。本题主要考查的是考生能否掌握具体语言环境中大纲规定范围内词语的含义和用法。横线处上下文要表达的意思是北方的一些地区有吃饺子的习惯。选项 A "习俗"表示习惯和风俗，用在此处语义恰当；选项 B "时候"可以表示有起点和终点的一段时间，也可以表示时间里的某一点，这两个意思用在此处都不恰当；选项 C "问题"，用在此处语义不当；选项 D "机会"表示恰好的时候和时机，用在此处语义不当。

45. 正确答案是 D。本题主要考查的是考生能否掌握具体语言环境中大纲规定范围内词语的含义和用法。横线处需要填入一个能与"仪式"搭配的动词。选项 A "开始"、选项 B "开发"和选项 C "开展"均不能与"仪式"搭配使用，故错误；选项 D "举行"表示进行集会、比赛等，能与"仪式"搭配使用，故正确。

46. 正确答案是 C。本题主要考查的是考生能否掌握具体语言环境中大纲规定范围内词语的含义和用法。横线处上下文要表达的意思是微波炉使人们的生活更加便利了，横线处需要填入一个能与"生活"搭配的动词。选项 A "规范"做动词时表示使合乎规范，用在此处语义不当；选项 B "改革"不能与"生活"搭配，而且用在此处语义不当；选项 C "方便"做动词时可以表示使便利和给予便利，用在此处语义恰当；选项 D "提高"表示使位置、程度、水平、数量、质量等方面比原来高，可以说"提高生活水平""提高生活质量"，不能说"提高生活"。

47. 正确答案是 B。本题主要考查的是考生能否掌握具体语言环境中大纲规定范围内词语的含义和用法。横线处上下文要表达的意思是微波炉利用微波的能量特征使食物变热。选项 A "发热"表示温度增高，产生热量，选项 C "受热"表示受到高温的影响，可以说"使食物发热""使食物受热"，不能说"发热食物"和"受热食物"；选项 B "加热"表示使物体的温度增高，用在此处语义恰当；选项 D "导热"表示热传导，用在此处语义不当。

48. 正确答案是 A。本题主要考查的是考生能否掌握具体语言环境中大纲规定范围内词语的含义和用法。横线处上下文要表达的意思是微波炉使用起来很简单。选项 A "操作"表示按照一定的程序和技术要求进行活动，用在此处语义恰当；选项 B "控制"表示掌握住不使任意活动或超出范围，用在此处语义不当；选项 C "制作"表示制造，用在此处语义不当；选项 D "用处"表示用途，用在此处语义不当。

49. 正确答案是 A。本题主要考查的是考生能否掌握具体语言环境中大纲规定范围内词语的含义和用法。横线处上下文要表达的意思是哈尔滨冬季很冷，夏季很热，冷与热的界限很清楚。选项 A "分明"做形容词表示两者界限清楚，不易混同，用在此处语义恰当；选项 B "鲜明"表示个体在群体中突出而确定，用在此处语义不当；选项 C "明确"做形容词时表示清晰明白而确定不移，用在此处语义不当；选项 D "显著"表示非常明显，用在此处语义不当。

50. 正确答案是 D。本题主要考查的是考生能否掌握具体语言环境中大纲规定范围内词语的含义和用法。横线处上下文表达的意思是哈尔滨人民依靠创造意识和创新精神成功创造出了冰雪艺术和冰雪文化。选项 A "发扬"和选项 B "发挥"均不能与"创造意识"搭配，用在此处搭配不当；选项 C "培养"可以表示按照一定目的长期地教育和训练使成长，用在此处语义不当；选项 D "凭借"表示依靠，用在此处语义恰当。

51. 正确答案是 B。本题主要考查的是考生能否掌握具体语言环境中大纲规定范围内词语的含义和用法。横线处上下文表达的意思是国际冰雪节使哈尔滨与世界各个国家和地区有了联系，横线处需要填入一个表示"有连接、沟通作用"意义的词语。选项 B "桥梁"可以用来比喻起沟通作用的人或事物，用在此处语义恰当；选项 A "前提"、选项 C "联系"和选项 D "证明"都没有这个意思，用在此处语义都不恰当。

52. 正确答案是 B。本题主要考查的是考生能否掌握具体语言环境中大纲规定范围内词语的含义和用法。横线处需要填入一个表示"培养"意义的词语。选项 B "教育"做动词时可以表示按一定要求培养，用在此处语义恰当；选项 A "锻炼"、选项 C "改造"和选项 D "教学"都没有这个意思，用在此处语义都不恰当。

53. 正确答案是 C。本题主要考查的是考生能否掌握具体语言环境中大纲规定范围内词语的含义和用法。横线处后文提到"从此，她一直从事中药和中西药结合研究"，由此可知，屠呦呦毕业后又学习了两年半的中医，故选项 C 正确。

54. 正确答案是 B。本题主要考查的是考生能否掌握具体语言环境中大纲规定范围内词语的含义和用法。横线处需要填入一个能与"死亡率"构成动宾结构的词语。选项 B "降低"和选项 C "下降"都能与"死亡率"搭配，分别构成动宾结构"降低死亡率"和主谓结构"死亡率下降"，故选项

B 正确，选项 C 错误；选项 A "减轻"和选项 D "缓和"均不能与"死亡率"搭配使用。

55. 正确答案是 C。本题主要考查的是考生能否掌握具体语言环境中大纲规定范围内词语的含义和用法。横线处后文提到"这就是司南，也是指南针的雏形"，由此可知，放在盘子上的勺把儿应该是一直指向南方的，横线处需要填入一个表示"从始至终"意义的词语。选项 C "始终"做副词时表示从头到尾，一直，用在此处语义恰当；选项 A "不断"、选项 B "开始"和选项 D "从来"都没有这个意思，用在此处语义都不恰当。

56. 正确答案是 B。本题主要考查的是考生能否掌握具体语言环境中大纲规定范围内词语的含义和用法。横线处上下文要表达的意思是指南针的发明显示了当时我国的科学技术水平。选项 A "科普"表示科学普及，用在此处语义不当；选项 B "科技"表示科学技术，用在此处语义恰当；选项 C "科幻"表示科学幻想，用在此处语义不当；选项 D "科研"表示科学研究，用在此处语义不当。

57. 正确答案是 D。本题主要考查的是考生能否掌握具体语言环境中大纲规定范围内词语的含义和用法。横线处需要填入一个表示"程序"意义的词语。选项 D "工序"表示组成整个生产过程的各段加工，用在此处语义恰当；选项 A "工作"、选项 B "顺序"和选项 C "秩序"都没有这个意思，用在此处语义都不恰当。

58. 正确答案是 A。本题主要考查的是考生能否掌握具体语言环境中大纲规定范围内词语的含义和用法。横线处上下文要表达的意思是指南针、造纸术、火药和印刷术的发明表明我国成为了世界文明古国。选项 A "标志"做名词时表示表明特征的记号或事物，用在此处语义恰当；选项 B "记录"做名词时可以表示当场记录下来的材料，用在此处语义不当；选项 C "证明"做名词时表示证明书或证明信，用在此处语义不当；选项 D "基础"可以表示事物发展的根本或起点，用在此处语义不当。

59. 正确答案是 D。本题主要考查的是考生能否获取阅读材料的细节信息。根据文章第一段的内容可知，玫瑰认为"因为丑陋的青蛙在自己身边，所以人们才不敢靠近自己"，故选项 D 正确。

60. 正确答案是 A。本题主要考查的是考生能否获取阅读材料的细节信息。文章第一段提到"玫瑰发现自己脚下有一只又大又丑的青蛙"，故选项 A 正确；文章第一段提到"玫瑰厌恶地看了青蛙一眼"，由此可知玫瑰不喜欢青蛙，故选项 B 错误；文章第二段提到"玫瑰立刻让青蛙离开自己，青蛙不愿意"，故选项 C 错误；文章第一段提到青蛙在玫瑰脚下，不敢上前的是路过的人，故选项 D 错误。

61. 正确答案是 A。本题主要考查的是考生能否概括阅读材料的主旨。文章最后一段提到："这个故事告诉我们：要珍惜身边的人，无论他们的外在条件如何，只要他们真心对我们好，就应该被尊重。"故选项 A 正确。

62. 正确答案是 A。本题主要考查的是考生能否获取阅读材料的细节信息。文章第一段提到老人是一名退休教师，第二段提到老人是一名退役军人，故选项 A 正确，选项 B、D 错误；文章第三段提到老人不靠拾荒养家，故选项 C 错误。

63. 正确答案是 D。本题主要考查的是考生能否获取阅读材料的细节信息。文章第三段提到："老人说，白天有人以此为生，而他不需要靠此养家，所以他不能抢别人的饭碗。"故选项 D 正确，选项 A、B、C 文章均未提到。

64. 正确答案是 C。本题主要考查的是考生能否获取阅读材料的细节信息。文章第三段提到"老人的行为感动了周围的人"，故选项 C 正确；文章第二段提到"他靠拾荒先后资助了 4 名学生上大学"，故选项 D 错误；选项 A、B 文章均未提到。

65. 正确答案是 C。本题主要考查的是考生能否获取阅读材料的细节信息。根据文章第一段的内容可知，"中医治病主要依靠中药"，故选项 B 错误；由"中药以植物药为主，又称中草药"可知，选项 A 错误，选项 C 正确；由"中药以中国传统医药理论为指导采集制作而成"可知，选项 D 错误。

66. 正确答案是 C。本题主要考查的是考生能否获取阅读材料的细节信息。文章第三段提到："'归经'是指不同的药物能对某一经络及其所属的脏腑起到特殊的治疗作用，是中药能起到治疗疾病作用的关键之一。"故选项 C 正确，选项 A、B 错误。文章第二段提到中药具有四气是其医治人体寒热失调的内在依据，故选项 D 错误。

67. 正确答案是 B。本题主要考查的是考生能否获取阅读材料的细节信息。文章最后一段介绍了中药命名的学问，没有提到"以用法命名"，故选项 B 正确。

68. 正确答案是 B。本题主要考查的是考生能否概括阅读材料的主旨。文章围绕中药展开叙述，主要介绍了关于中药的学问，故选项 B 正确。

69. 正确答案是 D。本题主要考查的是考生能否获取阅读材料的细节信息。文章第一段提到"季老先生通英文、德文、梵文、巴利文，能阅读俄文、法文，尤其精于吐火罗文"，故选项 D 正确。

70. 正确答案是 B。本题主要考查的是考生能否获取阅读材料的细节信息。文章第二段提到："季老先生被誉为'知识分子的精神高地'，社会上从未有过关于季老先生的负面传闻。"故选项 B 正确。

71. 正确答案是 A。本题主要考查的是考生能否获取阅读材料的细节信息。文章第三段提到季老先生有高尚的品格，故选项 A 正确；根据"大家从未听闻季老先生乱发过脾气、不尊重人或者不认真教课"可知，选项 B、C 错误；文章第三段提到季老先生给人送过自己的书，这并不代表他常送人书，故选项 D 错误。

72. 正确答案是 B。本题主要考查的是考生能否获取阅读材料的细节信息。文章第三段提到"季老先生不喜欢浪费"，以及"当听说别人喜欢看他的书时，他就马上买回来送人，他觉得书是给人看的"，故选项 A 错误，选项 B 正确；根据"谁都可以去拜访他，和他聊聊学术，聊聊人生"可知，季老先生喜欢与人聊学术和聊人生，故选项 C、D 错误。

73. 正确答案是 A。本题主要考查的是考生能否获取阅读材料的细节信息。文章第一段提到："逛完超市结账时，人们常常发现自己买了一堆计划外的商品，多花了很多钱。"故选项 A 正确。

74. 正确答案是 A。本题主要考查的是考生能否获取阅读材料的细节信息。文章第二段介绍了商家吸引消费者的方法，包括利用各种灯光来吸引消费者、把想卖的商品放在与消费者视线平行的地方、精心布置儿童展柜等，由此可知，选项 B、C、D 错误；文章第二段开头提到"商家肯定不会强迫消费者"，所以选项 A 不属于商家吸引消费者的方法，故正确。

75. 正确答案是 C。本题主要考查的是考生能否获取阅读材料的细节信息。文章第三段提到："著名的'啤酒和尿布'的故事也为我们揭示了超市的布局理念。"故选项 C 正确。

76. 正确答案是 C。本题主要考查的是考生能否理解阅读材料的主要内容。文章最后一段告诉我们，面对商家的精心布局，作为消费者的我们应该做好计划，理性消费，故选项 C 正确。

77. 正确答案是 D。本题主要考查的是考生能否获取阅读材料的细节信息。文章第一段提到"生态文明是人类为保护和建设美好生态环境而取得的物质成果、精神成果和制度成果的总和"，其中没有提到"工业成果"，故选项 D 正确。

78. 正确答案是 C。本题主要考查的是考生能否获取阅读材料的细节信息。文章第二段提到"全球面临着生态危机的难题与挑战，这是工业化和城镇化带来的结果"，故选项 C 正确。

79. 正确答案是 A。本题主要考查的是考生能否获取阅读材料的细节信息。文章第二段主要介绍了我国为建设生态文明所采取的一系列措施，具体包括：节能减排计划，风沙源治理，告别黑色发展、开始绿色发展，大力开发并利用新能源，等等。故选项 A 正确。

80. 正确答案是 C。本题主要考查的是考生能否获取阅读材料的细节信息。文章最后一段介绍了个人如何参与生态文明建设。其中提到我们要提高环保意识，争做环保志愿者，宣传生态文明，故选项 B、D 错误；此外还提到要做好垃圾分类，乘坐公共交通，并没有说要减少出行，故选项 A 错误，选项 C 正确。

第二组练习

答案速查

41. A	42. A	43. B	44. C	45. D	46. A	47. B	48. C	49. B	50. A
51. B	52. B	53. C	54. C	55. A	56. B	57. B	58. A	59. A	60. B
61. A	62. A	63. B	64. C	65. D	66. D	67. D	68. B	69. C	70. C

71. D　72. D　73. D　74. D　75. D　76. C　77. D　78. C　79. D　80. C

详细解析

41. 正确答案是 A。本题主要考查的是考生能否掌握具体语言环境中大纲规定范围内词语的语音。选项 B 应为 zhùmíng，选项 C 应为 dànshuǐ，选项 D 应为 tèchǎn，故选项 A 正确。

42. 正确答案是 A。本题主要考查的是考生能否掌握具体语言环境中大纲规定范围内词语的含义和用法。本题考查的是固定搭配"由……构成/组成/组合而成"的用法，主要用来介绍某事物的组成要素或某组织、团队的成员，故选项 A 正确。

43. 正确答案是 B。本题主要考查的是考生能否掌握具体语言环境中大纲规定范围内词语的含义和用法。横线处上下文要表达的意思是观众能够从视觉、听觉、触觉、嗅觉等方面来感受电影。选项 A "检验"表示检查验看，检查验证，用在此处语义不当；选项 B "体验"表示通过实践来认识周围的事物，用在此处语义恰当；选项 C "实验"和选项 D "试验"都有从事某种活动的意思，用在此处语义都不恰当。

44. 正确答案是 C。本题主要考查的是考生能否掌握具体语言环境中大纲规定范围内词语的含义和用法。横线处上下文要表达的意思是气味会在影片播放的过程中从观众的座位旁放出。选项 C "配合"表示各方面分工合作来完成共同的任务，用在此处语义恰当；如果将选项 A "指挥"、选项 B "指示"和选项 D "支配"填入横线处，意思就变成了"气味让电影从观众的座位旁放出"，所以这三个选项用在此处语义都不恰当。

45. 正确答案是 D。本题主要考查的是考生能否掌握具体语言环境中大纲规定范围内词语的含义和用法。横线处需要填入一个能与"功能"搭配的动词，故选项 D "发挥"正确；选项 A "发扬"、选项 B "发动"和选项 C "发展"均不能与"功能"搭配使用。

46. 正确答案是 A。本题主要考查的是考生能否掌握具体语言环境中大纲规定范围内词语的含义和用法。横线处需要填入一个表示"起源"意义的名词。选项 A "由来"可以表示事物发生的原因，来源，用在此处语义恰当；选项 B "原因"、选项 C "出生"和选项 D "传统"均没有"起源"的意思，用在此处语义都不恰当。

47. 正确答案是 B。本题主要考查的是考生能否掌握具体语言环境中大纲规定范围内词语的含义和用法。横线处需要填入一个表示"引导、带动别人做事"意义的动词。选项 A "带头"和选项 C "领头"都不能带宾语，用在此处都不恰当；选项 B "率领"表示带领（队伍或集体），用在此处语义恰当；选项 D "领袖"是名词，表示国家、政治团体、群众组织等的最高领导人，用在此处语义不当。

48. 正确答案是 C。本题主要考查的是考生能否掌握具体语言环境中大纲规定范围内词语的含义和用法。横线处需要填入一个表示"清楚地表示出来"意义的动词，选项 C "表明"表示事物本身显示出某种意义，用在此处语义恰当；选项 A "知道"、选项 B "标明"和选项 D "明说"均没有"清楚地表示出来"的意思，用在此处语义都不恰当。

49. 正确答案是 B。本题主要考查的是考生能否掌握具体语言环境中大纲规定范围内词语的含义和用法。具体来讲，是考查考生对"对……的发展做出了……贡献"这一固定搭配的掌握情况，故选项 B 正确。

50. 正确答案是 A。本题主要考查的是考生能否掌握具体语言环境中大纲规定范围内词语的含义和用法。横线处需要填入一个表示"保持均等"意义的词语，选项 A "平衡"表示对立的各方面在数量或质量上相等或相抵，用在此处语义恰当；选项 B "平静"、选项 C "运动"和选项 D "运行"均没有"保持均等"的意思，用在此处语义都不恰当。

51. 正确答案是 B。本题主要考查的是考生能否掌握具体语言环境中大纲规定范围内词语的含义和用法。横线处上文提到"通过仔细辨别病人的'证'，从正反两方面确定如何治疗"，由此可知，这是一种辨证治疗方法，故选项 B 正确。

52. 正确答案是 B。本题主要考查的是考生能否掌握具体语言环境中大纲规定范围内词语的含义和用法。横线处的后文介绍了孙思邈、华佗等人的医学成就，由此可知，横线后的"中医"指的是用中医理论和方法治病的医生，横线处需要填入一个能修饰医生的词，选项 B "优秀"用在此处语义恰当；选项 A "神奇"、选项 C "实用"和选项 D "古老"用在此处语义都不恰当。

53. 正确答案是 C。本题主要考查的是考生能否掌握具体语言环境中大纲规定范围内词语的含义和用法。横线处需要填入一个能修饰"地理位置"的形容词。选项 C "优越"意思是优胜，优良，用在此处语义恰当；选项 A "恰当"、选项 B "合理"和选项 D "优美"均不能与"地理位置"搭配。

54. 正确答案是 C。本题主要考查的是考生能否掌握具体语言环境中大纲规定范围内词语的含义和用法。横线处需要填入一个能与"农业"和"手工业"搭配的形容词。选项 C "发达"做形容词时表示（事物）已有充分发展，（事业）兴盛，用在此处语义恰当；选项 A "富裕"、选项 B "丰富"均不能与"农业"和"手工业"搭配；选项 D "发展"是动词，用在此处不恰当。

55. 正确答案是 A。本题主要考查的是考生能否掌握具体语言环境中大纲规定范围内词语的含义和用法。横线处上下文要表达的意思是成都当时聚集了从四面八方而来的商人和船只，表现了当时经济繁荣的现象，故选项 A 正确，选项 B "雄伟"、选项 C "奇怪"和选项 D "迷人"用在此处语义都不恰当。

56. 正确答案是 B。本题主要考查的是考生能否掌握具体语言环境中大纲规定范围内词语的含义和用法。横线处下文的"擅长写校园故事""擅长……现实"都属于创作的"风格"，故选项 B 正确。

57. 正确答案是 B。本题主要考查的是考生能否掌握具体语言环境中大纲规定范围内词语的含义和用法。横线处需要填入一个能与"现实"搭配的动词，选项 B"批判"用在此处语义恰当；选项 A"判断"、选项 C"批改"和选项 D"裁判"用在此处语义都不恰当。

58. 正确答案是 A。本题主要考查的是考生能否掌握具体语言环境中大纲规定范围内词语的含义和用法。横线处上下文要表达的意思是写文章引经据典很重要，但引用的内容都是为自己的观点和态度服务的，所以文章中还要有自己的观点。横线处需要填入一个表示"观点、态度"意义的名词，选项 A"立场"表示认识和处理问题时所处的地位和所抱的态度，用在此处语义恰当；选项 B"特色"、选项 C"个性"和选项 D"标志"均没有"观点、态度"的意思，用在此处语义都不恰当。

59. 正确答案是 A。本题主要考查的是考生能否获取阅读材料的细节信息。文章第一段提到"长寿仍然是一个难以解决的问题"，选项 A 正确；第一段介绍了古代人和现代人的寿命，分别是 40～50 岁和 70～80 岁，由此可知现代人的寿命比古代人长，故选项 B、C 错误；第一段提到"医疗技术和经济的发展使人们的寿命得以延长"，这并不能说明医疗技术能使人长寿，故选项 D 错误。

60. 正确答案是 B。本题主要考查的是考生能否获取阅读材料的细节信息。文章最后一段提到"科学家们表示，他们不赞成永生或者随心所欲决定自己寿命"，故选项 A、C 错误；根据最后一段的"适当延长人类的寿命，保证人类健康、幸福的生活才是最重要的事情"可知，选项 B 正确；文章没有提到选项 D。

61. 正确答案是 A。本题主要考查的是考生能否概括阅读材料的主旨。文章主要介绍了科学家们对寿命的研究及对长寿的态度，选项 A 概括得最恰当，故正确；选项 B、C、D 均不是文章主要讲的内容，故错误。

62. 正确答案是 A。本题主要考查的是考生能否获取阅读材料的细节信息。文章第一段提到"在政治上，老子主张'无为'"，故选项 A 正确；从"老子认为，人们越追求物质，精神就越匮乏"可知，老子不主张追求物质，故选项 B 错误；文章提到老子希望能返回古代社会，返回质朴的状态，这并不是说老子提倡勤俭节约，羡慕古人的生活，故选项 C、D 错误。

63. 正确答案是 B。本题主要考查的是考生能否获取阅读材料的细节信息。文章第二段提到："老子认为，最高的善德不像火、电、光或其他物质，而是像水一样。"故选项 B 正确。

64. 正确答案是 C。本题主要考查的是考生能否理解阅读材料的主要内容。根据第二段可知，老子的主张有"万事万物都是既对立又统一的""万事万物不是固定不变的，而是可以互相转化的""保持刚柔并济"，故选项 C 正确。

65. 正确答案是 D。本题主要考查的是考生能否理解阅读材料的主要内容。选项中的例子均来源于文章最后一段，而文章最后一段中能代表老子主张的关键句是"踏踏实实、点点滴滴的积累很重要，这也是成就一番伟业的前提"，由此可知，选项A、B、C均符合老子的主张，选项D不符合老子的主张。

66. 正确答案是D。本题主要考查的是考生能否获取阅读材料的细节信息。文章第一段提到老树是一棵粗壮的参天大树，故选项D正确。

67. 正确答案是D。本题主要考查的是考生能否获取阅读材料的细节信息。从文章第二段可知，啄木鸟第一次提出要帮老树时，老树虽然害怕自己生病，但又担心啄木鸟是想占自己的便宜，所以拒绝了啄木鸟，故选项D正确，选项A、B、C均不是老树第一次拒绝啄木鸟的原因。

68. 正确答案是B。本题主要考查的是考生能否获取阅读材料的细节信息。从文章第二段"有一天，一只啄木鸟飞到树上休息"，以及"过了一年，啄木鸟又经过老树"可知，啄木鸟共有两次经过老树，并提出帮助老树，故选项B正确。

69. 正确答案是C。本题主要考查的是考生能否概括阅读材料的主旨。通过阅读文章可知，最后一段中"正视自己的问题，千万不可死要面子活受罪"是文章的主旨句，所以本文主要想告诉我们不要死要面子活受罪，故选项C正确，选项A、B、D均不是文章的主旨。

70. 正确答案是C。本题主要考查的是考生能否获取阅读材料的细节信息。文章第一段提到："珠穆朗玛峰是世界第一高峰，随着科技的进步，越来越多的人开始攀登珠峰，但随之而来的环境污染问题令人担忧。"故选项C正确。

71. 正确答案是D。本题主要考查的是考生能否获取阅读材料的细节信息。文章第一段提到："一位艺术家想出了一个办法：她组织艺术家们，将从珠峰上清理的成吨垃圾变成了艺术品，成立了'珠峰艺术展览馆'。剩下的艺术品便放到网站上拍卖，赚的钱用于清理垃圾的开销。"故选项D正确。

72. 正确答案是D。本题主要考查的是考生能否理解阅读材料的主要内容。根据文章最后一段可知，珠峰的环境已得到了改善，但每年仍有大量登山者、民众、志愿者参与清理珠峰垃圾的活动，由此可知，清理珠峰垃圾是我们每个人的责任，须多方一起努力，故选项D正确。

73. 正确答案是D。本题主要考查的是考生能否获取阅读材料的细节信息。文章第一段提到"越来越多的人走进博物馆既是为了感受一种文化氛围，也是想要从文物中探索一段历史"，故选项D正确。

74. 正确答案是D。本题主要考查的是考生能否获取阅读材料的细节信息。文章第一段提到："比如一到周末，越来越多的家长不再把孩子送去各种兴趣班，或让孩子在家闷头儿读书，而是会带孩子参观各种博物馆。"故选项D正确。

75. 正确答案是D。本题主要考查的是考生能否获取阅读材料的细节信息。文章第二段提到博物馆要提升展出的互动性和体验感，更好地满足公众的需求，这并不是说博物馆能满足公众各方面的需求，故选项D的说法错误，选项A、B、C的说法均与文章内容相符。

76. 正确答案是C。本题主要考查的是考生能否获取阅读材料的细节信息。文章第二段提到新式的传播包括纪录片、综艺节目、短视频、有意思的表情包等，没有提到电视广告，故选项C正确。

77. 正确答案是D。本题主要考查的是考生能否获取阅读材料的细节信息。文章第一段提到陈大娘一个人吃饭就很不方便，做的饭经常剩下，因此她常常吃方便面，所以陈大娘不是不会做饭，也不是喜欢吃方便面，故选项A、C错误；文章开头提到陈大娘的丈夫去世了，没有提到女儿的情况，故选项B错误；第一段末尾提到"陈大娘觉得长者食堂的饭不仅味道好，还经济实惠，所以她经常去"，故选项D正确。

78. 正确答案是C。本题主要考查的是考生能否获取阅读材料的细节信息。文章第一段提到："每周食堂的工作人员会通过微信把菜单发给有需要的老人，老人提前一天订好餐，第二天就能吃到可口的饭菜了。对于行动不便的老人，食堂还提供送餐服务。即便有时去食堂晚了，只要提前打个电话，食堂工作人员也会为老人留饭。"文章没有提到上门做饭的服务，故选项C正确。

79. 正确答案是D。本题主要考查的是考生能否理解阅读材料的主要内容。文章最后一段提到："陈大娘认为，长者食堂既充实了老人们的生活，也让他们不再感到孤独。"故选项D正确。根据最后一段的内容可知，老人们有时候会在长者食堂唱歌、跳舞，并不是在那里学唱歌、跳舞，故选项A、B错误。文章第二段提到老年人的就餐需求仅次于就医，并没有说长者食堂能帮助老人就医，故选项C错误。

80. 正确答案是C。本题主要考查的是考生能否概括阅读材料的主旨。通过阅读文章可知，第二段中"老年人的就餐需求仅次于就医，已经成为社会关注的重点问题"是文章的主旨句，所以本文主要讲的是老年人的就餐问题，故选项C正确，选项A、B、D均不是本文主要讲的内容。

第三组练习

答案速查

41. D	42. A	43. A	44. B	45. C	46. A	47. A	48. B	49. B	50. B
51. D	52. B	53. A	54. B	55. A	56. C	57. A	58. B	59. D	60. A
61. A	62. D	63. D	64. D	65. C	66. C	67. D	68. B	69. D	70. B
71. A	72. A	73. C	74. D	75. D	76. A	77. A	78. B	79. C	80. A

详细解析

41. 正确答案是 D。本题主要考查的是考生能否掌握具体语言环境中大纲规定范围内词语的语音。选项 A 应为 shǒushì，选项 B 应为 chuándá，选项 C 应为 yìtú，故选项 D 正确。

42. 正确答案是 A。本题主要考查的是考生能否掌握具体语言环境中大纲规定范围内词语的含义和用法。横线处需要填入一个表示"中心"意义的名词。选项 A"核心"表示中心，主要部分，用在此处语义恰当；选项 B"主要"和选项 C"重要"是形容词，用在此处不恰当；选项 D"中间"是方位名词，表示两端之间，用在此处语义不当。

43. 正确答案是 A。本题主要考查的是考生能否掌握具体语言环境中大纲规定范围内词语的含义和用法。横线处需要填入一个能与"平衡"搭配的动词。选项 A"维持"表示保持，可以与"平衡"搭配使用，用在此处语义恰当；选项 B"构成"、选项 C"达成"和选项 D"成立"均不能与"平衡"搭配。

44. 正确答案是 B。本题主要考查的是考生能否掌握具体语言环境中大纲规定范围内词语的含义和用法。横线处需要填入一个表示"使事物尽量发挥作用"意义的动词，并且能和"于"搭配使用。四个选项的语义都恰当，但只有选项 B"运用"能和"于"搭配使用，故选项 B 正确。

45. 正确答案是 C。本题主要考查的是考生能否掌握具体语言环境中大纲规定范围内词语的含义和用法。横线处需要填入一个表示"指示教导"意义的动词。选项 C"指导"表示指示教导，指点引导，有明确的指向性，用在此处语义恰当；选项 A"领导"表示上对下的率领，用在此处语义不当；选项 B"引导"表示指引，诱导，一般通过暗示、提醒、启发等方式让人自己去感悟，用在此处语义不当；选项 D"向导"是名词，用在此处不恰当。

46. 正确答案是 A。本题主要考查的是考生能否掌握具体语言环境中大纲规定范围内词语的含义和用法。横线处上下文要表达的意思是当地政府在积极努力地创造文化旅游品牌。选项 A"致力"表示把力量用在某个方面，用在此处语义恰当；选项 B"满足"表示感到已经足够了，用在此处语义不当；选项 C"投资"表示为达到一定目的而投入资金，用在此处语义不当；选项 D"局限"表示限制在某个范围内，用在此处语义不当。

47. 正确答案是 A。本题主要考查的是考生能否掌握具体语言环境中大纲规定范围内词语的含义和用法。横线处需要填入一个表示"使事物发生联系"意义的动词。选项 A"结合"表示人或事物间发生密切联系，用在此处语义恰当；选项 B"组合"、选项 C"集中"和选项 D"聚集"都没有这个意思，用在此处语义都不恰当。

48. 正确答案是 B。本题主要考查的是考生能否掌握具体语言环境中大纲规定范围内词语的含义和用法。横线处上下文要表达的意思是景德镇的生活节奏比大城市的生活节奏慢，所以有不少年轻人到这里度假，故选项 B"缓慢"用在此处语义恰当。

49. 正确答案是 B。本题主要考查的是考生能否掌握具体语言环境中大纲规定范围内词语的含义和用法。横线处需要填入一个能与"提出"构成动宾结构的名词。选项 B"设想"能与"提出"构成动宾结构"提出设想"，故选项 B 正确；选项 A"设计"、选项 C"思考"和选项 D"考虑"均不能与"提出"搭配使用。

50. 正确答案是 B。本题主要考查的是考生能否掌握具体语言环境中大纲规定范围内词语的含义和用法。横线处上下文要表达的意思是杂交水稻每进入一个新阶段都有新进展。选项 A"挫折"表示失败、失利，用在此处语义不当；选项 B"突破"表示打破（困难、限制等），用在此处语义恰当；选项 C"挑战"做名词时表示需要应付、处理的局面或难题，用在此处语义不当；选项 D"尝试"表示试验，用在此处语义不当。

51. 正确答案是 D。本题主要考查的是考生能否掌握具体语言环境中大纲规定范围内词语的含义和用法。横线处需要填入一个能与"难题"构成动宾结构的动词。选项 D"攻克"能与"难题"构成动宾结构"攻克难题"，故选项 D 正确；选项 A"工作"、选项 B"强占"和选项 C"夺取"均不能与"难题"搭配使用。

52. 正确答案是 B。本题主要考查的是考生能否掌握具体语言环境中大纲规定范围内词语的含义和用法。横线处需要填入一个表示"可效仿的人"意义的词语，选项 B"榜样"表示作为效仿的人或事例，用在此处语义恰当；选项 A"成就"、选项 C"代表"和选项 D"模仿"都没有这个意思，用在此处语义都不恰当。

53. 正确答案是 A。本题主要考查的是考生能否掌握具体语言环境中大纲规定范围内词语的含义和用法。横线处上下文要表达的意思是柿子中的单宁会和唾液中的蛋白质结合，并作用于舌头，使舌头感觉到涩，横线处需要填入一个表示"作用于"意义的词语。选项 A"刺激"表示现实的物体和现象作用于感觉器官，用在此处语义恰当；选项 B"到达"和选项 C"湿润"都没有这个意思，用在此处语义不当；选项 D"作用"与介词"于"搭配后用在此处才恰当。

54. 正确答案是 B。本题主要考查的是考生能否掌握具体语言环境中大纲规定范围内词语的含义和用法。横线处上下文要表达的意思是采收下来的柿子要放一段时间才能完全成熟。选项 B"存放"表示放（在某处），用在此处语义恰当；选项 A"工作"、选项 C"禁止"和选项 D"静止"都没有这个意思，用在此处语义都不恰当。

55. 正确答案是 A。本题主要考查的是考生能否掌握具体语言环境中大纲规定范围内词语的含义和用法。横线处需要填入一个表示"加工"意义的词语。选项 A"处理"表示用特定的方法对工件或产品进行加工，使工件或产品获得所需要的性能，用在此处语义恰当；选项 B"管理"、选项 C"整理"和选项 D"办理"都没有这个意思，用在此处语义都不恰当。

56. 正确答案是C。本题主要考查的是考生能否掌握具体语言环境中大纲规定范围内词语的含义和用法。横线处需要填入一个表示"在规律之外"意义的词语，选项C"例外"表示在一般的规律、规定之外，用在此处语义恰当；选项A"意外"、选项B"格外"和选项D"另外"都没有这个意思，用在此处语义都不恰当。

57. 正确答案是A。本题主要考查的是考生能否掌握具体语言环境中大纲规定范围内词语的含义和用法。横线处需要填入一个能与"发"构成动宾结构的词语。选项A"奖励"能与"发"构成动宾结构"发奖励"，故选项A正确；选项B"激励"、选项C"表彰"和选项D"表扬"均不能与"发"搭配使用。

58. 正确答案是B。本题主要考查的是考生能否掌握具体语言环境中大纲规定范围内词语的含义和用法。横线处需要填入一个能与"幸福感"构成动宾结构的动词。选项B"提升"能与"幸福感"构成动宾结构"提升幸福感"，故选项B正确；选项A"提高"、选项C"增长"和选项D"增进"均不能与"幸福感"搭配使用。

59. 正确答案是D。本题主要考查的是考生能否获取阅读材料的细节信息。文章第一段提到"既有使用规划又有文化规划，既有高楼大厦又有特色民居……各种规划融合才是最理想的"，故选项D正确。

60. 正确答案是A。本题主要考查的是考生能否获取阅读材料的细节信息。文章第二段开头提到"石库门是上海最有代表性的民居建筑"，故选项A正确，选项B错误；根据第二段中"石库门起源于江南民居，一般为三开间或五开间"可知，选项C、D错误。

61. 正确答案是A。本题主要考查的是考生能否获取阅读材料的细节信息。根据文章最后一段的内容可知，关于石库门的保护，目前有很多开发成功的案例，故选项A正确；最后一段提到开发石库门可以采用商业模式、商住结合模式等，并没有说哪种模式最好，故选项B、C错误；文章没有提到选项D。

62. 正确答案是D。本题主要考查的是考生能否概括阅读材料的主旨。文章主要介绍了石库门及其保护，故选项D正确，选项A概括得不全面，选项B、C不是文章的主要内容。

63. 正确答案是D。本题主要考查的是考生能否获取阅读材料的细节信息。文章第一段描写了大象第一次拒绝帮香蕉树的心理活动："我是吃香蕉的，又不是种香蕉的，为什么要管这些事呢？"由此可知，大象觉得事情与自己无关，所以拒绝提供帮助，故选项D正确。

64. 正确答案是D。本题主要考查的是考生能否获取阅读材料的细节信息。香蕉树第二次请求大象帮忙出现在文章第二段，它希望大象帮自己驱赶虫子，故选项D正确。

65. 正确答案是C。本题主要考查的是考生能否概括阅读材料的主旨。文章最后一段的末尾提到"如果当时自己帮助了香蕉树，那么现在就可以吃上美味的香蕉了"，由此可知，这个故事告诉我们，有时候帮助别人就是帮助自己，大象没有帮助香蕉树，它自然没有香蕉吃，故选项C正确。

66. 正确答案是C。本题主要考查的是考生能否获取阅读材料的细节信息。文章第一段提到"第一印象很重要"，故选项A错误；第一段提到"气场不仅包括一个人的外在形象，还包括一个人的内在品质"，故选项B错误；第一段提到"第一印象很重要""人们通常喜欢和跟自己气场相近的人交往"，但并不能得出"第一印象决定着人们的交往"的结论，故选项D错误；第一段提到有的人第一次见面聊不到一起，这是气场不合，故选项C正确。

67. 正确答案是D。本题主要考查的是考生能否获取阅读材料的细节信息。文章第二段主要介绍了给别人留下良好的第一印象的具体做法，其中提到"在与客户交谈时，不要随意说话"，所以说话随意不能给人留下良好的第一印象，故选项D正确。

68. 正确答案是B。本题主要考查的是考生能否获取阅读材料的细节信息。文章第二段提到"真诚是最重要的，不能用欺骗的手段骗取客户的信任"，所以，作为一名销售员，不应该使用欺诈手段，故选项B正确。

69. 正确答案是D。本题主要考查的是考生能否获取阅读材料的细节信息。文章第二段提到"对于子女的教育，苏轼也非常重视"，故选项D正确。

70. 正确答案是B。本题主要考查的是考生能否获取阅读材料的细节信息。文章第三段开头提到苏轼为人正直，故选项B正确。

71. 正确答案是A。本题主要考查的是考生能否理解阅读材料的主要内容。文章第三段提到"苏轼有很高的文学造诣，在他的作品里也随处可见其豁达的性格"，随后提到了他写的一首词。由此可知，文章提到苏轼写的词是要说明他性格豁达，故选项A正确。

72. 正确答案是A。本题主要考查的是考生能否概括阅读材料的主旨。文章主要介绍了苏轼为人正直及其乐观豁达的性格，故"豁达的苏轼"最能概括本文主旨，最适合做本文标题，故选项A正确。

73. 正确答案是C。本题主要考查的是考生能否获取阅读材料的细节信息。文章第一段提到"夫妻俩听说广东人喜欢喝粥，于是他们决定坐飞机去广东做生意"，故选项C正确。

74. 正确答案是D。本题主要考查的是考生能否获取阅读材料的细节信息。文章第二段提到当地政府的工作人员了解了夫妻俩的情况后，给他们提了一些建议，并给他们介绍了技术员，所以是当地政府的工作人员帮助了夫妻俩，故选项D正确。

75. 正确答案是D。本题主要考查的是考生能否获取阅读材料的细节信息。根据文章第二段的内容可知，夫妻俩听了当地政府工作人员的建议后，把粥和中药结合起来，和技术员一起研发了几款养生粥，故选项D正确。

76. 正确答案是A。本题主要考查的是考生能否理解阅读材料的主要内容。通过阅读文章可知，当地政府的工作人员建议夫妻俩要有创新意识，夫妻俩听取了工作人员的建议后，通过对粥进行改良创新才取得了成功，故选项A正确。

77. 正确答案是A。本题主要考查的是考生能否获取阅读材料的细节信息。文章第一段提到"消费只是一种购买活动"，故选项A正确；选项B、C、D均属于消费主义的观点，故错误。

78. 正确答案是B。本题主要考查的是考生能否获取阅读材料的细节信息。文章第二段提到扩大消费和消费主义的消费需求和消费理念都不相同，故选项A错误，选项B正确；扩大消费是理性消费，能帮助人们实现自我价值，而消费主义是非理性消费，故选项C、D错误。

79. 正确答案是C。本题主要考查的是考生能否获取阅读材料的细节信息。文章最后一段提到"逛街买东西时应以适合为主，拿起一件衣服，不能只看自己是否喜欢，更重要的是要考虑是否合适"，故选项C正确，选项D错误，选项A、B文章没有提到。

80. 正确答案是A。本题主要考查的是考生能否概括阅读材料的主旨。文章首先介绍了消费主义的观点，接着比较了消费主义和扩大消费的区别，最后对人们如何适度消费提出了一些建议，所以本文主要想告诉我们要树立正确的消费观，故选项A正确，选项B、C、D均不是本文的主要内容。

三、书面表达

第 一 部 分

第一组练习

答案速查

81. B   82. B   83. C   84. A   85. B   86. C   87. B   88. D   89. C   90. C
91. B   92. D   93. C   94. A   95. B

详细解析

81. 正确答案是B。本题主要考查的是考生能否掌握复句中关联词语的使用。根据上下文可知，此处需要填入一个表示递进关系的关联词语。四个选项中，只有选项B"除了……还……"是表示递进关系的，故选项B正确；选项A"一旦……就……"表示假设关系，选项C"只要……就……"和选项D"凡是……都……"都表示条件关系，这三个选项用在此处都不符合句义。

82. 正确答案是 B。本题主要考查的是考生能否掌握复句中关联词语的使用。根据上下文可知，此处需要填入一个表示条件关系的关联词语。四个选项中，选项 A "只要……就……"和选项 B "无论……都……"都表示条件关系，但选项 A 表示具备某种条件就能产生相应的结果，用在此处不符合句义，选项 B 表示在任何条件下都会产生同样的结果，用在此处符合句义，故选项 B 正确；选项 C "不但……而且……"表示递进关系，选项 D "尽管……可是……"表示转折关系，这两个选项用在此处都不符合句义。

83. 正确答案是 C。本题主要考查的是考生能否掌握介词和宾语的搭配。根据上下文可知，此处需要填入一个表示"向、朝"意义的介词，故选项 C 正确。

84. 正确答案是 A。本题主要考查的是考生能否掌握介词和宾语的搭配。本题考查的是"……来说"结构中应该搭配哪个介词。选项 A "就"做介词时可以表示动作的对象或话题的范围，用在此处符合句义；选项 B "自"、选项 C "在"和选项 D "把"不能出现在"……来说"的结构中。

85. 正确答案是 B。本题主要考查的是考生能否掌握句子的语序。按照事件发生的先后顺序，"吃完早饭"应该在"去找你"之前，故选项 A、D 错误；选项 C 中，时间词语"明天"出现在"吃完早饭"和"去找你"之间，句义在逻辑上不成立，故选项 C 错误，选项 B 正确。

86. 正确答案是 C。本题主要考查的是考生能否掌握句子的语序。本题主要考查多层定语的语序。一般说来，多层定语的语序是：表范围/领属的词或短语＋表指称/数量的词或短语＋动词/动词性短语＋形容词/形容词性短语＋名词/名词性短语。本题涉及的定语有数量短语"一位"、动词性短语"有二十多年教龄的"、形容词"特级"，按照多层定语的语序，应该表述为"一位有二十多年教龄的特级"，故选项 C 正确。

87. 正确答案是 B。本题主要考查的是考生能否掌握句子的语序。一般来说，表地点的介宾结构做状语时应放在动词或动词性短语之前，即"在家里"应该在"吃年夜饭"之前，故选项 B 正确。

88. 正确答案是 D。本题主要考查的是考生能否掌握句子的语序。本题主要考查多层状语的语序。一般说来，多层状语的语序是：表目的、原因或条件的介宾短语＋表时间/处所的词或短语＋表范围的词或短语＋表情态或方式的词或短语＋表对象、工具、方向的词或短语。本题涉及的状语有表范围的副词"都"、表情态的形容词"热情"、表对象的介宾短语"向他"，按照多层状语的语序，应该表述为"都热情地向他"，故选项 D 正确。

89. 正确答案是 C。本题主要考查的是考生能否掌握句子的语序。从句子表达的意思来看，刘明既聪明又好学是原因，他不会被任何难题难倒是结果，后半句的主干应该是"难题难不倒他"，故选项 A、D 错误；"什么样的"是修饰限制"难题"的定语，应该放在"难题"之前，故选项 B 错误，选项 C 正确。

90. 正确答案是 C。本题主要考查的是考生能否掌握句子的语序。句子的主干是"研究强调人们应加强体育锻炼",故选项C正确。选项A中宾语"人们"的位置错误,选项B中"体育锻炼"是"加强"的宾语,应该放在其后,选项D误把宾语"人们"当作了主语。

91. 正确答案是B。本题主要考查的是考生能否掌握各种词语之间的搭配和修饰。选项B"才"是构成复句的关联词语,表达必备条件,与"只有"搭配,形成"只有……才……"的结构,因此"才"不能删去,故选项B正确。

92. 正确答案是D。本题主要考查的是考生能否掌握各种词语之间的搭配和修饰。选项D是构成"把"字句的关键,不能删去,故选项D正确。

93. 正确答案是C。本题主要考查的是考生能否掌握各种词语之间的搭配和修饰。选项C"为"是介词,表示行为的对象,和"旅客"构成介宾结构,是"创造"的状语,删去后句子就成了病句,故选项C正确。

94. 正确答案是A。本题主要考查的是考生能否掌握各种词语之间的搭配和修饰。选项A"对"是引进"年轻干部"的介词,不能删去,故选项A正确。

95. 正确答案是B。本题主要考查的是考生能否掌握各种词语之间的搭配和修饰。选项B"需求"是"满足"的宾语,删去后句子将缺失宾语,故选项B正确。

第二组练习

答案速查

81. D 82. B 83. D 84. C 85. B 86. A 87. C 88. B 89. D 90. B
91. D 92. C 93. B 94. C 95. B

详细解析

81. 正确答案是D。本题主要考查的是考生能否掌握复句中关联词语的使用。根据上下文可知,此处需要填入一个表示假设关系的关联词语。四个选项中,只有选项D"即便……也……"是表示假设关系的,故选项D正确;选项A"非但……还……"表示递进关系,选项B"除非……才……"和选项C"只要……就……"都表示条件关系,这三个选项用在此处都不符合句义。

82. 正确答案是B。本题主要考查的是考生能否掌握复句中关联词语的使用。根据上下文可知,此处需要填入一个表示因果关系的关联词语。四个选项中,只有选项B"因为……所以……"是表示因果关系的,故选项B正确;选项A"不但……而且……"表示递进关系,选项C"要是……那么……"表示假设关系，选项D"与其……不如……"表示选择关系，这三个选项用在此处都不符合句义。

83. 正确答案是D。本题主要考查的是考生能否掌握介词和宾语的搭配。选项D"向"用在此处可以引出对象"大家"，故选项D正确。

84. 正确答案是C。本题主要考查的是考生能否掌握介词和宾语的搭配。根据上下文可知，这是个表被动的句子，应该使用表被动的介词，故选项C正确。

85. 正确答案是B。本题主要考查的是考生能否掌握句子的语序。介宾结构"从痛苦中"做状语，应该放在中心语"走出来"之前，否定副词"没"之后，故选项B正确。

86. 正确答案是A。本题主要考查的是考生能否掌握句子的语序。本题涉及的定语有数量短语"一条"、动词性短语"我十年前买"、动词短语"黑白相间"，按照多层定语的语序，应该表述为"一条我十年前买的黑白相间"，故选项A正确。

87. 正确答案是C。本题主要考查的是考生能否掌握句子的语序。"哪儿"做主语时，常与范围副词"都"构成"哪儿都……"的结构，故选项C正确。

88. 正确答案是B。本题主要考查的是考生能否掌握句子的语序。句中既有"把"字短语，又有连动短语。一般说来，"把"字短语位于动词或动词性短语之前，应该是把身份证拿下来，故选项A、C错误；连动短语的动作有先后顺序，应该是先上楼，再拿身份证，故选项D错误，选项B正确。

89. 正确答案是D。本题主要考查的是考生能否掌握句子的语序。"连……都……"是固定结构，不能随意颠倒，故选项A、C错误；"连……都……"结构中，"连"后面引出的是一个极端事例，"三岁的小孩儿喜欢上了滑雪"就是一个极端事例，故选项B错误，选项D正确。

90. 正确答案是B。本题主要考查的是考生能否掌握句子的语序。"他打算……"是句子的主体结构，所以选项A、C错误；句子的宾语是一个表示处置意义的"将"字句，"将钱退给顾客"符合处置意义，所以选项D错误，选项B正确。

91. 正确答案是D。本题主要考查的是考生能否掌握各种词语之间的搭配和修饰。选项D"期待"是"符合"的宾语，删去后句子将缺失宾语，故选项D正确。

92. 正确答案是C。本题主要考查的是考生能否掌握各种词语之间的搭配和修饰。选项C"让"是"使"的意思，具有役使义，"让学生"的"学生"是被动者，删去"让"的话，"学生"就成了主动者，不符合句义，故选项C正确。

93. 正确答案是B。本题主要考查的是考生能否掌握各种词语之间的搭配和修饰。选项B"无论"是表条件的关联词语，和后句的"都"构成"无论……都……"的结构，因此不能删去，故选项B正确。

94. 正确答案是C。本题主要考查的是考生能否掌握各种词语之间的搭配和修饰。选项C"看"与

"从"构成固定搭配"从……看",二者缺一不可,故选项C正确。

95. 正确答案是B。本题主要考查的是考生能否掌握各种词语之间的搭配和修饰。选项B"以"和"为"构成固定搭配"以……为……",不能删去,否则句子就成了病句,故选项B正确。

第三组练习

答案速查

| 81. B | 82. C | 83. B | 84. C | 85. C | 86. A | 87. B | 88. D | 89. A | 90. D |
| 91. A | 92. C | 93. A | 94. A | 95. B |

详细解析

81. 正确答案是B。本题主要考查的是考生能否掌握复句中关联词语的使用。根据上下文可知,此处需要填入一个表示递进关系的关联词语。四个选项中,只有选项B"除了……还……"表示递进关系,故选项B正确;选项A"一旦……就……"表示假设关系,选项C"只要……就……"和选项D"凡是……都……"都表示条件关系,这三个选项用在此处都不符合句义。

82. 正确答案是C。本题主要考查的是考生能否掌握复句中关联词语的使用。根据上下文可知,此处需要填入一个表示转折关系的关联词语。四个选项中,只有选项C"虽然……但是……"表示转折关系,故选项C正确;选项A"不是……而是……"表示并列关系,选项B"不但……而且……"表示递进关系,选项D"要是……那么……"表示假设关系,这三个选项用在此处都不符合句义。

83. 正确答案是B。本题主要考查的是考生能否掌握介词和宾语的搭配。根据上下文可知,此处需要填入一个表示"起于"意义的介词,故选项B正确。

84. 正确答案是C。本题主要考查的是考生能否掌握介词和宾语的搭配。根据上下文可知,此处需要填入一个表目的的介词,故选项C正确。

85. 正确答案是C。本题主要考查的是考生能否掌握句子的语序。一般说来,连动短语的动作有逻辑上的先后顺序。根据上下文可知,句中动作的顺序是先起床,再洗漱,然后出发,故选项C正确。

86. 正确答案是A。本题主要考查的是考生能否掌握句子的语序。"非常"应该放在"熟悉"之前,表示"熟悉"的程度。"像……一样"是固定结构,应该放在"非常熟悉"之前做状语,故选项A正确。

87. 正确答案是 B。本题主要考查的是考生能否掌握句子的语序。"下来"是复合趋向补语，应该放在动词"落"之后。此外，表结果或状态的复合趋向补语，其宾语应放在复合趋向补语中间，即"落下泪来"，故选项 B 正确。

88. 正确答案是 D。本题主要考查的是考生能否掌握句子的语序。介词"把"表示处置，助词"给"加在动词之前，加强"把"字句的处置效果，二者构成"把……给……"的结构，故选项 D 正确。

89. 正确答案是 A。本题主要考查的是考生能否掌握句子的语序。"最近"是动词"发生"的时间，做"发生"的状语，应放在"发生"之前，故选项 B、D 错误；"一件件"和"最近发生的"都是"怪事"的定语，按照多层定语的顺序应该是"一件件最近发生的"，故选项 A 正确。

90. 正确答案是 D。本题主要考查的是考生能否掌握句子的语序。句子的主干是"废弃物被变废为宝"，故选项 A 错误；"越来越多的"和"生活"都是"废弃物"的定语，按照多层定语的顺序应该是"越来越多的生活"，故选项 D 正确。

91. 正确答案是 A。本题主要考查的是考生能否掌握各种词语之间的搭配和修饰。选项 A "即使"是表假设的关联词语，与后句的"也"构成"即使……也……"的结构，因此不能删去，故选项 A 正确。

92. 正确答案是 C。本题主要考查的是考生能否掌握各种词语之间的搭配和修饰。选项 C "也"在句中表示同样、一样，有进一步之义，和前句的"是"相互关联，构成"是……也是……"的结构，不能删去，故选项 C 正确。

93. 正确答案是 A。本题主要考查的是考生能否掌握各种词语之间的搭配和修饰。选项 A "凭着"表示凭借，和"一股不服输的精神"构成介宾结构，在句中做状语，删去后句子就成了病句，故选项 A 正确。

94. 正确答案是 A。本题主要考查的是考生能否掌握各种词语之间的搭配和修饰。选项 A "只要"是表条件的关联词语，与后句的"就"构成"只要……就……"的结构，因此不能删去，故选项 A 正确。

95. 正确答案是 B。本题主要考查的是考生能否掌握各种词语之间的搭配和修饰。选项 B "我国"是后半句的主语，删去后句子将缺少主语，故选项 B 正确。

参考答案及解析

第 二 部 分

第一组练习

举手之劳为环保

地球是人类共有的家园，保护环境就是保护人类自己。对个人来说，只要从身边的小事做起，不用特别费力，就能为环境保护做贡献。

就个人来说，要从身边的小事做起。生活中不乱扔垃圾，不随地吐痰；洗手洗脸时随时关紧水龙头，节约用水用电；购物时，使用环保购物袋；外出时尽量不开车，选择绿色出行，乘坐公共交通或步行。

就家庭来说，做好垃圾分类就是为环保做贡献。我们日常生活中产生的垃圾越来越多。现在国家实施了垃圾分类计划，这对长期习惯于将所有垃圾堆在一起扔掉的我们来说是一个巨大的挑战。但为了绿水青山，为了子孙后代，每个家庭都要学习垃圾分类知识，积极践行环保理念。

环保关涉每一个人，关涉千家万户。我们不仅要从点滴小事做起，养成环保的好习惯，也要积极参加各种环保公益活动，做环保志愿者。

总之，只要我们从小事做起，养成文明、健康、绿色的生活习惯，我们的生活就一定会越来越好。

第二组练习

怎样预防春季流行性传染病

春天万物复苏，是流行性传染病的高发季节。因此，做好预防春季流行性传染病工作非常重要。

春季常见的传染病大都为呼吸道传染病，这些疾病传染性强、传播范围广，主要通过空气中的飞沫、尘埃等进行传播。因此，我们应尽量少到人口密集、人员混杂、空气污染严重的场所去。在室内要注意每天开窗通风，保持室内空气新鲜。要养成良好的个人卫生和生活习惯，饭前便后及接触脏东西后要洗手。个人衣物、被褥要经常换洗，勤晾晒。

及时接种疫苗也是预防流行性传染病的有效手段。我们要按计划接种疫苗，出现发热或其他不适症状要及时就医。

此外，要注意日常饮食，确保膳食搭配合理。多食用富含优质蛋白、糖类及微量元素的食物，多饮水，多吃新鲜的蔬菜和水果，摄入足够的维生素。

平时要按时作息，尽量不熬夜，避免过度疲劳。周末多进行户外体育运动，比如爬山、打球、慢跑或散步，舒展筋骨，增强体质。

第三组练习

文明交通　礼让出行

　　这是一幅有关文明交通的图片。图片上，两个小朋友正在斑马线上行走，此时，一辆行驶中的轿车也开到了斑马线附近。只见司机稳稳地停下车，让两个小朋友通过。

　　这样安全有序的画面成了清晨一道靓丽的风景线。一个地区的交通秩序彰显着这个地区的文明程度。曾几何时，行人乱穿马路、车不礼让行人的现象不仅严重影响了交通秩序，也影响了城市文明的建设。现如今，经过不断整治，人们越来越认识到遵守交通规则的重要性。文明交通、礼让出行蔚然成风。行人遇到红绿灯，不再无视，而是会自觉止步等待。汽车遇到红绿灯，也不再无视，而是会自觉停车等待。向右转弯的车辆也会主动减速或停下来避让行人。这所有的一切，不仅体现了人们遵守交通规则意识的提升，更体现了社会的文明与进步。

　　让我们继续遵守交通规则，形成良好的出行习惯，相信我们生活的社会一定会越来越美好。

第三单元 提速训练

一、听力理解

第一组练习

1. C 2. D 3. A 4. A 5. A 6. C 7. D 8. D 9. B 10. D
11. C 12. C 13. D 14. B 15. C 16. C 17. D 18. D 19. A 20. C
21. D 22. B 23. D 24. B 25. D 26. C 27. B 28. C 29. B 30. C
31. D 32. D 33. B 34. B 35. D 36. A 37. A 38. D 39. A 40. C

第二组练习

1. D 2. C 3. C 4. D 5. A 6. A 7. D 8. D 9. C 10. B
11. B 12. D 13. C 14. B 15. B 16. A 17. B 18. B 19. B 20. D
21. A 22. C 23. B 24. C 25. C 26. D 27. B 28. A 29. C 30. C
31. C 32. B 33. B 34. D 35. D 36. B 37. B 38. D 39. C 40. A

第三组练习

1. B 2. C 3. A 4. D 5. C 6. D 7. B 8. B 9. D 10. A
11. A 12. A 13. C 14. A 15. A 16. B 17. C 18. C 19. C 20. A
21. C 22. B 23. B 24. A 25. C 26. C 27. C 28. D 29. D 30. A
31. C 32. D 33. A 34. B 35. B 36. C 37. D 38. A 39. B 40. C

第四组练习

1. C 2. B 3. B 4. A 5. D 6. B 7. D 8. C 9. A 10. A

11. B	12. D	13. C	14. D	15. B	16. D	17. A	18. C	19. A	20. C
21. B	22. B	23. B	24. D	25. D	26. A	27. C	28. A	29. C	30. A
31. A	32. D	33. D	34. B	35. B	36. C	37. C	38. A	39. B	40. D

二、阅读理解

第一组练习

41. A	42. A	43. C	44. B	45. C	46. A	47. C	48. B	49. C	50. B
51. A	52. A	53. B	54. A	55. B	56. D	57. C	58. A	59. D	60. A
61. C	62. D	63. B	64. C	65. D	66. A	67. B	68. B	69. A	70. D
71. B	72. A	73. D	74. B	75. D	76. A	77. A	78. B	79. D	80. D

第二组练习

41. C	42. D	43. A	44. B	45. C	46. B	47. C	48. D	49. C	50. C
51. C	52. A	53. B	54. D	55. C	56. B	57. C	58. D	59. A	60. A
61. B	62. D	63. D	64. C	65. C	66. C	67. D	68. C	69. C	70. D
71. B	72. C	73. C	74. B	75. C	76. D	77. C	78. D	79. A	80. B

第三组练习

41. C	42. B	43. C	44. B	45. A	46. B	47. C	48. A	49. A	50. D
51. C	52. A	53. D	54. C	55. B	56. D	57. B	58. C	59. A	60. C
61. D	62. D	63. D	64. D	65. D	66. C	67. A	68. C	69. D	70. A
71. B	72. D	73. A	74. A	75. B	76. C	77. C	78. D	79. C	80. C

第四组练习

41. B	42. B	43. B	44. B	45. A	46. A	47. C	48. D	49. D	50. A

51. C	52. B	53. A	54. C	55. D	56. A	57. C	58. B	59. C	60. B
61. D	62. B	63. C	64. C	65. B	66. A	67. A	68. C	69. D	70. A
71. D	72. D	73. A	74. C	75. C	76. C	77. A	78. A	79. C	80. D

三、书面表达

● 第一组练习

| 81. B | 82. A | 83. C | 84. B | 85. D | 86. C | 87. A | 88. C | 89. B | 90. C |
| 91. C | 92. B | 93. D | 94. C | 95. D |

【参考范文】

外出旅游应注意的问题

如今，外出旅游的人越来越多，我们在外旅游时应该注意哪些问题呢？

首先，要做好出行计划。具体包括：选择合适的交通工具，提前了解出行当天的天气情况，安排好旅游线路，准备好证件、必备的药物等。

其次，尽量不要前往过于偏僻的景点，特别是无人管理的荒郊野外，以免迷路。夜间活动时应特别注意安全，最好告知亲友或与人结伴而行。

再次，旅途中要保证吃好住好。在饮食方面，要注意卫生，选择卫生干净的餐馆就餐。有些人一遇到当地特色美食，就控制不住胃口，暴饮暴食，结果导致肠胃不适，无法继续游玩。在住宿方面，要选择安全舒适的旅馆。

最后，旅途中要劳逸结合，避免因为赶时间而过度疲劳，从而影响行程。同时，还要注意保护环境，注意林区防火等。

总之，在外旅游安全第一。古人云："在家千般好，出门万事难。"这说的就是人在外面可能会遇到各种问题，所以千万不能大意。

● 第二组练习

| 81. A | 82. C | 83. D | 84. C | 85. D | 86. D | 87. B | 88. C | 89. D | 90. A |

91. D   92. C   93. C   94. B   95. C

【参考范文】

为梦想而奋斗的人

丽丽和我从小就是好朋友，她长得甜美可爱，人见人爱，而且她从小就喜欢跳舞，只要看到电视上有人跳舞，就会跟着跳起来。

小时候，我们俩一起在舞蹈班学舞蹈，一套基本动作练下来，人累得汗流浃背，吃不了苦的我最终选择了退出。反观丽丽，她似乎一点儿也不累，带着自信又迷人的微笑，一副很享受的样子。对此，我感觉特别不可思议，就问道："丽丽，你不累吗？"丽丽说："累是累，但我喜欢跳舞，就不觉得累了，我长大后要当一名舞蹈家"。

果然，丽丽坚持了下来。因为有梦想，她克服了常人难以想象的困难。当我坐在家里看电视时，她在舞蹈房里练功；当我在外游玩嬉戏时，她还在舞蹈房里练功。

冬去春来，丽丽奋斗的汗水浇灌出了惊艳的花朵，她表演的舞蹈在国际舞蹈大赛中荣获金奖，她离梦想又近了一步。看着领奖台上婀娜挺拔的丽丽，她认真刻苦训练的身影浮现在我眼前。是啊，有梦想的人，为梦想而奋斗的人，最终一定能成功。

第三组练习

81. B   82. C   83. B   84. D   85. A   86. C   87. B   88. C   89. D   90. B
91. D   92. C   93. C   94. D   95. D

【参考范文】

谢谢你，助人为乐的小伙子

尊敬的报社领导：

您好！

我以无比激动的心情给贵社写信，通过您转达我对贵社助人为乐的小伙子李杰的感激之情，并希望贵社对其提出表扬。

事情是这样的，前两天，我70岁的老母亲一个人去市场购物，在回家的地铁上，李杰看见我母亲背着竹筐很不方便，就站在她背后帮忙托着竹筐的底部，直到她到站。我母亲下地铁后，李杰不放心，也跟着出了地铁站，并将她的竹筐背在自己身上，最终把她送到了家。我母亲非常感动，非要留李杰吃饭不可，但李杰一再推辞。后来我们才打听到他是贵社的员工。

几天来，我母亲一直念念不忘，不停地催促我给贵社领导写一封表扬信，表扬尊老爱幼、助人为乐的好青年李杰。助人为乐是中华民族的传统美德，作为新时代青年，李杰给我们树立了榜样，值得全社会学习。我们也非常感谢贵社培养了这么好的员工。

李杰的爱心让我们更加坚信：只要人人献出一点儿爱，我们的世界将会变得更加美好。

此致

敬礼！

一位老母亲的儿子：张大伟
2022 年 12 月 5 日

第四组练习

81. D 82. A 83. B 84. C 85. A 86. D 87. D 88. C 89. A 90. B
91. B 92. C 93. B 94. A 95. B

【参考范文】

百善孝为先

读了江革的故事，我被他孝老爱亲的行为所感动。

正如《论语》中所说："弟子入则孝，出则悌。"《孝经》中也说："夫孝，天之经也，地之义也，民之行也。"孝老爱亲不仅是中华民族自古以来的优秀传统美德，更是先辈们传承下来的宝贵精神财富。东汉时期的江革感念母亲的养育之恩，一边努力工作，一边尽心尽力照顾母亲，在吃穿用方面，他给母亲的都是最好的，自己却是粗茶淡饭。我们应该学习江革身上孝老爱亲的美好品质。

从古至今，孝是衡量一个人是否善良的重要标志。一个孝敬父母的人一定是善良的人，一定具有很强的责任感，也一定是堪当重任的人。因孝老爱亲，江革受到朝廷的提拔重用。反之，一个人若连自己的父母都不孝敬，也很难关爱其他人。

老吾老，以及人之老；幼吾幼，以及人之幼。优秀美德是一个国家繁荣昌盛的重要基石。在我看来，向江革学习永远不会过时，中华民族孝老爱亲、尊老敬老的传统美德当生生不息，代代传承。让我们从江革身上汲取力量，做新时代孝老爱亲的好青年。

第四单元 实战演练

模拟试卷（三）

一、听力理解

1. A 2. C 3. D 4. D 5. A 6. D 7. C 8. A 9. D 10. B
11. B 12. D 13. B 14. D 15. D 16. C 17. C 18. C 19. B 20. C
21. D 22. D 23. C 24. B 25. A 26. B 27. C 28. D 29. B 30. B
31. A 32. B 33. C 34. B 35. B 36. C 37. D 38. C 39. C 40. B

二、阅读理解

41. A 42. B 43. A 44. C 45. C 46. A 47. C 48. B 49. A 50. B
51. A 52. C 53. C 54. C 55. A 56. B 57. D 58. A 59. B 60. C
61. D 62. D 63. B 64. A 65. C 66. C 67. A 68. D 69. C 70. D
71. A 72. A 73. D 74. C 75. D 76. C 77. D 78. A 79. D 80. A

三、书面表达

81. C 82. D 83. B 84. A 85. B 86. D 87. C 88. C 89. B 90. B
91. D 92. A 93. B 94. A 95. B

【参考范文】

我助人，我快乐

每个人都是社会的一员，每个人都有可能遇到困难。当有人需要帮助时，我们伸出手及时予以帮助，我们自己也会感到快乐。

我一直很想去动物园看猴子，无奈妈妈工作太忙没时间带我去。这个周日妈妈终于休息了，我们一大早就坐公交车赶到了动物园，动物园里早已是人山人海。我和妈妈穿过长长的通道直奔猴山，终于见到在猴山上嬉戏玩耍的猴子。我兴奋极了，看着猴子们灵动地跳来跳去。好久没来，猴妈妈都有猴宝宝了，只见猴宝宝依偎在猴妈妈的怀里，猴妈妈时不时地摸摸它的脑袋，母子间的温馨互动让我异常感动，我不由得拉紧了妈妈的手。

突然，我身边的一个小妹妹大声哭了起来，边哭边喊着"妈妈"。正当我疑惑时，我的妈妈已经蹲下身安慰起小妹妹来。原来，小妹妹和她妈妈走散了。知道事情的原委后，妈妈和我顾不得继续欣赏猴子们有趣的表演，赶紧带着小妹妹去公园管理处发布寻人启事。过了一会儿，小妹妹的妈妈找了过来，母女相逢，喜极而泣，她们不停地向我们致谢。

这样一耽搁，转眼已近中午，我们没时间继续游动物园了，但能帮助小妹妹找到她的妈妈，我非常高兴，这种高兴不亚于见到我喜欢的猴子。原来，帮助他人能使自己这样快乐。

模拟试卷（四）

一、听力理解

1. C	2. D	3. C	4. D	5. C	6. D	7. B	8. B	9. B	10. A
11. C	12. B	13. D	14. B	15. C	16. C	17. D	18. C	19. B	20. D
21. D	22. D	23. C	24. A	25. B	26. C	27. B	28. A	29. A	30. B
31. B	32. D	33. D	34. C	35. C	36. C	37. D	38. B	39. D	40. C

二、阅读理解

41. A	42. B	43. C	44. B	45. A	46. C	47. B	48. B	49. D	50. C
51. C	52. A	53. B	54. C	55. A	56. D	57. C	58. B	59. D	60. B
61. C	62. A	63. D	64. C	65. D	66. C	67. A	68. D	69. D	70. C
71. D	72. A	73. A	74. D	75. D	76. C	77. C	78. D	79. C	80. A

三、书面表达

| 81. C | 82. D | 83. D | 84. B | 85. C | 86. A | 87. B | 88. C | 89. B | 90. A |
| 91. D | 92. B | 93. A | 94. D | 95. A | | | | | |

【参考范文】

我的朋友

我最要好的朋友便是皮皮了。皮皮是个女孩子，与我并不同班。我刚认识她的时候，她穿着一身迷彩色的运动服，戴着帅气的鸭舌帽，像一个活泼开朗的假小子。

皮皮喜欢金庸，喜欢写一些天马行空的武侠小说。有一次，班里在传阅她的小说，我只是看了一眼，便爱上了她写的故事。之后我见到她本人，更是有一见如故之感。随后的日子里，我不仅有了免费的小说看，更有了一生最好的朋友。

皮皮喜欢和周围的人称兄道弟，甚至连老师都不放过。一次，我们在教室外面的走廊讨论历史故事的情节，历史老师恰巧经过，我们马上停止了夸张的动作和聒噪的声音。"老师好！"我的反应还算快。可是皮皮似乎还没有从精彩的故事情节中回过神来，无意识地说了一句"峰哥好"。顿时，历史老师的表情变了，但是随后也以一笑化解了尴尬。

这就是皮皮，我最好的朋友，有才气，更有真性情。

口试部分

第一单元 摸底检测

口试模拟试卷（一）

一、朗读短文

过去几十年，// 中国经济 / 取得了 / 历史性成就，// 但也付出了 / 一些代价。/// 在经济高速发展的同时，// 环境污染问题 / 越来越突出，// 人民群众 / 要求改善环境的呼声 / 也越来越强烈。/// 人们意识到 / 提高生活品质 / 不能以 / 牺牲环境 / 为代价。/// 经过长期实践，// "绿水青山 / 就是金山银山" 的理念 / 已深入人心，// 节约资源 / 和保护环境 / 也已经成为基本国策。/// 无论是城市 / 还是乡村，// 都开始 / 实行最严格的 / 环境保护制度，// 破坏环境的行为 / 会受到法律惩处。/// 人们有意识地 / 保护环境，// 舒适的环境 / 也给人以 / 美的享受。/// 建设美丽中国，// 坚持绿色发展之路，// 像对待生命一样 / 对待生态环境，// 已经成为 / 大多数人的自觉行动。

二、回答问题

问题 1 参考答案：

绿水青山就是金山银山。

问题 2 答案要点：

问题中涉及两个关键信息：一是让考生列举"政策或措施"，二是列举的政策或措施是有关"环境保护"的。考生围绕这两个关键信息回答出三条左右政策或措施即可。

口试模拟试卷（二）

一、朗读短文

刘奶奶 / 今年已经 75 岁了。/// 这天，// 她一个人 / 去菜市场 / 买菜，// 路上 / 不小心跌倒了。/// 此时，// 大学生王华 / 正好路过，// 见刘奶奶 / 倒在地上 / 起不来，// 王华赶紧上前 / 询问刘奶奶的伤势。///

刘奶奶对王华说:// "我没什么大问题，// 就是 / 脚扭了一下，// 可以扶我一把吗？" /// 王华慢慢地 / 将刘奶奶 / 扶了起来，// 随后 / 又拨打了120。/// 救护车很快就到了，// 医护人员 / 将刘奶奶抬上担架。/// 王华通知刘奶奶的家人后，// 也去了医院。/// 到医院后，// 王华又 / 跑前跑后 / 照顾刘奶奶。/// 当得知 / 王华只是一个路人时，// 在场的人 / 都被她 / 助人为乐的精神 / 打动了，// 纷纷为她点赞。/// 刘奶奶的家人 / 也很快赶到了医院，// 他们拉着王华的手 / 不停地致谢。

二、回答问题

问题1参考答案：

　　被她助人为乐的精神打动了。

问题2答案要点：

　　这是一个开放性问题。有人认为，还是不扶为好，一是担心扶的手法不对会加重老人的伤势，二是担心老人年老糊涂，会误以为救助者是肇事者。多数人认为还是应该扶起老人，这符合我国传统的道德文化，符合社会主流文化，是应该弘扬的正能量。

参考答案及解析

第二单元　专项训练

● 第一组练习

一、朗读短文

（一）停顿提示

我们每个人／每天／都会产生垃圾。／／／应该怎样处理／这些垃圾呢？／／／以前，／／我们通常是／把垃圾／简单地／堆放在一起，／／然后进行掩埋／或焚烧，／／这会使空气、／土壤、／地下水等／受到污染。／／／因此／需要进行垃圾分类，／／提高／每一类垃圾的"纯度"，／／争取将污染程度／降到最低。／／／此外，／／分门别类地／处理垃圾，／／把有用的物资，／／如纸、／塑料、／玻璃等，／／从垃圾中／分离出来，／／还可以变废为宝，／／物尽其用，／／有效提高／垃圾的资源价值／和经济价值。／／／

为了改善／人居环境，／／更好地／循环利用资源，／／我国已经开始实施／垃圾分类制度。／／／通过宣传、／指导，／／民众垃圾分类的意识／和投放准确率／均／大幅提高。

（二）难点分析

1.字词方面

（1）多音字

①都：在本文读"dōu"。

②处：在"处理"中读"chǔ"。

③地：在"简单地""分门别类地""更好地"中读"de"，在"地下水"中读"dì"。

④为：在"变废为宝"中读"wéi"，在"为了"中读"wèi"。

⑤率：在"准确率"中读"lǜ"。

（2）容易混淆的字

①塑料：不要将"塑（sù）"读成"suò"。

②循环：不要将"循（xún）"读成"盾（dùn）"。

③大幅：不要将"幅（fú）"读成"副（fù）"。

2.语音方面

（1）声母

重点区分两组声母的发音：

①z、c、s 和 zh、ch、sh

307

z[ts]、c[ts^h]、s[s] 是舌尖前音，发音时，舌尖接触或贴近上齿背，舌头是平的，所以也叫平舌音。三个声母都是清音，发音时声带不振动，不要把z发成声带振动的浊音。c是送气音，发音时气流要吐出来，符号[^h]就代表送气。

zh[tʂ]、ch[tʂ^h]、sh[ʂ] 是舌尖后音，发音时，舌尖要卷起来，接触或贴近硬腭，也叫卷舌音。

本文中出现的声母是 z、c、s、zh、ch、sh 的字如下：

z：怎、在、最、资

c：此、从

s：塑

zh：这、争、纸、中、值、制、指、众、准

ch：产、处、常、纯、程、出、传

sh：生、是、烧、使、水、受、善、始、实、施、识

② j、q、x

j[tɕ]、q[tɕ^h]、x[ɕ] 是舌面前音，发音时，舌面前部接触或贴近硬腭。

本文中出现的声母是 j、q、x 的字如下：

j：圾、简、进、将、降、尽、价、经、济、居、境、均

q：前、起、气、取、其、确

x：些、行、下、需、效、循、宣

（2）韵母

e[ɤ] 是舌面、后、半高、不圆唇元音，发音时嘴唇向外自然展开。

ü[y] 是舌面、前、高、圆唇元音，发音时嘴唇应拢圆。

本文中出现的韵母是 e、ü 的字如下：

e：个、这、呢、地、的

ü：需、取、居、率

（3）声调

普通话有以下四个声调：

①阴平：也叫一声，是高平调，发音最高而且平，调值为55。如本文中的"天""都""生""垃圾""应该"等。

②阳平：也叫二声，是升调，发音从中到最高，调值为35。如本文中的"人""前""常""然"等。

③上声：也叫三声，是曲折调，发音从较低到最低后再到较高，调值为214。如本文中的"我""每""产""怎""理"等。

④去声：也叫四声，是降调，发音从最高到最低，调值为51。如本文中的"个""会""样""这"

"是"等。

两个或两个以上的音节连在一起说，有时声调会发生变化，一般称之为变调。这里先介绍上声变调的规律。

①上声 + 上声 → 阳平 + 上声

两个上声连读时，第一个上声变为阳平，调值为35。如本文中的"处理""土壤""可以""指导"等。

②上声 + 阴平 / 阳平 / 去声 → 半上声 + 阴平 / 阳平 / 去声

上声和非上声即阴平、阳平、去声连读时，上声变为半上声，调值为21。如本文中的"每个""每天""产生""怎样""以前"等。

3. 语调方面

（1）重音

本文有几处词语需要重读，以表示强调：

①应该怎样处理这些垃圾呢？

②以前，我们通常是把垃圾简单地堆放在一起，然后进行掩埋或焚烧。

③争取将污染程度降到最低。

④为了改善人居环境，更好地循环利用资源，我国已经开始实施垃圾分类制度。

（2）句调

本文属于说明性短文，除几个句子读升调或降调外，其余均读平调。下边是读升调和降调的句子：

①应该怎样处理这些垃圾呢？↗

②争取将污染程度降到最低。↘

③有效提高垃圾的资源价值和经济价值。↘

二、回答问题

问题1参考答案：

可以变废为宝，物尽其用，有效提高垃圾的资源价值和经济价值。

问题2答案要点及答案示例：

1. 答案要点

本题要求考生谈如何做好垃圾分类工作，关键信息是"做好……工作"，而不是"如何进行垃圾分类"。垃圾分类工作不仅是个人的事情，也是全社会的责任，所以可以从个人和社会两方面来谈。

2. 答案示例

我认为垃圾分类既是居民个人的事情，也是全社会的责任，做好垃圾分类工作，可以有效改善生活环境，提高垃圾的资源价值和经济价值，实现文明社会的可持续发展。怎样才能做好垃圾分类工作？垃圾分类是一项长期而复杂的工作，需要全社会携手，相互支持，密切配合。

从管理者层面来说，第一，要做好垃圾分类的宣传和教育工作，强化人们的垃圾分类意识，使人们认识到垃圾分类的重要性，并养成良好的垃圾分类习惯；第二，要做好垃圾分类的相关工作，包括取缔旧的垃圾回收方式，设立专门的垃圾分类回收站点，增加分类垃圾桶等；第三，对垃圾分类做得好的个人和单位给予奖励，树立榜样；第四，开展垃圾分类监督检查工作，通过各种方式的检查，督促人们做好垃圾分类工作。

从居民个体层面来说，每个人要积极配合、自觉主动地进行垃圾分类，养成良好的垃圾分类习惯；要认真学习垃圾分类知识，力求准确分类；要志愿服务于垃圾分类宣传和监督工作，尽公民的一份责任。

第二组练习

一、朗读短文

（一）停顿提示

古人云：// "书山有路 / 勤为径，// 学海无涯 / 苦作舟。" /// 意思是说，// 一个人 / 要想在读书学习上 / 取得成就，// 就要勤奋刻苦。///

王充 / 是东汉人，// 他 / 从小 / 就爱读书。/// 可是 / 由于家里很穷，// 他根本没钱买书。/// 有一天，// 他路过一家书店，// 进去后 / 发现里边 / 摆满了各种书。// 他拿起一本 / 就读了起来，// 直到书店关门 / 才依依不舍地离开。/// 此后，// 无论是 / 寒冷的冬季 / 还是 / 炎热的夏季，// 王充 / 都会到书店读书。/// 这家店的书 / 读完了，// 他就去另一家店。// 王充热爱读书，// 但他 / 并不死读书，// 而是 / 一边读 / 一边记笔记，// 遇到不懂的问题 / 就向周围的人请教。/// 多年的勤奋刻苦 / 让王充有了 / 丰富的知识积累，// 后来 / 他写出了《论衡》/ 这部重要的 / 哲学著作，// 成了 / 著名的思想家。

（二）难点分析

1. 字词方面

（1）多音字

①教：在"请教"中读"jiào"。

②累：在"积累"中读"lěi"。

③得：在"取得"中读"dé"。

（2）容易混淆的字

①买：不要将"买（mǎi）"读成"卖（mài）"。

②另：不要将"另（lìng）"读成"别（bié）"。

2. 语音方面

（1）声母

n[n] 和 l[l] 都是舌尖中音，都是浊音。有的人发不好这两个音，主要是没能很好地区分这两个音的发音部位。n 是鼻音，发音时气流从鼻腔通过；l 是边音，发音时气流从舌头的两边通过。

本文中出现的声母是 n、l 的字如下：

n：拿、年

l：路、里、了、离、论、冷、另、累

（2）韵母

难点在二合复韵母和三合复韵母方面。

①二合复韵母

二合复韵母是指由两个韵母组合成的复合韵母。发音时，发音部位有前后高低的变化，即口型有变化。例如：发 ai 时，舌头逐渐抬高。

二合复韵母有九个：ai、ei、ao、ou、ia、ie、ua、uo、üe。其中，ao、ou、uo 等音容易被读成 o，这是不对的。

本文中出现的韵母是二合复韵母的字如下：

学、海、涯、作、舟、说、在、爱、家、没、买、过、后、摆、来、到、才、开、还、夏、都、周、多、累、写

②三合复韵母

三合复韵母是指由三个韵母组合成的复合韵母。发音时，发音部位也有前后高低的变化，即口型有变化。例如：发 uai 时，舌头要从后高处向前低处移动，而后再向前高处移动，这些移动是一气呵成的，中间没有停顿。

三合复韵母有四个：iao、iou、uai、uei。它们都是中响复韵母，意思是第一个元音又轻又短，中间的元音响亮清晰，最后的元音比较含混。

本文中出现的韵母是三合复韵母的字如下：

有、为、要、就、小、由、会、围、教

3. 语调方面

（1）重音

本文有几处词语需要重读，以表示强调：

①书山有路勤为径,学海无涯苦作舟。

②可是由于家里很穷,他根本没钱买书。

③他拿起一本就读了起来,直到书店关门才依依不舍地离开。

④此后,无论是寒冷的冬季还是炎热的夏季,王充都会到书店读书。

⑤多年的勤奋刻苦让王充有了丰富的知识积累,后来他写出了《论衡》这部重要的哲学著作,成了著名的思想家。

(2)句调

本文属于记叙性短文,除几个句子为了强调需要读降调外,其余均读平调。读的过程中要带着赞美的感情。下边是读降调的句子:

①意思是说,一个人要想在读书学习上取得成就,就要勤奋刻苦。↘

②可是由于家里很穷,他根本没钱买书。↘

③多年的勤奋刻苦让王充有了丰富的知识积累。↘

二、回答问题

问题1参考答案:

一边读一边记笔记,遇到不懂的问题就向周围的人请教。

问题2答案要点及答案示例:

1. 答案要点

本题是一道议论类题目,要求考生就某观点发表自己的看法。虽然每个人对"书山有路勤为径,学海无涯苦作舟"这句话的理解可能不太一样,但这句话所表达的核心思想不会变,那就是读书和学习除了勤奋刻苦外,没有捷径可走。再延伸一些,可以谈一个人要做到勤奋刻苦,就要有发奋努力的精神,同时也要像王充那样讲究方法。

2. 答案示例

"书山有路勤为径,学海无涯苦作舟"的意思是在读书和学习的道路上,没有捷径可走,也没有顺风船可乘,要想获得更多的知识,勤奋刻苦是必不可少的条件。

如果一个人每天意志消沉,只想混日子,那么他是无法学有所成的。只有勤奋刻苦才是通向成功彼岸的桥梁。除此以外,没有捷径可走。古往今来莫不如此,东汉的王充如果没有在书店博览群书,没有丰富的知识积累,恐怕是完不成《论衡》的。

但勤奋刻苦并不意味着蛮干,也要讲究方法,科学的方法会起到事半功倍的作用。王充读书时不是死读书,而是边读边记笔记,这个过程可以给自己一个思考的机会。所以,我们在读书、学习时也要采用科学合理的方法，多动脑，勤思考。

总之，我认为，要想在读书和学习的道路上走得更远，就一定要勤奋刻苦。只有奋斗了，拼搏了，才能在学问上取得成就。

第三组练习

一、朗读短文

（一）停顿提示

俗话说，//家有一老，//如有一宝。///世界上一些长寿地区/生活着/很多百岁老人。///联合国曾规定，//长寿地区的标准是/每百万人口中/有75位以上的/百岁老人。///那么，//什么样的人/会长寿？///除遗传因素外，//80%以上的长寿老人/都有以下特点：//体重适中，//运动适度，//睡眠质量高，//心态乐观，//生活环境无污染，//等等。///过去，//人们认为/活得越久越好；//但现在，//越来越多的人/对长寿有了新的认识，//认为/没必要/片面追求长命百岁，//健康长寿/才最重要。///长寿/不是单纯地活着，//而是要/活得有质量。///一个人/要活得健康，//活得开心，//就要多做/对社会有益的事。

（二）难点分析

1. 字词方面

（1）多音字

①长：在"长寿""长命百岁"中读"cháng"。

②曾：在"曾规定"中读"céng"。

③传：在"遗传"中读"chuán"。

④重：在"体重"中读"zhòng"。

⑤乐：在"乐观"中读"lè"。

（2）容易混淆的字

①遗传：不要将"遗（yí）"读成"贵（guì）"。

②适中：不要将"适（shì）"读成"舌（shé）"。

③睡眠：不要将"眠（mián）"读成"民（mín）"。

（3）百分比的读法

本文有一处出现了百分数，即"80%"，应读作"百分之八十"。百分数是分母为100的分数，读作"百分之……"，比如"86%"，应读作"百分之八十六"。

2. 语音方面

（1）声母

①送气音和不送气音

普通话声母中的送气音和不送气音非常重要，一个音节常常会因送气或不送气而在意义上有所不同，例如"报"和"泡"，"打"和"塔"。

我们可以通过一个小实验来感觉送气音和不送气音的区别。拿出一张纸条，把它垂直对着嘴巴，分别发一下送气音 p、t、k、c、ch、q 和不送气音 b、d、g、z、zh、j。这时你会发现，发送气音时，纸条会颤动，发不送气音时，纸条基本不颤动。这表明，发送气音时有气流从口腔里出来。

本文中出现的声母是送气音或不送气音的字较多，这里列举出部分供考生练习：

送气音：长、区、曾、口、除、传、特、体、态

不送气音：家、宝、界、地、着、多、百、国、规、定

②清音和浊音

清音是和浊音相对的。所谓清音，是指发音时声带不振动的音。所谓浊音，是指发音时声带振动的音。有的语言中有很明显的清浊对立，但普通话中清浊对立并不突出，除了 m、n、l、r 四个声母是浊音外，其余声母都是清音。所以，需要注意的是，不要把 b、d、g、z、zh、j 等发成浊音。

（2）声调

这里主要介绍"一"的变调。

"一"单念或位于词句末尾，以及"一"作为序数、基数时，都不变调，读作"yī"。在以下三种情况中，"一"的声调会发生变化：

①一（yī）+去声 → 一（yí）+去声

"一"用在去声前边时，要读成阳平"yí"。如本文中的"一个"。

②一（yī）+阴平/阳平/上声 → 一（yì）+阴平/阳平/上声

"一"用在非去声即阴平、阳平、上声前边时，要读成去声"yì"。如本文中的"一老""一宝""一些"。

③"一"用在相同的动词中间时，要读轻声"yi"。如"摸一摸""想一想""看一看"等。

3. 语调方面

（1）重音

本文有几处词语需要重读，以表示强调：

①长寿地区的标准是每百万人口中有 75 位以上的百岁老人。

②过去，人们认为活得越久越好。

③健康长寿才最重要。

④长寿不是单纯地活着，而是要活得有质量。

（2）句调

本文属于议论性短文，语调应平缓，语速急缓均匀，有的地方需要有高低起伏的变化：

①那么，什么样的人会长寿？↗

②过去，人们认为活得越久越好；但现在，越来越多的人对长寿有了新的认识，认为没必要片面追求长命百岁，健康长寿才最重要。↘

③一个人要活得健康，活得开心，就要多做对社会有益的事。↘

二、回答问题

问题1参考答案：

每百万人口中有75位以上的百岁老人。

问题2答案要点及答案示例：

1. 答案要点

本题是一道议论类题目，考生应先明确提出自己的观点，然后给出理由来支持自己的观点。

2. 答案示例

我认为，长寿并不是最重要的。一个人来到世上，并不是为了追求长寿，而且寿命的长短一般也不是我们自己所能掌控的。既然如此，我们为什么不让自己的一生活得更精彩、更有意义呢？因此，比起生命的长度，我认为生命的宽度和厚度更重要。

古今中外英年早逝的伟人不胜枚举。我国唐代著名文学家王勃只活到了26岁，但他却留下了千古名诗；德国物理学家赫兹只活到了36岁，但他在电磁学方面做出了巨大的贡献……这些人的生命何其短暂，但他们在有限的生命里增加了生命的宽度和厚度，为人类做出了不朽的贡献。

我并不反对追求生命的长度，希望活得更久是人之常情，但我反对行尸走肉般的生活。我们每个人既然来到世上，就要做些有意义、有价值、值得铭记的事情。无论能活多久，只要生命的宽度无限，就未白活一回。

第三单元　提速训练

第一组练习

一、朗读短文

　　常言道，//生命/在于运动。///不运动/或/运动不足时，//人的免疫力/会下降，//进而导致/疾病的发生。///运动/是健康的前提，//可以让人/时刻保持活力。///但/运动要讲究/科学、适度，//每个人的体质/都不一样，//我们要选择/适合自己的/运动方式，//切不可/盲目跟风。///过度运动/或/运动方式不对，//不仅起不到/强身健体的作用，//反而会/影响健康。///近些年的/医学研究也证明，//轻度/和中度运动，//例如慢跑、散步、打太极拳等，//更有益于/身心健康，//不仅能//增强心肺功能，//还有利于/消除疲劳，//令人/心情愉快、精神振奋。///医生建议，//每周跑步/2～3次，//同时/再辅助一些/轻度运动项目，//就能达到/强身健体的目的。

二、回答问题

问题1参考答案：

　　轻度和中度运动。

问题2答案要点：

　　首先，考生应表示赞同"生命在于运动"的说法；其次，举例说明运动的好处，比如能让人精神振奋，增强抵抗力，保持健康的体魄等；最后，强调运动要适度，并给出具体的建议。

第二组练习

一、朗读短文

　　华罗庚小时候/家里并不富裕，//父母开了间/小杂货店，//他每天/都要到店里/帮着算账。///父亲见他/聪明机灵，//就把他/送到学校读书。///在学校，//华罗庚/对数学/产生了浓厚的兴趣。//老师看他/很喜欢数学，//就常常/单独给他辅导。///华罗庚/每天放学回到家/帮父母干完活儿后，//顾不上吃饭/就开始钻研数学，//他常常/学到后半夜/也不休息。

　　初中毕业后，//家里无力/再供华罗庚念书，//他只好辍（chuò）学了。///但他仍坚持/自学数学，//

即便后来 / 因病导致左腿残疾，// 在 / 贫病交加的情况下，// 他也没有放弃。/// 经过多年努力，// 他在数学研究上 / 取得了巨大成就，// 最终成为 / 著名的数学大师。

二、回答问题

问题 1 参考答案：

数学。

问题 2 答案要点：

本题要求考生谈"感想"，即有感而发。关于这个故事，不同的人获得的感受是不一样的。有的人会想到兴趣是最好的老师，华罗庚之所以能成为数学大师，是因为他对数学感兴趣，并不断持续研究；有的人会想到穷且益坚，虽然华罗庚家里不富裕，但他依然保持对数学的热爱，一边帮助家里，一边研究数学；有的人会想到身残志坚，华罗庚虽然因病残疾，但他并没有消沉，对数学的热爱未减，仍继续奋斗。

考生最好选择一个自己有话可说的角度，这样谈起来会更深入。首先，考生可以简单概括一下自己感触最深的部分，便于后边抒发情感；其次，提出自己的观点，并举例证明自己的观点；最后，进行总结。

第三组练习

一、朗读短文

司马光 / 是我国古代 / 著名的史学家。/// 司马光小时候 / 跟小伙伴们 / 在院子里玩耍，// 一个调皮的小男孩儿 / 爬到了 / 一口水缸上，// 还没站稳 / 就 / 失足掉进了水缸里。/// 小男孩儿 / 被吓坏了，// 在水中 / 拼命挣扎。/// 这时，// 小伙伴们才发现 / 有人掉进了水缸里。/// 大家惊慌失措，// 胆小的孩子 / 甚至 / 被吓哭了，// 有的孩子 / 赶紧跑去找大人。/// 司马光 / 灵机一动，// 从地上 / 搬起一块大石头，// 使劲向水缸砸去。/// 水缸被砸破，// 水 / 涌了出来，// 小男孩儿 / 也顺利得救。/// 这时，// 大人们赶来了，// 看见 / 掉进水缸的孩子 / 已经脱离危险，// 纷纷称赞司马光 / 是个机智勇敢的孩子。

二、回答问题

问题 1 参考答案：

他从地上搬起一块大石头，使劲向水缸砸去。

问题 2 答案要点：

本题是一道问方法的题，问题中涉及两个关键信息：一是"结合自身经历"，二是"如何提高学习或工作效率"。考生围绕这两个关键信息回答即可。在叙述方法时要注意分条列点，条理清晰。

第四组练习

一、朗读短文

　　调查显示，//2018年/全国儿童青少年/总体近视率为/53.6%，//其中，//6岁儿童近视率为/14.5%。///儿童青少年近视问题/非常严峻，//保护视力/刻不容缓。///

　　研究表明，//除/先天遗传因素外，//用眼习惯不好/也是导致近视的/重要因素。///如果长期/在光线不足的环境下阅读，//或/用眼时间过长/等，//都会对视力/造成不良影响。///近年来，//电子产品普及，//一些孩子/长时间使用电脑、/手机/等/电子产品，//进一步加剧了/儿童青少年的近视率。///

　　如今，//全国各地/都/加大了/保护视力、/预防近视的/宣传力度，//一些学校/延长了/学生的/体育锻炼时间，//希望通过跑步、打球、做操/等/多种形式的/户外运动，//帮助学生/放松眼睛，//强身健体。

二、回答问题

问题1参考答案：

　　用眼习惯不好。

问题2答案要点：

　　本题涉及两个问题：一是谈危害，二是谈措施。

　　关于沉迷于电子游戏的危害，除了影响学业外，还可以谈谈其对健康的危害，特别是对视力的损伤。

　　关于避免孩子沉迷于电子游戏的措施，首先，家长可以限制孩子玩儿电子游戏的时间；其次，家长应多关爱孩子，陪伴孩子；最后，家长应该注意培养孩子健康的兴趣爱好，引导孩子多读书、多运动。

第四单元　实战演练

口试模拟试卷（三）

一、朗读短文

　　自/20世纪60年代起，//屠（tú）呦（yōu）呦就开始/研究青蒿（hāo）素类/抗疟（nüè）药。///几十年来，//她带领课题组/整理历代医学典籍、/民间方药，/收集到/2000余方药，//并对其中200多种中药/开展了实验研究。///为了提取到青蒿素，//她每天都/泡在实验室/反复实验，//不断改进/提取方法。///历经380多次失败，//她终于/在1971年/获得成功。///青蒿素的发现，//成功挽救了全球/特别是/发展中国家/数百万人的生命。///此后，//她又对青蒿素/不断改良，//改良后的青蒿素/进一步降低了/疟疾患者的死亡率。///鉴于屠呦呦/对人类健康的/巨大贡献，//2015年10月，//她被授予/诺（nuò）贝尔医学奖。

二、回答问题

问题1参考答案：

　　为了提取到青蒿素。

问题2答案要点：

　　首先，考生要解释一下"失败是成功之母"这句话的意思，即失败是成功的基础，关键是要正确面对失败；其次，考生要表明自己对这句话的态度，并简要列举一些具体事例进行说明，从而避免空谈；最后，进行总结。

口试模拟试卷（四）

一、朗读短文

　　她从出生那天起/就听不到/外界的声音，//他从小/和人说话/就结巴，//他小时候/不幸得了脊（jǐ）髓（suǐ）灰质炎/导致终生瘫痪……///他们/或天生不完美，//或后天遭遇挫折，//但/他们最终都/坦然接受了/自己的不完美，//直面困难，//努力拼搏，//最终成为/身残志坚的/舞蹈家、/演说家、/作家……///

人生难免会遇到/这样那样的困难。////无论你的人生起点/是怎样的，//也无论你在人生旅途中/遇到多大的困难，//勇敢面对、//永不放弃/才是最好的选择。////如果你选择怨天尤人，//或/直接放弃，//那你便会在绝望中/度过余生；////如果你选择直面困难，//迎接挑战，//那你将会发现一个/美丽的新世界。

二、回答问题

问题1参考答案：

　　勇敢面对、永不放弃。

问题2答案要点：

　　生活中，我们会遇到各种各样的问题或挫折，最好的办法就是要积极解决。考生在回答问题时，可以结合具体事例来谈，这样表达的内容就更加充实了。